16	3	2	13
5	10	11	8
9	6	7	12
4	15	14	1

Marcus Vinicius Mazzari

LABIRINTOS
DA APRENDIZAGEM

Pacto fáustico, romance de formação
e outros temas de literatura comparada

editora■34

EDITORA 34

Editora 34 Ltda.
Rua Hungria, 592 Jardim Europa CEP 01455-000
São Paulo - SP Brasil Tel/Fax (11) 3816-6777 www.editora34.com.br

Copyright © Editora 34 Ltda., 2010
Labirintos da aprendizagem © Marcus Vinicius Mazzari, 2010

A FOTOCÓPIA DE QUALQUER FOLHA DESTE LIVRO É ILEGAL E CONFIGURA UMA
APROPRIAÇÃO INDEVIDA DOS DIREITOS INTELECTUAIS E PATRIMONIAIS DO AUTOR.

Imagem da capa:
Desenho de Günter Grass extraído do livro
Fünf Jahrzehnte © *Günter Grass + Steidl Verlag, Göttingen, 2004*

Capa, projeto gráfico e editoração eletrônica:
Bracher & Malta Produção Gráfica

Revisão:
Alberto Martins
Beatriz de Freitas Moreira

1ª Edição - 2010

CIP - Brasil. Catalogação-na-Fonte
(Sindicato Nacional dos Editores de Livros, RJ, Brasil)

Mazzari, Marcus Vinicius, 1958-
M668l Labirintos da aprendizagem: pacto
fáustico, romance de formação e outros temas
de literatura comparada / Marcus Vinicius Mazzari.
— São Paulo: Ed. 34, 2010.
320 p.

ISBN 978-85-7326-455-5

1. Literatura alemã - História e crítica.
2. Literatura brasileira - História e crítica.
3. Crítica literária. I. Título.

CDD - 809

LABIRINTOS DA APRENDIZAGEM

Apresentação 9

I. Pacto fáustico, romance de formação e representações literárias da escola

1. Veredas-Mortas e Veredas-Altas:
a trajetória de Riobaldo
entre pacto demoníaco e aprendizagem 17

2. Metamorfoses de Wilhelm Meister:
O verde Henrique na tradição do *Bildungsroman* 93

3. "Um ABC do terror":
representações literárias da escola 159

II. Dois mestres da simplicidade lírica

4. Os espantalhos desamparados de Manuel Bandeira 199

5. "Água mole em pedra dura":
sobre um motivo taoista na lírica de Brecht 229

III. Praga e Danzig na literatura mundial

6. Mistério e resistência na literatura de Kafka:
O castelo em tradução brasileira 267

7. "Continuação a seguir...":
Günter Grass e a arte da narrativa 279

IV. *Finale* goethiano

8. A confissão amorosa do jovem Goethe 295

Nota sobre os textos 313

Sobre o autor 315

"*Die Interpretation beschlagnahmt nicht, was sie findet, als geltende Wahrheit und weiss doch, dass keine Wahrheit wäre ohne das Licht, dessen Spur sie in den Texten folgt.*"

"A interpretação não confisca, como sendo verdade vigente, aquilo que encontra, e bem sabe que não haveria verdade sem a luz cujo rastro ela segue nos textos."

Theodor W. Adorno, "Sobre a cena final do *Fausto*"

Apresentação

Na segunda parte do romance *As afinidades eletivas*, o narrador goethiano lança mão de expressivo símile para introduzir as anotações que Otília, no rumo inexorável da catástrofe, passa a registrar em seu diário. Fala-nos de uma conhecida instituição da marinha inglesa: o "fio vermelho" que, entretecido em todos os cabos e amarras, acusa a sua pertença — do objeto mais insignificante até o maior de todos — à coroa e não pode ser retirado sem destruir a peça inteira. Um semelhante fio de afeto e dileção, diz o narrador, alinhava todas as anotações de Otília. Em várias destas transluz nitidamente a sensibilidade mística da personagem: "Podemos nos colocar como quisermos, e sempre nos concebemos vendo. Acredito que o homem sonha apenas para não cessar de ver. Pode muito bem acontecer de um dia a luz interior sair de dentro de nós, de tal modo que não necessitemos mais de nenhuma outra luz". Também é verossímil que a personagem possa estabelecer aguda distinção entre um comportamento espontâneo, emanado da "natureza", e o que é resultado de um processo formativo: "Comunicar-se é natureza; acolher o que foi comunicado é formação". Por outro lado, contudo, como creditar à etérea moça, que jamais deu um passo para além do *piccolo mondo* centro-alemão, observações tão agudas sobre a arte ou a necessária mudança de comportamento em regiões distantes da terra? Com efeito, uma das entradas no diário diz: "Ninguém caminha impune sob palmeiras e as concepções certamente se modificam numa terra em que elefantes e tigres estão em casa". E, em outro registro: "Não há meio mais seguro de esquivar-se do mundo do que através da arte, e não há meio mais seguro de enlaçar-se a ele do que através da arte".

Em ponto ulterior da narrativa, Goethe irá valer-se de um artifício para conferir certa verossimilhança à ocorrência de semelhantes sentenças no diário de Otília e, desse modo, preservar a expressividade daquele símile: muitas delas teriam sido copiadas de um caderno que chegou às mãos da personagem, e ao leitor fica então subentendido que também no processo de seleção das sentenças teria atuado o fio vermelho que se tecera nessa delicada alma feminina.

Não será legítimo que também o leitor de um volume de ensaios levante a indagação por um fio vermelho? Nos mais célebres ensaios da literatura ocidental essa exigência se satisfaz com a simples exposição da personalidade cambiante e problemática do ensaísta — pois, não importando o assunto tratado, "falo de mim mesmo, de Michael de Montaigne, e não do gramático, poeta ou jurisconsulto, mas do homem [...] Eu e meu livro estamos bem aparelhados. Em outros casos, pode-se apreciar a obra e não gostar do autor; no meu caso, não".[1]

Mas esse alinhavo urdido na torre de Périgord representa algo singular, não só pioneiro, como observa o próprio Montaigne ("é a primeira vez que isso se verifica"), mas também sem paralelo nos séculos posteriores. Descendo ao chão mais humilde da crítica literária, é instrutivo pôr sob a lupa as variadas tentativas de se conferir unidade e coesão a coletâneas de ensaios. Fiquemos com apenas uma de nosso grande crítico Antonio Candido: o fio vermelho que atravessa os textos de *Tese e antítese* seria o tema da "divisão ou alteração, seja na personalidade do escritor, seja no universo da sua obra". O leitor de Dumas, *père*, de Eça de Queirós, Conrad, Graciliano e Rosa vê saltar das histórias seres insuspeitados, que dão plasticidade à psicologia do demoníaco. Mas o ensaio sobre

---

[1] Citado na tradução, algo livre, de Sérgio Milliet (Os Pensadores, vol. XI, São Paulo, Abril Cultural, 1972, p. 372). No original: "*Les autheurs se communiquent au peuple par quelque marque speciale et estrangere: moy le premier, par mon estre universel: comme, Michel de Montaigne: non comme Grammairien ou Poëte, ou Jurisconsulte. [...] Icy nous allons conformément, et tout d'un train, mon livre et moy. Ailleurs, on peut recommander et accuser l'ouvrage, à part de l'ouvrier: icy non: qui touche l'un, touche l'autre*".

os escritos estéticos e pessoais de Stendhal, que fecha o volume, já não exibe a mesma cor e o crítico tem de dar uma nova pincelada para retocar a coerência do conjunto: que o leitor pense então, permanecendo no universo desse autor, em Julien Sorel, herói do romance *Le rouge et le noir*, para "inteirar a volta por sua conta e englobar o próprio Stendhal no temário dos outros ensaios".

Pacto fáustico, formação, experiência escolar constituem o eixo temático dos três primeiros ensaios deste volume. Uma vez, contudo, que o tema da formação se entretece com os dois outros complexos, enquanto alternativa à vereda do pacto e enquanto conceito sobreposto à aprendizagem de escola e internato, talvez se possa vislumbrar nessa relação o delineamento de um possível vínculo entre os textos desse primeiro bloco. Mas tal percepção se esfuma com os ensaios posteriores, e só de maneira indireta se poderá sustentar que a questão da formação esteja envolvida na seção lírica dedicada a Manuel Bandeira e Bertolt Brecht — ou ainda, voltando à narrativa, nos textos mais panorâmicos sobre Franz Kafka e Günter Grass, assim como no estudo sobre o romance de estreia de Goethe.

O que talvez confira certa homogeneidade a esta coletânea será o modo de abordagem das obras literárias, que se assenta numa perspectiva comparativista, constituída principalmente no trabalho com as literaturas brasileira e alemã. É a tendência à comparação, por vezes difícil de refrear, que possibilitou relacionar *Grande sertão: veredas* ao *Doutor Fausto* de Thomas Mann (ou, ainda, às tragédias fáusticas de Christopher Marlowe e de Goethe); relacionar *O Ateneu*, do nosso Raul Pompéia, ao *Törless*, romance de estreia de Robert Musil; *O verde Henrique*, do suíço Gottfried Keller, a narrativas de outras literaturas; procedimentos comparatistas possibilitaram ainda a aproximação entre dois grandes poetas da literatura alemã e brasileira assim como o estabelecimento de uma base teórica mais ampla para discutir a produção literária de Kafka, Grass e do jovem Goethe.

No foco dos três primeiros ensaios da coletânea estão romances. *Grande sertão* e *O verde Henrique* podem ser vistos seguramente como a principal realização literária de seus autores. Ao contrário de Rosa, Gottfried Keller incursionou nos derradeiros anos de vida uma segunda vez pelo gênero romanesco, mas o resultado, *Martin Salander*, nem de longe atingiu a relevância que envolve o "verde" herói de sua história de formação, porventura a mais significativa de todo o século XIX. E se Guimarães Rosa caracterizou certa vez o relato de Riobaldo como sua "autobiografia irracional", torna-se forçoso lembrar, vislumbrando outra afinidade entre as duas narrativas, que a de Keller representa um exemplo insuperável de "vida romanceada", como foi explicitado já pelo próprio autor e depois fundamentado exaustivamente pela crítica.

Múltiplos são os vínculos que se estabelecem, na perspectiva do terceiro estudo deste volume, entre as ficcionalizações das experiências de internato de Raul Pompéia e Robert Musil. A história da literatura registra obras — *Buddenbrooks*, de Thomas Mann, por exemplo, ou a novela "Uma história enfadonha", de Anton Tchekhov — que espantam pela visão que os autores, ainda relativamente jovens, apresentam da maturidade ou velhice. No caso do *Ateneu*, romance talvez ainda não suficientemente valorizado pela crítica brasileira, e do *Törless*, espanta a força com que a sensibilidade da criança ou adolescente, as angústias e atribulações prototípicas da condição humana, desenrolam-se diante dos nossos olhos. Que se pense apenas, para citar um único exemplo, na atmosfera de pesadelo, exasperando a sensação de sepultamento em vida, que envolve a percepção do entardecer no espaço *intra muros* do internato. A descrição que nos dá Musil da reação de Törless ao sino que, "como um brutal golpe de faca", anuncia e impõe o momento de se recolher aos dormitórios, manteria certamente o seu sentido também no mundo de Sérgio, o eu narrador pompeiano: "Ele não vivenciara nada e sua vida crepusculejava em constante indiferença, mas o toque desse sino acrescentava a tal sensação o escárnio e o fazia estremecer em ódio impotente de si mesmo, de seu destino, do dia sepultado. Agora não poderás vivenciar absolutamente nada, por doze horas não poderás vivenciar mais nada, por doze horas estarás morto...: era esse o sentido daquele sino".

Com os dois ensaios seguintes adentra-se o domínio do verso. "Água mole em pedra dura" percorre a obra de Bertolt Brecht no rastro de imagens tomadas à esfera da natureza, em especial do significado que a figuração simbólica e alegórica da "água" assume em diversos poemas, culminando na versão que o poeta nos oferece da partida de Lao-Tsé ao exílio e das circunstâncias que propiciaram o surgimento do livro *Tao Te Ching*. Na sequência vem o ensaio sobre Manuel Bandeira, motivado por poemas de seu terceiro livro (*Ritmo dissoluto*) que versam sobre a infância pobre. A imagem ondulante dos "espantalhos desamparados", que figura no título, é emprestada a "Meninos carvoeiros", mas no centro do ensaio está o poema "amorosamente tísico", como formulou o seu primeiro leitor (Mário de Andrade), "Na Rua do Sabão". Para além de todas as diferenças que estremam os dois poetas, uma forte afinidade parece residir na complexa simplicidade da expressão lírica, particularidade estilística sempre tão difícil de se apreender em traduções.

Articulados explícita e implicitamente em torno de dois dos maiores romances alemães do século XX (*O castelo* e *O tambor de lata*), os textos subsequentes enveredam pelo conjunto das obras de Franz Kafka e Günter Grass. Coincidentemente são artistas oriundos de tradições históricas e culturais mescladas (também pela expressiva presença judaica), em que o alemão sempre conviveu com línguas eslavas — e, no caso de Grass, ainda com o dialeto cachúbio, salpicado de expressões polonesas e alemãs. Creio que o conceito de "resistência" também institui um vínculo entre os dois ensaios: figura já no título do primeiro, voltado à obra kafkiana, e subjaz à abordagem da produção literária de Grass, sobretudo a épica, imantada pelo impulso xerazadiano — ou sisifístico, termo que faz eco à sua admiração por Camus — do "continuação a seguir...".

O volume traz um fecho goethiano, para dar voz ao criador do conceito de "literatura mundial" (*Weltliteratur*). No centro desse último ensaio está o romance *Os sofrimentos do jovem Werther*, provavelmente o maior sucesso literário de todos os tempos. Sabemos o quanto Goethe, ao longo dos decênios posteriores à publicação do romance, buscou distanciar-se dessa impetuosa "confissão" existencial e amorosa que arrastou ao suicídio jovens de toda a Europa. Mas será que o momento do protesto, da contradição, que anima o *Werther*, o momento de resistência a relações sociais vivenciadas como heterônomas, não poderia ser observado também nas depuradas cenas alegóricas do *Fausto II*, que o mestre de Weimar redigiu nos derradeiros anos de vida? Numa conversa registrada por Eckermann sob a data de 2 de janeiro de 1824, Goethe caracteriza o seu relacionamento, meio século antes, com o jovem herói precursor do romantismo mediante uma imagem que preservaria sua validade se projetada sobre Fausto, a inquebrantável personagem com a qual conviveu por mais de sessenta anos: "Mas o Werther é também uma criatura que eu, à semelhança do pelicano, alimentei com o sangue do meu próprio coração".[2]

Estas palavras do velho poeta ajudariam a delinear um "gosto" que norteou em larga medida a escolha das narrativas e dos poemas abordados ao longo dos oito ensaios aqui enfeixados. Talvez seja legítimo afirmar assim que na convivência com uma literatura que, como o romance de Goethe ou os poemas de Bandeira e Brecht, fala com tanta força de sofrimentos e de resistência, literatura acima de tudo entranhada na História, na cultura erudita e popular, nas contradições da condição humana, se terá tecido o fio vermelho que corre pelo presente volume.

---

[2] Numa conversa posterior, que Eckermann data de 16 de janeiro de 1826, o próprio Goethe, lamentando a falta de grandes assuntos na história e na cultura da Alemanha (ao contrário da situação que se oferecia a um escritor francês), aproxima o *Werther* e o *Fausto* como obras desentranhadas de si mesmo: "Com o *Werther* e o *Fausto* eu, ao contrário, tive de enfiar as mãos em meu próprio peito, pois o que havia sido legado pela tradição não servia para muita coisa".

I
Pacto fáustico, romance de formação e representações literárias da escola

1.

Veredas-Mortas e Veredas-Altas:
a trajetória de Riobaldo
entre pacto demoníaco e aprendizagem

> "Figuro que estava em meu são juízo. Só que andava às tortas, num lavarinto. Tarde foi que entendi mais do que meus olhos."
>
> *Grande sertão: veredas*, p. 517[1]

> "Dos demos é árduo libertar-se o ser humano,
> Não há como romper-se o rijo, abstrato elo."
>
> *Fausto II*, vv. 11.491-2[2]

UMA REFLEXÃO DO "HOMEM SEM QUALIDADES" À GUISA DE INTRODUÇÃO

Relacionar *Grande sertão: veredas* a proeminentes textos da cultura ocidental, em particular a romances do século XX, não será procedimento inadequado para a discussão dessa obra-prima da literatura brasileira. Sob o ensejo da extraordinária capacidade fabuladora de Guimarães Rosa, mas que por vezes desperta a impressão de um épico mais remoto, lembremos de início *O homem sem qualidades*, mais precisamente o penúltimo capítulo do segun-

---

[1] As citações seguem a 19ª edição (3ª impressão), publicada pela editora Nova Fronteira (Rio de Janeiro, 2001) sob a base textual da 5ª edição, de 1967.

[2] No original: "*Dämonen, weiss ich, wird man schwerlich los,/ Das geistig-strenge Band ist nicht zu trennen*". As citações da tragédia de Goethe são feitas segundo a tradução de Jenny Klabin Segall, nos volumes *Fausto: uma tragédia — Primeira parte* e *Fausto: uma tragédia — Segunda parte* (publicados ambos pela Editora 34, em 2004 e 2007, com apresentação, notas e comentários de Marcus Vinicius Mazzari e ilustrações, respectivamente, de Eugène Delacroix e Max Beckmann).

do livro, em que Robert Musil faz o seu herói Ulrich, durante caminhada noturna para casa, enveredar por reflexões que o levam a conceber a atuação de uma espécie de "redução perspectivística do entendimento" em momentos da vida marcados por sensação de aconchego e arraigamento. Em seguida, Ulrich — cujo sobrenome (conforme registra o narrador) nos é omitido em consideração ao seu pai — tece algumas ponderações sobre a rarefação de tais momentos em meio à dinâmica crescentemente abstrata das cidades, em contraposição à vida no campo, "em que a gente é alguém e vivencia alguma coisa". No passo seguinte adentra-se então, numa larga digressão que merece ser reproduzida integralmente aqui, a esfera da fabulação épica:

> "E como um daqueles pensamentos aparentemente distantes e abstratos, os quais com frequência adquiriam significado tão imediato em sua vida, ocorreu-lhe que a lei dessa vida, pela qual anseia o homem sobrecarregado e sonhando com a simplicidade, não é outra senão a da ordem narrativa! Daquela ordem simples, que consiste em poder dizer: 'Quando sobreveio isso, aconteceu aquilo!'. É a simples sequência, a reprodução da estonteante multiplicidade da vida num plano unidimensional, como diria um matemático, que nos tranquiliza; o enfileiramento de tudo aquilo que aconteceu no tempo e no espaço em um fio, exatamente aquele famoso 'fio da narrativa', no qual consiste também o fio da vida. Venturoso aquele que pode dizer 'quando', 'antes' e 'depois'! Pode ter-lhe acontecido algo de ruim ou ele pode ter se contorcido em dores: tão logo ele esteja em condições de reproduzir os acontecimentos na sequência de seu desdobramento temporal, ele se sentirá tão bem como se o sol o aquecesse por dentro. É disso que o romance se aproveitou com muito artifício: o viajante pode estar cavalgando pelo seu caminho sob chuva torrencial, ou pode estar esmagando a neve sob um frio de vinte graus negativos — o leitor sente-se maravilhosamente

bem, e tal coisa dificilmente seria compreensível se esse eterno recurso da épica, com o qual já as babás tranquilizavam os seus pequenos, se essa comprovadíssima 'redução perspectivística do entendimento' não pertencesse à própria vida. Em sua maioria os homens são, na relação fundamental consigo mesmos, narradores. Eles não amam a lírica, ou só por alguns momentos, e se no fio da vida também é entretecido um pouco de 'porque' e 'com isso', então eles passam a execrar toda consideração que ultrapasse esses limites. Eles amam a sequência ordenada dos fatos porque ela se assemelha a uma necessidade e, graças à impressão de que suas vidas possuem um 'curso', sentem-se de algum modo aconchegados no caos."

E, em seguida, vem a *pointe* da desconstrução, tão característica do estilo musiliano:

"E Ulrich observou então que esse épico primitivo se lhe furtara, esse épico ao qual ainda se agarra a vida privada, embora esteja claro que tudo já se tornou inenarrável e não siga mais nenhum 'fio', mas se espraia por uma superfície infinitamente intrincada."[3]

A constatação que se realiza nesta passagem mediante o procedimento mais marcante do *Homem sem qualidades*, isto é, a simbiose entre narrativa romanesca e digressão ensaística, ecoaria mais de uma década depois em formulações teóricas desdobradas por Erich Auerbach em seu ensaio "A meia marrom", que fecha o volume *Mimesis*. Sem referir-se em momento algum ao romancista

---

[3] Essa reflexão sobre o desaparecimento do tradicional "fio da narrativa" encontra-se no capítulo 122, que Musil intitulou "*Heimweg*" ("A caminho de casa"). A tradução segue a edição em dois volumes organizada por Adolf Frisé: *Der Mann ohne Eigenschaften*, Hamburgo, 1978. (Há edição brasileira do romance: *O homem sem qualidades*, tradução de Lya Luft e Carlos Abbenseth, Rio de Janeiro, Nova Fronteira, 1989.)

austríaco (uma das lacunas do grandioso livro), Auerbach fala justamente da renúncia de escritores modernos à esperança de alcançar uma ordenação narrativa relativamente satisfatória no tratamento de "um conjunto de acontecimentos que se estende por espaços temporais maiores". O pano de fundo dessas explanações teóricas é também o inextricável emaranhado que o homem moderno encontra dentro e fora de si, num processo em que "a cada instante a vida começou há tempo, e a cada instante continua a fluir incessantemente". E assim se entenderia o receio de tais escritores em "impor à vida, ao seu tema, uma ordem que ela própria não oferece".

De uma perspectiva teórica semelhante, Anatol Rosenfeld, em suas "Reflexões sobre o romance moderno", encontraria formulações que se leem como espécie de comentário à mencionada digressão do homem sem qualidades, por exemplo: "A consciência como que põe em dúvida o seu direito de impor às coisas — e à própria vida psíquica — uma ordem que já não parece corresponder à realidade verdadeira".[4]

A erosão paulatina do conceito de ordem narrativa, uma vez que a consciência moderna se mostra cada vez mais incapaz de proceder àquela "redução perspectivística do entendimento" discutida por Musil, poderia ser relacionada ainda, como uma de suas causas, ao paradoxo apontado por Adorno na abertura de seu breve ensaio "A posição do narrador no romance contemporâneo" (publicado originalmente em 1954 sob o título "Forma e conteúdo do romance contemporâneo"): "não se pode mais narrar, ao passo que a forma do romance exige a narração". Supor que a existência individual e, no caso, a vida do herói romanesco possa seguir ainda uma ordem capaz de conduzir à individuação, como outrora o percurso de um Tom Jones ou de um Wilhelm Meister, seria não apenas incorrer no obsoleto, mas também reforçar a "fachada" de uma sociedade determinada pela reificação e pela alienação universais: "Narrar algo significa: ter algo *especial* a dizer, e justamente isso é obstado pelo mundo administrado, pela estandardi-

---

[4] In *Texto/contexto*, São Paulo, Perspectiva, 1973, p. 81.

zação e pela mesmice de sempre. Antes de qualquer declaração de conteúdo ideológico já é ideológica a pretensão do narrador".

Se há procedência nessas explanações teóricas, como entender o projeto narrativo de Guimarães Rosa de nos apresentar, por intermédio de seu herói sertanejo Riobaldo, um "conjunto de acontecimentos" que se estende por considerável espaço, tanto temporal como físico, e que constitui assunto ligado ao mais tradicional conceito de "romanesco", ou seja, o *agón*, que se traduz aqui na grande guerra jagunça? Como nos posicionar perante a pretensão de Rosa "de ter algo especial a dizer", justamente a excepcionalidade de uma vida marcada pelo acontecimento assombroso do pacto demoníaco? E, por fim, como avaliar o fato de que o nosso escritor — testemunha da barbárie do século XX e, como diplomata, conhecedor privilegiado dos meandros do "mundo administrado" — pareça estar mais próximo da incapacidade de Homero em resistir ao impulso de fabular do que da recusa de Joyce, Proust, Kafka ou Musil à tradição do aventureiro e do romanesco?

Com efeito, impossível supor na obra de qualquer um desses nomes história tão movimentada — e marcada pelos antigos ingredientes trágicos (mas também épicos) da peripécia, clímax, *hamartia* ("erro"), *anagnórisis* ("reconhecimento") — como a vivenciada por Riobaldo, personagem que em não poucos momentos da fábula mostra-se ainda capaz (remanescência dos venturosos tempos do passado!) de guiar-se pelo brilho das estrelas. E, assim, bem pode ser que alguns lances da demanda guerreira e amorosa narrada no *Grande sertão* sobrecarreguem a leitura com um quê de excessivo e que, em vez da "altura dantesca do sublime trágico", que o ensaio de Davi Arrigucci Jr. aponta de modo plenamente legítimo no desfecho da história romanesca,[5] mais de um leitor seja acometido antes pela impressão do extemporâneo.

Mas, com todas as ressalvas que se possam fazer ao *Grande sertão: veredas*, dificilmente se poderá contestar o seu lugar entre

---

[5] Ver "O mundo misturado: romance e experiência em Guimarães Rosa", in Ana Pizarro (org.), *Vanguarda e modernidade*, vol. 3, São Paulo/Campinas, Memorial da América Latina/Editora da Unicamp, 1995, pp. 448-77.

os maiores romances do século XX, mesmo tomando-os em reduzido grupo. Nesse sentido, o seu mais saliente traço de modernidade artística, que o coloca em pé de igualdade com as obras dos romancistas acima mencionados — e de poucos outros, como Alfred Döblin ou André Gide, para mencionar dois antípodas — será, ao lado da linguagem *sui generis* (desafio praticamente sobre-humano aos tradutores), a complexa relação que se instaura entre história e enredo, entre fábula e trama. É certo que já na *Odisseia* as aventuras do herói não se apresentam de modo rigorosamente linear e, no romance grego de Heliodoro (*Histórias etiópicas*, século III d.C.), a composição meândrica atinge alto grau de sofisticação; todavia, dificilmente algum outro escritor terá ido tão longe nesse aspecto quanto Guimarães Rosa, e seria preciso procurar muito na literatura mundial para encontrar algo similar ao *puzzle* narrativo que o velho Riobaldo vai armando perante o seu ouvinte citadino. Desse modo, mesmo o mais experimentado dos leitores encontra obstáculos praticamente intransponíveis para, no horizonte de uma primeira leitura, reconstituir a história a partir do vaivém do enredo, já que continua a deparar-se com fragmentos antecipatórios e retrospectivos mesmo quando, após o episódio da "travessia" com o menino, parece estar vigorando um fio narrativo mais linear — impressão solapada, por exemplo, pelo segundo salto narrativo na direção do contato com Otacília na fazenda Santa Catarina.[6]

O intrincado deslocamento da rememoração ao longo das vivências do passado mostra-se sintonizado com a concepção de

---

[6] Após o episódio do encontro com o menino no porto do rio de-Janeiro e da travessia (pp. 116-25), a narrativa parece finalmente ter assumido uma linha mais linear. No entanto, cerca de cinquenta páginas adiante, enquanto reconstitui os dias passados no acampamento do Hermógenes ("Ah, lá era um cafarnaúm. Moxinife de más gentes, tudo na deslei da jagunçagem bargada", p. 174), o narrador antecipa o seu encontro com Otacília (nome mencionado pela primeira vez no episódio da travessia do Liso do Sussuarão), quando chega à fazenda Santa Catarina em busca de Medeiro Vaz, após o assassinato de Joca Ramiro. Logo, porém, retoma o fio narrativo para, trinta páginas adiante, saltar novamente à estada na Santa Catarina, que "era perto do céu" (p. 204).

que "o viver da gente não é tão cerzidinho assim", e daí se entende que também o ex-jagunço se recuse ao seu modo àquela "redução perspectivística do entendimento" que, de acordo com o romance de Robert Musil, tornou-se estranha ao homem moderno, recuse-se ao "enfileiramento de tudo aquilo que aconteceu no tempo e no espaço em um fio, exatamente aquele famoso 'fio da narrativa', no qual consiste também o fio da vida".

Se no universo ficcional do *Grande sertão: veredas* o "fio da vida" do jagunço Riobaldo vem marcado por um relacionamento amoroso que mereceria a designação de "demoníaco" e, sobretudo, pelo fantasma do pacto, é inteiramente coerente que a desordem no fio de sua narrativa (na verdade, elevada maestria artística do autor) se deva em larga medida à figura obsedante do diabo e à cena noturna nas Veredas-Mortas. O romance rosiano ilustra dessa maneira, com exuberante plasticidade, a derivação etimológica da palavra "diabo" a partir do termo grego *diá-bolos*, em sua conotação, relacionada ao verbo *dia-bállein*, de desunir, embaralhar, desagregar (que, por fim, leva ao significado de "caluniador").

"Agora, bem: não queria tocar nisso mais — de o Tinhoso; chega" — diz Riobaldo ainda nas páginas de abertura da narrativa para, na sequência imediata, voltar irresistivelmente ao âmbito que pretendia evitar: "Mas tem um porém: pergunto: o senhor acredita, acha fio de verdade nessa parlanda, de com o demônio se poder tratar pacto? [...] Vender sua própria alma..." (p. 40). Se dirigirmos agora a escuta a uma voz narrativa contemporânea de Rosa que se propõe a falar do pacto com um ser (ou não ser) cuja característica é irromper "às brutas", perceberemos que essa voz, igualmente regida em vários momentos pela acepção do verbo *dia-bállein* acima apontada, também poderia pronunciar as palavras de Riobaldo: "Ai, arre, mas: que esta minha boca não tem ordem nenhuma".

Logo no capítulo I do seu *Doutor Fausto*, romance ao qual Rosa reagiu com intenso interesse,[7] Thomas Mann faz o seu narra-

---

[7] Em depoimento prestado a Elizabeth Hazin, Franklin de Oliveira, que por muitos anos conviveu com Guimarães Rosa (inclusive durante o período

dor fictício Serenus Zeitblom descontrolar-se (elevada maestria artística do autor) e pronunciar inadvertidamente palavras acerca de um "pavoroso contrato de compra e venda". De imediato, contudo, desculpa-se perante o leitor pela precipitação e reconhece ter incorrido numa falha que jamais se verifica na obra musical do seu biografado, o compositor Adrian Leverkühn:

> "Neste ponto interrompo-me com a humilhante sensação de ter cometido um erro artístico e de não haver logrado refrear-me. Dificilmente o próprio Adrian teria admitido a aparição prematura de um tema desse gênero, digamos, numa das suas sinfonias; quando muito, tê-lo-ia feito anunciar-se de longe, de um modo delicadamente oculto, apenas perceptível. O que se me escapou deve, aliás, parecer ao leitor uma insinuação obscura, questionável, uma indiscrição, uma irrupção grosseira na intimidade alheia."[8]

Entrando assim ambos os relatos romanescos, se não *in medias res*, então certamente *in medium diabolum*, a comparação pontual com o *Doutor Fausto* poderá contribuir para a elucidação de aspectos fulcrais do romance brasileiro, em especial a modulação literária de seu *leitmotiv* dominante, que se insinua logo

---

de redação do romance), ressalta o significado que a leitura do romance de Mann teve para o escritor brasileiro: "Guimarães Rosa teria também se impressionado — ainda segundo Franklin de Oliveira — com o *Doutor Fausto*, de Thomas Mann, lido na Europa, de tal forma que o romance se incorporou à novela [a concepção original do *Grande sertão*], ou à sua ideia, antes que a mesma tomasse forma escrita" (citação à p. 60 da tese de doutorado de E. Hazin, defendida em 1991 na Universidade de São Paulo, com o título *No nada o infinito: da gênese do Grande sertão: veredas*).

[8] Conforme a tradução de Herbert Caro (Rio de Janeiro, Nova Fronteira, 1984). Utilizo também a edição alemã organizada por Ruprecht Wimmer (com colaboração de Stephan Stachorski): *Doktor Faustus: das Leben des deutschen Tonsetzers Adrian Leverkuehn, erzaehlt von einem Freund*, texto inteiramente revisado e acompanhado de um volume de comentários de 1.267 páginas (Grosse kommentierte Frankfurter Ausgabe, Frankfurt a.M., 2007).

na carantonha do "bezerro erroso" que, nascido com os beiços arrebitados, "figurava rindo feito pessoa".[9] Sobre essa imagem de abertura do *Grande sertão* o narrador alemão pode lançar surpreendente luz à medida que relaciona o riso no momento do nascimento com a ação do demônio, o que remontaria a uma história com "origem no *De civitate Dei*, de Agostinho, e rezava que Cam, filho de Noé e pai do mago Zoroastro, houvesse sido o único homem que riu ao nascer, o que só podia ter ocorrido com a ajuda do Diabo".[10]

[9] Uma aproximação pioneira entre os dois romances foi feita por Roberto Schwarz no ensaio *"Grande sertão e Dr. Faustus"* (in *A sereia e o desconfiado*, Rio de Janeiro, Civilização Brasileira, 1965). A agudeza de várias observações já anuncia o grande crítico em formação, mas a comparação se assenta por vezes sobre fundamentos questionáveis, como a disjunção do elemento demoníaco em três modos estanques de existência do mito: 1. produto da interpretação do leitor; 2. produto da interpretação do narrador; 3. produto do contato do protagonista com a realidade. Na sequência, o "modo de existir" do diabo é apresentado como eminentemente cultural: "O alcance mítico do *pé de cabra* jagunço e do *Schweinsfot* germânico [o termo não aparece nem em Thomas Mann e nem em toda a literatura fáustica] está em serem construções da cultura". Desse ponto de vista, o jovem Schwarz propõe a decomposição da "demonia" do pactuário Leverkühn em "episódios e aspectos clássicos da história alemã": a postura algo torta do Cavaleiro de Dürer, o comportamento bizarro do Beethoven surdo, a fatídica visita de Nietzsche a um bordel. A referência a Beethoven é tomada, sobretudo, ao capítulo 8 do *Doutor Fausto*, que tem como ponto de partida uma palestra de Wendell Kretzschmar sobre o porquê do mestre não ter composto um terceiro movimento para a sonata Opus 111. Nesse longo capítulo narra-se também o seu intenso (e "bizarro") trabalho na *missa solemnis*, mas o significado central da presença de Beethoven (assim como de Shakespeare) ao longo de todo o romance é oferecer um contraponto à arte de Adrian Leverkühn, conquistada justamente ao preço de um "pavoroso contrato de compra e venda". Nesse sentido, a menção a Beethoven nessa série de componentes da "demonia" de Leverkühn parece fora de lugar, e em primeira posição deveria aparecer aqui o Doutor Fausto medieval-renascentista, já que estações fundamentais na trajetória do pactuário de Thomas Mann pressupõem episódios narrados no livro popular de 1587 — numa correspondência semelhante em parte àquela que James Joyce cria no *Ulisses* em relação à *Odisseia*.

[10] A observação encontra-se no capítulo 10 e vem motivada pela aversão do narrador ao riso desbragado e, sobretudo, histérico. É ainda à figura sub-

Começando com essa máscara grotesca do bezerro figurando esgar humano, várias são as faces com que o demo vai assomando no relato de Riobaldo; contudo, o tom unificador que o atravessa da primeira à última palavra, movimentando-se sempre no âmbito do sério — épico na enumeração de guerreiros e deslocamentos pelo espaço físico; lírico-elegíaco na evocação da natureza e de Diadorim; tenso-dramático em escaramuças (Fazenda dos Tucanos, arraial do Paredão) ou desavenças pessoais —, não deixa nenhuma dessas "faces" resvalar pelo burlesco, conforme se observa por vezes na *Tragicall History of the Life and Death of Doctor Faustus*, de Christopher Marlowe, ou pelo irônico e jocoso, como ocorre com o diabo de Thomas Mann e, incontáveis vezes, com o Mefisto goethiano. É, sobretudo, sob o signo do "ominoso" que parecem articular-se as figurações demoníacas no *Grande sertão*, mesmo quando se impõe a impressão do riso, conforme sucede ao chefe Urutu-Branco no sobrado do Paredão: "Até que, nisso, alguém se riu de mim, como que escutei. O que era um riso escondido, tão exato em mim, como o meu mesmo, atabafado. Donde desconfiei. Não pensei no que não queria pensar" (p. 607). Aqui, contudo, já se abre o derradeiro episódio na história romanesca, quando assistimos à paralisia e ao desmaio que acometem Riobaldo ("alma que perdeu o corpo") enquanto abaixo Diadorim e Hermógenes se esfaqueiam numa cena que rodopia sob a tripla ocorrência das palavras que se sobrepõem à oração almejada, conferindo assim plasticidade e concretude à epígrafe do livro: "... o Diabo na rua, no meio do redemunho...".

-reptícia do diabo, espécie de baixo contínuo nos relatos de Serenus Zeitblom e Riobaldo, que remontam algumas outras afinidades pontuais nos romances. No capítulo 22 do *Doutor Fausto*, ao narrar o casamento campestre da irmã de Leverkühn, Serenus reconstitui as conversas que teve com o amigo nessa ocasião, versando não só sobre música, mas também sobre as relações entre a sexualidade e o mal. Nesse contexto surge a frase: "Quem crê no diabo, já lhe pertence", e verifica-se aí uma ilação de certo modo presente no raciocínio de Riobaldo de que "quando um tem noção de resolver a vender a alma sua, que é porque ela já estava dada vendida, sem se saber".

Mas entre os tiros que ecoam na abertura do *sermo riobaldinus*[11] e o redemoinho em que o jagunço Diadorim morre e se transmuta, o Diabo se nos oferece em espetáculo com uma exuberância à qual servem nada menos do que 92 "nomes de rebuço" e que provavelmente não encontra paralelo em nenhum outro texto da literatura mundial.

Figurações do "mal" e do "maligno"

Se a face demoníaca — "cara de gente, cara de cão" — que bruxuleia no início do *Grande sertão* é atribuída de imediato à crendice de um "povo prascóvio", mesmo assim o leitor pode sentir-se remetido a uma esfera que talvez não seja coisa de nonada. Pois ainda que Riobaldo não duvide tratar-se apenas de uma aberração da natureza — muito distante, portanto, de algo como a face gorgônica da Medusa ou o olhar mortífero do basilisco[12] —, a

---

[11] A expressão em latim é empregada por Curt Meyer-Clason ao comunicar a Rosa, em carta de 22 de janeiro de 1964, o término de sua tradução para o alemão. Esta longa carta, em tradução de minha autoria, faz parte do volume *Prezado senhor, Prezada senhora*, organizado por Walnice N. Galvão e Nádia B. Gotlib (São Paulo, Companhia das Letras, 2000, pp. 261-73). Valeria observar neste ponto que, ao traduzir o *Grande sertão*, Meyer-Clason recorreu a várias expressões presentes no *Doutor Fausto*, sobretudo no tocante às designações oblíquas, "de rebuço", do diabo.

[12] No *Doutor Fausto*, esse motivo do olhar "venenoso", "maligno" (*der böse Blick*), possui grande relevância e desponta já no capítulo 13, no âmbito da história, que o acadêmico Schleppfuss localiza no final do século XV, dos jovens Klöpfgeissel e Bärbel. O motivo é retomado pelo "pactário" Adrian Leverkühn em seu discurso de despedida (capítulo 47), quando atribui a morte do menino Nepomuk à força maligna emanada de seu olhar.
Lembre-se nesse contexto que no final da cena "Noite de Valpúrgis" Mefistófeles tenta afastar da imaginação visual de Fausto a imagem da amada decapitada, identificando-a com a nefasta figura de Medusa (cuja cabeça é por fim decepada por Perseu): "Deixa isso em paz! essa visão faz mal!/ Miragem é, sem vida; um ídolo fatal./ Causa, encontrá-la, mágoa e dano,/ O teso olhar, que gela o sangue humano,/ Faz com que a gente a pedra se reduza;/ A história sabes da Medusa" (vv. 4.189-94).

superstição popular parece tê-la concebido naquele âmbito que Mefistófeles, desprendendo-se do disfarce de cão e surgindo pela primeira vez diante de Fausto, diz constituir o seu elemento mais genuíno, isto é, o Mal: "Por isso, tudo a que chamais/ De destruição, pecado, o mal,/ Meu elemento é, integral" (vv. 1.342-4).

Numa dicção estranha, mas que logo se nos tornará familiar e inconfundível, as considerações iniciais em torno do "bezerro erroso" começam não apenas a insinuar-se nos domínios em que se entrecruzam concepções do mal e do maligno, mas também a delinear uma posição narrativa que sentimos como eminentemente moderna. Desse modo, antes de qualquer possível travo de extemporaneidade ou obsoletismo na história romanesca ainda por abrir-se, os "causos" que vão se atraindo e revezando nas páginas iniciais do livro começam a despertar no leitor a impressão de estar diante de uma obra efetivamente contemporânea do grande romance de Robert Musil ou da ficção autobiográfica de Marcel Proust. É sabido que uma frase bem construída no início de uma narrativa tende, em exposição concisa e já marcando o tom predominante, a incrustar-se de maneira indelével na memória do leitor, como mostra, provavelmente mais do que qualquer outra obra, *A metamorfose* ("Quando certa manhã Gregor Samsa acordou de sonhos intranquilos, encontrou-se em sua cama metamorfoseado num inseto monstruoso"[13]), mas também, entre outros possíveis exemplos, *Du côté de chez Swann* ("*Longtemps je me suis couché de bonne heure*"), *O homem sem qualidades* ("Sobre o Atlântico pairava uma pressão barométrica mínima"), *O tambor de lata*, de Günter Grass ("Admito: sou paciente de uma clínica de tratamento e recuperação"), ou ainda — em plano mais modesto — o nosso *Ateneu*, com o alexandrino que o narrador, cindindo-o com breve comentário, coloca nos lábios do pai: "'Vais encontrar o mundo', disse-me meu pai, à porta do Ateneu. 'Coragem para a luta'". Com as palavras iniciais de um romance, escreveu Jean Paul em sua *Vorschule der Ästhetik* (1804) [Pré-escola da Estética], afi-

---

[13] Conforme a tradução de Modesto Carone: *A metamorfose*, São Paulo, Companhia das Letras, 1998.

na-se a espada que no "capítulo final irá cortar o nó", e assim se pode pensar na abertura do *Grande sertão*, com o seu "Nonada", alteando-se após o travessão, e as palavras que, deflagradas pelos tiros recém-soados, confrontam o leitor, de imediato, com uma perspectiva narrativa e uma tonalidade que atravessarão, ao longo de centenas de páginas, não só as inúmeras outras historietas, digressões, especulações, experiências — veredas narrativas que brotam e se ramificam profusamente do fluxo "sem ordem" do antigo jagunço —, mas também o caudal romanesco margeado pelas vicissitudes da relação com Diadorim e da guerra que se desdobra no espaço épico do grande sertão.

As considerações iniciais sobre manifestações do demo nesses domínios indeterminados, em que "os pastos carecem de fecho", logo se entrelaçam, com o leitor mal percebendo a passagem, com "causos" em torno da maldade humana. O discurso transita assim, como já sugerido, do maligno para o mal (do *devil* para o *evil*, do gênero masculino *der Böse* para o neutro *das Böse*, para explorar aqui possibilidades das línguas inglesa e alemã); transportados desse modo àquele elemento que Mefisto dissera ser genuinamente o seu, "integral", vemo-nos ao mesmo tempo diante de uma questão central do pensamento moderno, concernente ao sentido, ao porquê do mal no mundo.[14]

Não seria de supor que Riobaldo — e com ele o próprio autor de *Grande sertão: veredas* — compartilhasse da concepção filosófica, constituída na chamada "esquerda hegeliana", segundo a qual a ideia de Deus não significa outra coisa senão a projeção antropomorfizada da essência da espécie humana: *Homo homini*

---

[14] A esse respeito ver o livro de Susan Neiman *O mal no pensamento moderno* (Rio de Janeiro, Difel, 2003). Observe-se aqui, contudo, que os paradigmas estabelecidos por Neiman para a discussão do "mal", isto é, o terremoto de Lisboa em 1755 e Auschwitz, são também os referenciais do estudo *Von Lissabon bis Auschwitz: zum Paradigmawechsel in der Theodizeefrage* [De Lisboa a Auschwitz: sobre a mudança de paradigma na questão da teodiceia], publicado por Regina Ammicht Quinn em 1992. Abordagem bastante elucidativa dessa questão é também realizada por Rüdiger Safranski em seu livro de 1977 *Das Böse oder das Drama der Freiheit* [O mal ou o drama da liberdade].

Deus est [O homem é o Deus do homem], como diz a célebre fórmula de Ludwig Feuerbach, a cujo pensamento o suíço Gottfried Keller levanta um monumento no último livro de seu romance *O verde Henrique*. No entanto, Riobaldo talvez não tivesse muito a objetar quanto ao reverso possível daquela concepção, isto é, que também o diabo não representaria outra coisa senão a catalisação personificada da maldade humana ou, indo mais além, dos males que se observam no mundo e se atribuem às esferas física, metafísica e moral. — *Satanas sum et nihil humani a me alienum puto*, já dissera, aliás, o diabo de Dostoiévski a Ivan Karamázov, sugerindo a substância humana que o constitui.[15]

Ver no nascimento de um bezerro deformado mais uma manifestação do diabo, isso só é possível no âmbito de um espaço de "subdemonidade", para valer-se aqui do neologismo com que Thomas Mann, em seu *Doutor Fausto*, faz o narrador caracterizar a fictícia cidade natal de Adrian Leverkühn, a Kaisersaschern, na região da Turíngia, não distante do castelo em que Lutero teria atirado certa vez um tinteiro contra o "Tentador", deixando na parede uma mancha que até hoje constitui atração turística.[16] Nas

---

[15] "Satanás sou, e nada do que é humano me é estranho." Essa variação "satânica" da célebre sentença de Terêncio, que por sua vez remonta ao comediógrafo Menandro, encontra-se no livro XI, capítulo 9 ("O diabo. O pesadelo de Ivan Fiódorovitch"). Já no capítulo subsequente, "Foi ele quem disse!", é o próprio Ivan que, perante o seu irmão Alióchka, desvela a aparição que acabara de vivenciar como valência psíquica de si mesmo: "Mas *ele* é eu, Alióchka, eu mesmo. Tudo o que há de baixo em mim, tudo o que há de torpe e desprezível em mim. [...] Ele é tremendamente estúpido, mas por isso vence. É ladino, animalescamente ladino, sabe como me deixar furioso. Só fez me provocar, dizendo que eu creio nele, e com isso me obrigou a ouvi-lo. Ele me engazopou como a um menininho. De resto, me disse muitas verdades a meu respeito. Coisas que eu nunca diria a mim mesmo" (conforme a tradução de Paulo Bezerra, *Os irmãos Karamázov*, São Paulo, Editora 34, 2008, p. 845).

[16] O expressivo termo "subdemonidade", *Unterteuftheit*, aparece no capítulo 6 do romance, no contexto da caracterização de insólitos moradores ("originais") de Kaisersaschern: "A marca de tal subdemonidade arcaico-neurótica e da secreta disposição psíquica de uma cidade..." (em tradução próxima ao original). Na tradução de Caro, porém, o termo é contornado: "O que

terras de subdemonidade pintadas pelo ex-jagunço Riobaldo na abertura do relato encontramo-nos evidentemente muito distantes do mundo da alta cultura que Serenus Zeitblom nos descortina em sua narração, mundo em que se formou o pensamento de Friedrich Nietzsche e onde professores do jovem Leverkühn destrincham os nexos íntimos entre teologia e demonologia (em especial, no capítulo XIII). Em ambos os romances vigora, no entanto, a mesma verossimilhança que enlaça, com toda maestria artística, o espaço físico, um substrato espiritual rústico, de um lado, e erudito, de outro, o foco narrativo de um sertanejo e, no contexto alemão, de um professor humanista. Assim, a crença de que um animal monstruoso tenha vindo ao mundo sob influxo demoníaco só é plenamente verossímil no relato de Riobaldo: "O senhor tolere, isto é o sertão".[17] Logo vem então a referência a dois moradores da região:

caracteriza essas correntes de nevroses arcaizantes e secretas predisposições psíquicas existentes numa cidade..." (p. 50).

Quanto à lenda em torno da suposta mancha de tinta no castelo (ou fortaleza) de Wartburg, esta remonta a uma declaração de Lutero de que teria vencido o demônio (e o mal) por meio da "tinta", isto é, escrevendo e traduzindo a Bíblia.

[17] Se é plausível que o jagunço Riobaldo, em meio à opacidade das vivências, talvez até pudesse ter aderido a semelhante explicação supersticiosa, o narrador experiente claramente se distancia dessa "abusão" de um "povo prascóvio". Contudo, se o leitor não quiser enxergar na trajetória de Riobaldo um processo de elaboração e incorporação de experiências; se, portanto, negar-lhe um percurso de aprendizagem, esclarecimento e, por conseguinte, de superação do mito, este leitor poderá então vislumbrar na imagem do bezerro "erroso", bem mais do que uma simples quimera. É o que propõe José Antonio Pasta Jr. no ensaio "O romance de Rosa" (*Novos Estudos Cebrap*, nº 55, 1999, pp. 61-70): operando com conceitos derivados, em sua concepção, de particularidades da história brasileira e, portanto, também aplicáveis a outras obras de nossa literatura ("formação supressiva", "má infinitude", "luta de morte"), o crítico — sob observância das relações entre as partes e o todo — contesta enfaticamente quaisquer vínculos do *Grande sertão* com a tradição do romance de formação e desenvolvimento e, consequentemente, associa o bezerro deformado às ameaças que o mito atribuía aos olhos de Medusa, a Górgona por excelência.

Trata-se de um movimento interpretativo que, a meu ver, poderia fazer sentido em relação a um romance como *O tambor de lata* (1959), que se fecha explicitamente sob o signo do mito (a alegoria da "Bruxa Negra", *Schwarze*

o Aristides da "Vereda-Mansa-de-Santa-Rita", que passando por três certos lugares faz soar sempre a vozinha chorosa do "capiroto", e o Jisé Simpilício com o seu *spiritus familiaris* sertanejo, o "miúdo satanazim" que mantém guardado em casa para o seu benefício econômico. Toleramos de muito bom grado essas duas historietas, assim como o recente boato, narrado na sequência, de que o próprio diabo, sob a aparência de um "Moço de fora", apareceu no povoado de Andrequicé após um percurso de apenas "uns vinte minutos", em vez do dia e meio que leva a cavalgada costumeira. Parece sem dúvida um portento, do qual talvez nos lembremos centenas de páginas adiante, ao nos depararmos com a travessia do Liso do Sussuarão — não menor portento — empreendida agora sob o comando do Riobaldo já na suposta condição de pactário.

O grassar do diabo nos evangelhos, que o narrador lembra em seguida, motiva a primeira referência à figura de Quelemém de Góis, cujo significado para a vida posterior de Riobaldo (isto é, após a aventura romanesca) ajudará a deslocar a história narrada da trilha fáustico-demoníaca para a dimensão do aperfeiçoamento e da aprendizagem. Na visão do kardecista Quelemém o que há mesmo são "baixos espíritos descarnados, de terceira, fuzuando nas piores trevas e com ânsias de se travarem com os viventes — dão encosto". E, na sequência, mencionam-se nove nomes que, de Rincha-Mãe a Hermógenes, parecem soar ao leitor como antecipação funesta.

Já está dada a ocasião para Riobaldo formular uma questão obsedante em sua existência ("O diabo existe e não existe?"), que se faz acompanhar do primeiro acorde no *leitmotiv* do "viver perigoso". Mas o narrador que, mesmo se situando num espaço arcaico impregnado de crendices e "abusões", vai delineando um ponto de vista admiravelmente moderno, já antecipa também uma experiência fundamental de sua existência, isto é, que no fundo "o diabo vige dentro do homem, os crespos do homem — ou é o ho-

---

Köchin), mas não quanto à trajetória de Riobaldo ou, citando outra personagem, de Franz Biberkopf em *Berlin Alexanderplatz*, como procurou demonstrar Walter Benjamin em seu texto "Crise do romance".

mem arruinado, ou o homem dos avessos". Introjeta-se assim o que num primeiro momento terá nascido do movimento inverso, ou seja, a exteriorização antropomorfizante de ações e tendências humanas. Por um lado, portanto, o diabo não existe, pois do contrário — nova antecipação inquietante — ninguém estaria mais apto a confrontá-lo do que o próprio narrador. Pelo outro lado, porém, a dialética sertaneja de Riobaldo postula na sequência que o diabo se manifesta não apenas nos homens, mulheres e crianças, mas também nos bichos (no "ódio franzido" de uma cascavel, na voracidade e "suja comodidade" de um porco, na "precisão de talhar para adiante, rasgar e estraçalhar a bico" de uma ave de rapina), assim como nos reinos vegetal (a mandioca-brava peçonhenta) e mineral ("tortas raças de pedras, horrorosas, venenosas — que estragam mortal a água").

Desse modo, o sinuoso curso das especulações riobaldianas, sempre balizado por afirmativas e negaças ("É, e não é. O senhor ache e não ache. Tudo é e não é..."), acaba criando uma transição da esfera do maligno para a do mal. Pois aos "causos" do Aristides e do Jisé Simpilício, o narrador faz corresponder simetricamente dois outros igualmente contemporâneos do tempo da enunciação: o do Aleixo com suas quatro crianças que ficam cegas após a maldade gratuita cometida pelo pai e, logo após, a de Pedro Pindó com seu filho Valtêi, menino que, na precocidade de seus atos e palavras ("Eu gosto de matar"), surge a Riobaldo como "passarinho que se debruça — o voo já está pronto!". Contudo, mais do que exemplificar o mal que ainda viceja em torno do velho narrador, as historietas mostram a sua relação de reversibilidade com o bem: a transformação do Aleixo num homem caridoso e temente a Deus e, enquanto movimento contrário, a crescente atração com que o mal, sob a forma de sadismo, vai atraindo Pindó à sua esfera, sob o pretexto de corrigir as inclinações perversas do filho. O sofrimento das crianças levanta perplexidade e indignação no narrador: o Valtêi com sua "carinha de ossos, encaveirada", já no "blim-bilim", e "uma escadinha — três meninos e uma menina — todos cegados". Virão então as explicações kardecistas de Quelemém, mas mesmo estas não soam plenamente convincentes: "Se sendo castigo, que culpa das hajas do Aleixo aqueles meninozinhos tinham?!".[18] O neologismo "hajas" talvez não esteja sendo empregado aqui de maneira fortuita, pois poderá ganhar surpreendente elucidação se confrontado, quase cinquenta páginas adiante, com uma convicção fundamental de Riobaldo, cuja formulação se assenta na contraposição entre o "existir" de Deus e o "haver" do diabo: "Deus existe mesmo quando não há, mas o diabo não precisa existir para haver".

Portanto, se é através das "hajas" do Aleixo que o diabo impõe presença no mundo, o reverso desta formulação não se sustenta no mundo das especulações riobaldianas, ou seja, não seria a existência do maligno que leva os seres humanos a perpetrarem maldades. Conhecemos as várias e sempre expressivas formulações do *Grande sertão* em que se opõem, à semelhança da acima mencionada (o "existir" de um, o "haver" do outro), as concepções que o eu narrador faz do divino e do demoníaco. Seja pela sua beleza literária, seja pela eventual sabedoria que encerra — o "lado épico da verdade"[19] que toca a crentes, agnósticos ou ateus —, torna-se difícil resistir ao impulso de reproduzi-las e comentá-las. Tal-

---

[18] Um passo semelhante, porém bem mais desenvolvido, encontramos no livro V, capítulo 4 ("A revolta") dos *Irmãos Karamázov*, nas indagações sobre o sentido do sofrimento infantil que Ivan levanta diante de seu irmão Aliócha. Desenrolam-se nesse capítulo (que prepara a célebre narrativa do "Grande Inquisidor"), histórias de sadismo extremo contra "criancinhas" russas. Apresentadas como verídicas, as bestialidades levam Ivan a enfileirar perguntas do mais profundo desespero: "Ouve: se todos devem sofrer para com seu sofrimento comprar a harmonia eterna, o que as crianças têm a ver com isso, podes fazer o favor de me dizer?". Eventuais explicações religiosas apenas exasperam a revolta de Ivan: "[...] se a verdade está realmente em que elas são solidárias com os pais em todos os crimes dos pais, então, é claro, essa verdade não é deste mundo e eu não a compreendo".

Das maldades infligidas às crianças Ivan deriva uma imagem do maligno ("Acho que, se o diabo não existe e, portanto o homem o criou, então o criou à sua imagem e semelhança") que irá reverberar posteriormente em seu pesadelo febril e no subsequente capítulo "Foi ele quem disse!".

[19] A expressão é tomada ao célebre ensaio de Walter Benjamin, "O narrador".

vez seja lícito sustentar que todas essas formulações antológicas de Riobaldo ilustram ao seu modo as palavras que Deus, no magnífico "Prólogo no céu" do *Fausto* goethiano, dirige a Mefistófeles ao conceder-lhe permissão de arrastar o seu servo pelas estradas do mal: "Que o homem de bem, na aspiração que, obscura, o anima,/ Da trilha certa se acha sempre a par" (vv. 328-9). Para uma tal concepção, tanto o mal como o maligno devem revelar-se por fim como "instrumento" da ordem divina, conforme já expõe de maneira paradigmática a história bíblica de Jó, importante fonte do "Prólogo no céu".

Traduzida para a dimensão sertaneja, essa teodiceia se manifesta em mais um caso que Riobaldo desdobra ao leitor ainda no preâmbulo do relato romanesco, nas páginas iniciais do livro. Trata-se de seu encontro, durante uma viagem de trem a Sete Lagoas, com o delegado Jazevedão, cuja descrição fisionômica realça os traços de extrema brutalidade. Como nas historietas do Aleixo e do Pedro Pindó, levanta-se também nesse episódio do trem de ferro a questão relativa ao sentido do mal no mundo: "um assim, devia de ter, precisava?". A resposta, todavia, não mais se configura em termos de sua reversibilidade com o bem, mas justamente no âmbito de uma ordem em que tal Jazevedão (com o reluzir "crú nos olhos pequenos", "queixo de pedra", "presa pontuda de guará"), atua inconscientemente como "feio instrumento" que ao fim e ao cabo, e mesmo por trás da aparência de inescrutabilidade, obedeceria aos desígnios divinos. Pois o ruim com o ruim, eis outra elaboração filosófica da longa experiência de vida do eu narrador, "terminam por as espinheiras se quebrar — Deus espera essa gastança".

Se, por um lado, foge às possibilidades do velho Riobaldo conhecer de que modo o jovem delegado irá ainda quebrar a própria "espinheira" e pagar as "hajas" praticadas enquanto representante da lei, pelo outro lado, o sentido positivo de sua existência no mundo do sertão elucida-se no contexto de um processo modernizador incompatível com o fenômeno social do jaguncismo, combatido a ferro e fogo por homens como Jazevedão: "Senhor pensa que Antonio Dó ou Olivino Oliviano iam ficar bonzinhos por pura soletração de si, ou por rogo dos infelizes, ou por sempre ouvir sermão de padre?".

Além de conceber o monopólio do poder e da violência por parte do Estado como um bem (um dos tantos momentos ideologicamente questionáveis do grande livro), a observação de Riobaldo constitui um primeiro enseio para apresentar ao leitor um fragmento da história romanesca, pois aos nossos olhos se desenrola então o episódio da epifania de Joé Cazuzo, o único "jagunço comportado ativo para se arrepender no meio de suas jagunçagens". De "entrante do demônio" — como já se definira a condição jagunça — a "homem mais pacificioso do mundo", a conversão de Cazuzo, atingido por espécie de relâmpago de Damasco em meio a um tiroteio com soldados do coronel Adalvino, é pinçada de uma etapa bastante avançada da guerra jagunça — uma peça que o leitor terá de encaixar, no *puzzle* do enredo, pouco antes da morte de Medeiro Vaz.

Porém, esse primeiro afloramento da história romanesca na narração, motivado concretamente pela figura do Jazevedão, não se sustenta por muito tempo. Logo o narrador volta aos seus "causos", retorna a especulações e divagações que, não fosse a instância de controle exercida pelo ouvinte da cidade, poderia muito bem valer-se do monólogo interior ou mesmo do fluxo de consciência, liberando — nas palavras de Auerbach — "ideias e cadeias de ideias que abandonam o seu presente para se movimentarem livremente nas profundidades temporais". Do elogio do então moderno trem de ferro, propiciador de pensamentos e *insights*, o narrador salta para uma indagação teológica ("Por isso dito, é que a ida para o Céu é demorada") que até parece ecoar concepções de Orígenes sobre o longo processo de purificação da alma em sua ascensão através de inúmeras esferas (ou *mansiones*) celestes. O tema da remissão dos pecados puxa a lembrança do Firmiano, vulgo Piolho-de-Cobra e descendente de índios, cuja saudade da antiga jagunçagem, acompanhada do desejo de castrar, esfolar e matar um soldado, enseja a estranha generalização de Riobaldo: "Quem tem mais dose de demo em si é índio, qualquer raça de bugre". Novas especulações sobre a ida ao céu, sobre a constante metamorfose das pessoas, que "afinam ou desafinam"; depois, outra preciosa lição de vida: "o diabo, é às brutas; mas Deus é traiçoeiro", seguida da parábola da faquinha com cabo de madeira imersa num tanque.

Está dado o ensejo para nova apologia da religião e da prece, a qual leva de imediato à situação atual do fazendeiro Riobaldo, cercado por meeiros dos antigos tempos de jagunçagem, mas todos agora respeitosos da ordem — e daí a advertência ao ouvinte e leitor: "Também, não vá pensar em dobro". Uma breve referência à mulher Otacília, outra mais breve ainda a Diadorim — "mas Diadorim é a minha neblina..." —, e aflora à boca desordenada do narrador a já citada antecipação ominosa do pacto: "Agora, bem: não queria tocar nisso mais — de o Tinhoso; chega. Mas tem um porém: pergunto: o senhor acredita, acha fio de verdade nessa parlanda, de com o demônio se poder tratar pacto?". A narração parece reagir então a considerações do interlocutor, inclusive ao propósito de partir antes da manhã de quinta-feira, isto é, dos três dias que deve durar uma visita, consoante regra do sertão — e não apenas do sertão.[20] Pelo visto, o hóspede e ouvinte pretende percorrer essa região de pastos ilimitados e, assim, Riobaldo se atribui o papel de guia turístico, descrevendo com larguza épica e sensibilidade lírica parte das "belezas sem dono" que conheceu sob orientação e inspiração de Diadorim. O trecho culmina numa enumeração ornitológica, arrematada por pássaros (papa-banana, azulejo, garricha-do-brejo, suiriri, sabiá-ponga, grunhatá-do-coqueiro...) que cantam o crepúsculo — momento em que a saudade, lembrando-nos da abertura do canto VIII do *Purgatório*, volta ao coração com força mais enternecedora e o amor punge então o "peregrino" que ao longe ouve sons anunciando o ocaso do dia: "*e che lo*

---

[20] Em seu ensaio "Literatur und Gastfreundschaft" [Literatura e hospitalidade], Harald Weinrich observa ao enfocar, entre vários exemplos de "hospitalidade" na literatura, a estada de Odisseu junto ao povo dos feácios e seu rei Alcínoo: "A sua generosidade é verdadeiramente principesca, mas não sem limites temporais. Pois a antiga hospitalidade está circunscrita via de regra a três dias. Depois disso espera-se que o hóspede retome o seu caminho, sendo que os anfitriões lhe dispensam mais uma vez toda a ajuda que se possa imaginar". In *Wie zivilisiert ist der Teufel?* (Munique, C. H. Beck, 2007, pp. 73-84).

novo peregrin d'amore/ punge, s'e'ode squilla di lontano/ che paia il giorno pianger che si more". Do mesmo modo que no episódio do Joé Cazuzo — primeira entrada no tema da guerra — o nome Diadorim surgira acompanhado pelo canto de um joão-congo, agora são esses pássaros do entardecer que preludiam nova entrada na história romanesca pela mão do amigo — "Eu estava todo o tempo quase com Diadorim. Diadorim e eu, nós dois. A gente dava passeios". Ao mesmo tempo, assinala-se o término de um prólogo dominado largamente pela preocupação com o mal e as formas de manifestação do maligno no mundo do sertão.

Neste momento, passamos a navegar uma torrente narrativa mais caudalosa, partindo porém de um ponto avançado da história, o que dificulta sobremaneira a orientação no âmbito de uma primeira leitura. Essa segunda entrada no tema da grande guerra jagunça se estenderá por aproximadamente 72 páginas, até desembocar em nova referência pressaga ao espaço físico das Veredas-Mortas ("Eu disse, o senhor não ouviu") e do arraial do Paredão ("O senhor não me pergunte nada"). O fio narrativo que se iniciara em flagrante oposição ao ordenamento cronológico é então suspenso por novas considerações de Riobaldo sobre sua incapacidade de organizar a história — de oferecer ao leitor uma "sequência ordenada dos fatos" e reproduzir "a estonteante multiplicidade da vida num plano unidimensional", para voltar à citada formulação de Robert Musil: "Sei que estou contando errado, pelos altos. Desemendo. Mas não é por disfarçar, não pense. [...] Contar seguido, alinhavado, só mesmo sendo as coisas de rasa importância. [...] E estou contando não é uma vida de sertanejo, seja se for jagunço, mas a matéria vertente". No entanto, é justamente após essa declaração de princípio, norteada pela primazia da "matéria vertente", que Riobaldo decide recuar no tempo e recuperar finalmente para o seu narrar a ordem cronológica que se inicia com o episódio do encontro com o menino às margens do rio de-Janeiro: "Foi um fato que se deu, um dia, se abriu. O primeiro" (p. 116).

O leitor é transportado assim, retrospectivamente, às origens da aventura romanesca, com o herói "embarcando" metafórica e literalmente em seu destino; na sequência a leitura percorre, agora sob resguardo sistemático da ordem cronológica, os momentos fundamentais da história — captura e julgamento de Zé Bebelo, a vivência epifânica na Guararavacã do Guaicuí (revelação instantânea do amor), o ponto de virada que se configura com o assassinato de Joca Ramiro — até alcançar o trecho que já percorrera antecipadamente, graças ao narrar "dificultoso, muito entrançado" de Riobaldo. Metade da história já foi desdobrada ao leitor — ou toda ela, se este cumpriu a tarefa (irrealizável, porém, com uma única leitura) de captar os vários acenos e antecipações do narrador:

"[...] mas o que eu acho é que o senhor já sabe mesmo tudo — que tudo lhe fiei. Aqui eu podia pôr ponto. Para tirar o final, para conhecer o resto que falta, o que lhe basta, que menos mais, é por atenção no que contei, remexer vivo o que vim dizendo. Porque não narrei nada à toa: só apontação principal, ao que crer posso. Não esperdiço palavras. Macaco meu veste roupa." (p. 325)

Da organização estética que preside à composição de *Grande sertão: veredas* pode-se afirmar de fato que não se dá "ponto sem nó" — não há, por assim dizer, "macaquices" ou "comportamento simiesco", e a metáfora em questão parece até mesmo ressoar no episódio do José dos Alves, confundido com um macaco durante a travessia do Liso e, por isso, abatido e assado pelos jagunços famintos. Em consonância com a impecável economia artística do livro, vemos as especulações do narrador sobre o bem e o mal ou sobre as formas de manifestação do diabo recuarem para um segundo plano com a abertura da história romanesca. Mas, se "causos" como o do Aleixo e do Pedro Pindó deixam de aflorar no relato, por outro lado, é em meio às vicissitudes da guerra, com Riobaldo ao lado de Hermógenes combatendo as forças de Zé Bebelo, que desponta a mais extraordinária história de reversibilidade do mal para o bem, fazendo ressoar em pleno sertão um motivo presente no *Hamlet* shakesperiano (a substância letal inoculada no ouvido da vítima adormecida) e trazendo também à lembrança a lenda em torno de Maria Aegyptiaca que, conforme narrado na coletânea *Acta Sanctorum*, é barrada à porta da igreja do Santo Sepulcro, em Jerusalém, por força misteriosa. Contudo, o caso de Maria Mutema é colocado na boca do jagunço Jõe Bexiguento, que reage com essa narrativa exemplar da tradição oral a uma indagação obsedante de Riobaldo, isto é, se jagunço poderia esperar o perdão e a graça de Deus. Dessa maneira, a história contada pelo jagunço-narrador, a qual traz oculta em si uma resposta afirmativa (e um conselho), insere-se na própria "matéria vertente" da dimensão romanesca — ao contrário, por exemplo, do episódio tão divertido quanto significativo do Davidão e Faustino, este sim interrompendo no plano dos acontecimentos a narrativa que chegara ao impasse relativo à sucessão de Medeiro Vaz.[21]

Além disso, o caso de Maria Mutema foge para um ponto indeterminado do passado, fixado apenas no espaço físico, isto é, no sertão jequitinhão; terá provavelmente ocorrido ainda antes do encontro entre Riobaldo e Diadorim às margens do rio e, portanto, antes do início da própria história épica. Se, ao abrir-se, esta suprime em larga medida as incursões especulativas do narrador, tal como desdobradas nos momentos iniciais do relato, poder-se-ia inferir daí que a questão do mal (e de seu entrelaçamento com o maligno) tenha perdido importância ou mesmo deixado de existir para Riobaldo?

Descortinando-se ao leitor o amplo painel épico da guerra jagunça, adentram o palco as personagens cujos nomes soaram pela primeira vez, mesclados com figuras históricas, pouco antes do episódio do encontro com o Jazevedão. São homens que, como sintetiza Riobaldo, "puxavam o mundo para si, para o concertar consertado", os quais irão cingir-se de grandeza mítica ("o mais supro, mais sério — foi Medeiro Vaz. [...]. Joca Ramiro — grande

---

[21] Além de despertar evidentes associações fáusticas, a historieta do Faustino e Davidão toca no tema da permutabilidade do destino, que retornará no caso do doutor Hilário, narrado bem mais tarde pelo fazendeiro Ornelas. A morte de Joca Ramiro pela de Zé Bebelo e, sobretudo, de Diadorim pela do presumível "pactário" pode ser pensada à luz desse tema, e não por acaso Quelemém dirá que "entradamente o caso relatado pelo seo Ornelas" fazia "significado de muita importância" para a vida de Riobaldo.

homem príncipe"), mas também revestir-se de essência diabólica: o Hermógenes, de quem se diz já ter nascido "formado tigre, e assassim", e que irá assomar no romance, com crescente intensidade, enquanto encarnação extrema do mal, num patamar muito diferente daquele em que se encontram figuras como o Aleixo ou o Pedro Pindó, Maria Mutema, Jazevedão (até este, vendo o sofrimento do menino Vâltei, "vinha com brutalidade de socorro") e mesmo o Ricardão, tão somente um "bruto comercial" para Diadorim e, para o narrador, ambicionando apenas "ser rico em paz: para isso guerreava".

O PRINCIPIUM MALEFICUM NO GRANDE SERTÃO
(E UM PARÊNTESE COMPARATIVO)

No extraordinário mundo de ambiguidades e reversibilidades configurado por Guimarães Rosa em seu romance, a figura do Hermógenes — em seu ser definitivo, inteiriço, infenso a dúvidas e hesitações — avulta como exceção à "verdade maior" riobaldiana de que "as pessoas não estão sempre iguais, ainda não foram terminadas — mas que elas vão sempre mudando". São traços, como sabemos, que se subordinam a uma malignidade irredutível, cujo polo oposto parece constituir-se em torno de Joca Ramiro, que se sobressai por semelhantes qualidades de firmeza. Mas suas aparições concretas se resumem a não mais do que três episódios e é sobretudo mediante a veneração de Diadorim que o seu nome desponta no romance. Também Riobaldo vai votando-lhe crescente admiração, a qual atinge o momento culminante no julgamento de Zé Bebelo. Armando-se neste episódio o ponto de virada na história romanesca, Joca Ramiro vai ao encontro do destino que já parecia aureolá-lo em vida ("mesmo em quando ainda parava vivo, era como se já estivesse constando de falecido"), sepultando-se no chão de carnaúba de que falara a toada de Siruiz; ao mesmo tempo, a caracterização de Hermógenes ganha uma dimensão nova, pois se até então a imagem de "príncipe das tantas maldades" poderia ser atribuída a possível idiossincrasia do narrador em primeira pessoa, com o assassinato traiçoeiro a encarnação da "maldade pura", conjugada com o epíteto de Judas, salta para o plano da objetividade.

O que temos é que tanto na condição de aliado, nas fileiras sob o comando supremo de Joca Ramiro, assim como enquanto inimigo, após a traição, Hermógenes surge efetivamente como encarnação irreversível do mal, de um *principium maleficum* que não deve encontrar muitos paralelos na literatura ocidental.[22]

No plano da história ou fábula, o primeiro encontro do jovem Riobaldo com Hermógenes se dá na fazenda São Gregório, na madrugada em que ouve a canção de Siruiz. A mesma faculdade sensitiva que já o atraíra à esfera do menino Reinaldo-Diadorim, provoca-lhe, à visão do Hermógenes, extrema repulsa, e neste ponto até se poderia pensar na reação instintiva que Goethe atribui a sua Gretchen em relação a Mefistófeles.[23] A primeira impressão que Riobaldo tem de sua figura é poderosa e vem marcada, como já ressaltado na crítica, pelo elemento disforme ("costas desconformes, a cacunda amontoava, [...] se arrepanhava de não ter pes-

---

[22] Para buscar um possível termo de comparação à imponência com que o mal (recorrendo a uma imagem benjaminiana do ensaio "O narrador") "levanta o seu cetro" no mundo do *Grande sertão*, pode-se pensar na perfídia gratuita que leva Iago a arquitetar o assassínio de Desdêmona, instilando o ciúme em Otelo. Do romance *Berlin Alexanderplatz*, de Alfred Döblin, vem a lembrança do enigmático Reinhold — rosto comprido e vincado, olhos sempre tristes, muito gago — a quem se devem os dois acontecimentos cruciais na vida do herói: a perda do braço e o estupro e estrangulamento de Mieze. Expressiva manifestação desse *principium maleficum* pode ser observada também no conto "O gato preto", de Edgar Allan Poe: a "perversidade" gratuita e diabólica (*spirit of perverseness*; *a more than fiendish malevolance*) que leva o narrador a fazer o mal única e exclusivamente pelo mal (*to do wrong for the wrong's sake only*).

[23] "Esse homem que anda ao teu redor,/ Odeio-o na mais funda alma interior;/ Em toda a minha vida, nada/ No coração já me deu tal pontada,/ Como desse homem a vulgar feição. [...] Ferve-me o sangue quando está presente./ Sempre quis bem a toda gente;/ Mas, como almejo ver o teu semblante,/ Dele íntimo pavor me rói,/ E além do mais o tenho por tratante!/ Se eu for injusta, Deus que me perdoe" (vv. 3.471-82).

coço"), sinistro ("a sombra do chapéu dava até em quase na boca, enegrecendo") e ctônico ("quando ele caminhou uns passos, se arrastava — me pareceu — que nem queria levantar os pés do chão"). E, arrematando a percepção que se abrira com um traço afinado com a condição de pactário — ou seja, "homem sem anjo da guarda" —, tem-se o apelo ao bestiário, procedimento frequente em caracterizações do demoníaco (como também ocorre em autos de Anchieta): Hermógenes é comparado ao "ser de uma irara, com seu cheiro fedorento".

Algum tempo depois, quando chega com Diadorim ao acampamento do "homem sem anjo da guarda", Riobaldo irá mobilizar uma expressão de sabor teológico para referir-se a esse espaço percebido logo como "inferno", e ao qual leva os três dias de forte simbologia bíblica para acostumar-se (p. 174): "Ah, lá era um cafarnaum", como diz em alusão à cidade amaldiçoada por Jesus.[24] Ratifica-se e reforça-se aquela repulsa instintiva pelo jagunço que agora é observado relinchando como um cavalo para emitir ordens e sinais, delineando-se novo símile zoomórfico, que mais tarde será recuperado no imbróglio grotesco do cavalo com outro representante da esfera ctônica: a jiboia — mas com o acréscimo: "Ou um cachorro grande...". Nesse "cafarnaum" Riobaldo realiza seu primeiro aprendizado da vida jagunça e aí tem oportunidade de conhecer de perto o gosto do Hermógenes — "fel dormido, flagelo com frieza" — em matar apenas por matar: "Nem contava valentias, vivia dizendo que não era mau. Mas, outra vez, quando um inimigo foi pego, ele mandou: — 'Guardem este.' Sei o que foi". E, na sequência, vem a descrição do terror do prisioneiro e da "alegria pior" reluzindo nos olhos do chefe do acampamento, que passa horas afiando a faca. Para fugir à aflitiva impressão fisiognomônica que tem de seu superior, Riobaldo olhava para o seu pé — "enorme, descalço, cheio de coceiras, frieiras de remeiro do rio, pé-pubo" — e depois para as mãos, que percebe como as únicas capazes de executar "tanta ruindade".

[24] "E tu, Cafarnaum, *por acaso te elevarás até ao céu? Antes, até o inferno descerás*" (*Mateus*, 11: 23-4; *Lucas*, 10: 15).

Veredas-Mortas e Veredas-Altas

Contudo, a despeito dessa repulsa instintiva, a figura do Hermógenes, justamente por sua constituição compacta, pode também representar para Riobaldo uma esfera de segurança, como se observa no momento de uma escaramuça com tropas de Zé Bebelo. Mas, se o herói busca aqui a proximidade protetora de um ser que pouco antes, "caranguejando" ao seu lado, dera-lhe a certeza de que "o inferno é mesmo possível [...] estava próximo de mim", o narrador não deixa de acrescentar que tal movimento contraditório é ditado expressamente pelo "meu cão de corpo".

Para esse personagem que veio ao mundo, conforme a expressão já citada, "formado tigre e assassim", motivações econômicas e políticas não parecem ser o motor primeiro de suas ações. É certo que durante o extraordinário episódio do julgamento de Zé Bebelo está em jogo, subterraneamente, uma disputa de poder e essa circunstância ajuda a entender a observação pontual do narrador (e talvez inconsistente à luz do todo) de que "no exatamente" era o Ricardão que mandava no Hermógenes. Pois a posição defendida por este decorre em primeiro lugar do impulso sádico de ver o prisioneiro barbaramente executado — de preferência, "feito porco [...] Ou então botar atravessado no chão, a gente todos passava a cavalo por riba dele".[25] Tampouco a condição social de "fazendeiro" — tão significativa na construção de uma personagem como a do fáustico proprietário de São Bernardo, no romance de Graciliano Ramos — parece desempenhar papel relevante na perpetração de qualquer das crueldades relatadas, a exemplo do massacre dos cavalos (para o narrador, um "destapar do demônio") no não menos extraordinário episódio do cerco à Fazenda dos Tucanos. Pois fazendeiros são também vários outros personagens, desde Selorico Mendes até aqueles (Ornelas, Seo Habão, Zabudo) que irão integrar o processo de aprendizado do protagonista, a quem caberão duas "possosas fazendas" ao término de sua trajetória. E

---

[25] Frustrando-se a proposta de execução do prisioneiro, Hermógenes irá encarar a decisão de apenas exilá-lo como manifestação de tibieza e blandícia, conforme percebe Riobaldo ao esgueirar-se para perto do jagunço contrariado e ouvi-lo balbuciar "Mamãezada...".

mesmo que se queira, num passo todavia temerário, associar o Hermógenes ao fazendeiro que, no delírio de Riobaldo após o fecho da história, é assaltado e (à semelhança da lenda do doutor Fausto renascentista) torturado pelo demônio, mesmo assim essa condição social não ofereceria fundamento sólido para a compreensão do personagem que parece encarnar antes, no universo ficcional de *Grande sertão*, uma espécie de princípio cosmogônico do mal. A esta condição ele ascende plenamente, conforme já observado, com o assassinato de Joca Ramiro, deflagrando a efetiva história épica e cristalizando-se como alvo e sentido da demanda empreendida por Riobaldo e Diadorim — portanto, um personagem satânico também na acepção etimológica de Satã enquanto "adversário, oponente": "Mire veja: ele fosse que nem uma parte de tarefa, para minhas proezas, um destaque entre minha boa frente e o Chapadão".

Com a traição ao "grande homem príncipe" abre-se, portanto, a movimentada aventura romanesca, impensável na obra de um Marcel Proust, James Joyce ou Robert Musil. No *epos* de Guimarães Rosa, todavia, o leitor parece adentrar os domínios da célebre *Frou Aventiure*, a "Dona Aventura", com que Wolfram von Eschenbach (*c.* 1170-1220) personifica, no início do livro IX do seu *Parzifal*, o espírito da fabulação cavalheiresca. Vestígios dessa tradição do Graal já foram levantados na fortuna crítica do *Grande sertão*. Mas a empresa guerreira de Riobaldo e Diadorim contra as hostes de Hermógenes poderia lembrar também, em certos lances, a *mitologização* da guerra que Novalis empreende em seu *Heinrich von Ofterdingen* — romance que, conforme demonstra Suzi Frankl Sperber, foi lido e anotado por Rosa.[26]

---

[26] Ver o capítulo "Caos e cosmos", in *Caos e cosmos: leituras de Guimarães Rosa* (São Paulo, Duas Cidades, 1976), de Suzi Frankl Sperber, em especial as considerações às pp. 120-2.

No início do oitavo capítulo do romance, a personagem Klingsohr fala ao seu jovem discípulo Heinrich sobre os mistérios da poesia e de sua relação conflituosa com a Natureza. A este ocorrem então as seguintes palavras:

"A guerra, de um modo geral, tem aos meus olhos um efeito poético. As

Como se sabe, Novalis ambienta o seu fragmento romanesco no mesmo período da Idade Média (início do século XIII) em que Wolfram redige a história de seu Parzifal. Se, também por força dessas sugestões literárias, o leitor de Rosa pode eventualmente sentir-se transportado a uma fase arcaica das formas épicas, também a concepção do mal porventura subjacente ao personagem do Hermógenes pode levar a um recuo significativo na história do pensamento filosófico e teológico, a um estádio ainda anterior às reflexões kantianas sobre o mal — e, em particular, sobre o "mal radical", tal como desenvolvidas na obra tardia *A religião nos limites da simples razão*.

Lembremos que o próprio Goethe se equivocou na interpretação desse conceito de "mal radical", entendendo-o como uma restrição à ideia da liberdade humana.[27] Valendo-nos, mesmo assim, da imagem mobilizada pelo autor do *Fausto* em sua observação sobre o velho filósofo de Königsberg, não poderíamos dizer talvez que Guimarães Rosa, se não conspurcou o seu "manto poético", carregou em excesso nas tonalidades míticas com a construção de um personagem irredutível e incondicionalmente maligno — também associado a um demônio cujas fulgurações se dão sem-

---

pessoas acreditam ter de bater-se por algumas possessões mesquinhas e não percebem que é o espírito romântico que as incita a aniquilar por intermédio de si mesmas as coisas inúteis e ruins. Elas empunham as armas em prol da poesia e ambos os exércitos seguem uma única bandeira invisível.

Na guerra, atalhou Klingsohr, agitam-se as águas primordiais. Novos continentes têm então de surgir, novas gerações precisam brotar da grande dissolução. A verdadeira guerra é a guerra religiosa; ela toma o rumo certo da derrocada e a loucura dos homens surge em sua plena configuração. Muitas guerras, em especial as que se originam do ódio nacional, pertencem a essa classe e são genuínos poemas. Aqui estão em casa os verdadeiros heróis, que são os mais nobres pares dos poetas — não são outra coisa senão forças do mundo involuntariamente impregnadas de poesia. Um poeta que seja ao mesmo tempo um herói já é um enviado divino, mas a nossa poesia não está à altura de sua representação."

[27] Na célebre carta endereçada a Herder no dia 7 de junho de 1793, Goethe escreve que Kant teria, com a sua concepção do "mal radical", "lambuzado" (*beschlabbert*) o seu manto filosófico.

pre no âmbito do ominoso? Pois Hermógenes assoma, nos termos kantianos, enquanto encarnação consumada não do mal "radical" (que no limite se constitui ainda enquanto um *malum defectus*), mas antes de um *malum privationis*, daquele mal a que o filósofo chama de "diabólico".[28]

O leitor do romance brasileiro encontra-se neste ponto muito distante do proteiforme Mefistófeles goethiano, certamente diabólico por vezes, mas com frequência irreverente, paradoxal, não raro pusilânime, também irônico e autoirônico a ponto de brincar com a eliminação da figura do diabo em tempos pretensamente esclarecidos:

> No livro das ficções de há muito está gravado;
> Mas, para os homens, sem proveito,
> O Gênio Mau se foi, mas os maus têm ficado.
> Sou cavalheiro como os mais, aliás;
> Podes chamar-me de Senhor Barão;
> De meu fidalgo sangue não duvidarás;
> Olha pra cá, eis meu brasão!

E segue-se, como diz a rubrica, um "gesto obsceno".[29]

De resto, o mal incondicional, absoluto, não era de modo al-

---

[28] Para Kant, o mal "diabólico" (*teuflisch*) — tal como referido no mencionado tratado (parte I, seção 3) — não remonta a um defeito da vontade (*malum defectus*), como é mais próprio do ser humano, mas seria intrínseco a uma mentalidade que elegeu como máxima a prática do mal pelo mal (*malum privationis*).

[29] Cena "A cozinha da bruxa", vv. 2.507-13. No original: "*Er ist schon lang' ins Fabelbuch geschrieben;/ Allein die Menschen sind nichts besser dran,/ Den Bösen sind sie los, die Bösen sind geblieben./ Du nennst mich Herr Baron, so ist die Sache gut;/ Ich bin ein Kavalier, wie andre Kavaliere./ Du zweifelst nicht an meinem edlen Blut;/ Sieh her, das ist das Wappen, das ich führe! (Er macht eine unanständige Gebärde.)*", aqui citado na tradução de Jenny Klabin Segall. Mefisto, portanto, não permite ser chamado pelo antigo nome de Satanás, pois os homens modernos se livraram do "maligno" (*Bösen*, no acusativo), mas nem por isso foram embora os "maus" (*Bösen*). Prefere o título de "Barão", o qual, passível de compra, remete ao poder do dinheiro.

gum coisa do poeta alemão que já em 1771 — portanto aos 22 anos de idade — proferia as seguintes palavras por ocasião de um discurso em homenagem a Shakespeare: "[...] aquilo que nomeamos como mal é apenas o outro lado do bem, tão necessário para a sua existência e parte integrante do todo, assim como a *Zona torrida* deve arder e a Lapônia congelar, para que haja uma região temperada". A afirmação é altamente questionável, mas não vem ao caso examiná-la agora de perto. Lembremos apenas que mais tarde Goethe recebeu com bonomia e complacência a declaração de Madame de Staël de que teria desejado um Mefistófeles mais terrível. E, dessa mesma perspectiva, lamentou que John Milton tivesse colocado em cena, em seu *Paraíso perdido*, um Satã tão incondicionalmente maligno: teria sido esse o "principal erro" cometido pelo poeta inglês, o que o obrigou a "condicionar", a modular, o seu Satã (assim como os demais demônios) passo a passo, isto é, em cada atuação concreta no âmbito do enredo épico.

O leitor que se inclinar a essa visão goethiana do mal e do maligno estará porventura inteiramente receptivo ao diabo pusilânime e queixoso — ainda por cima acometido de reumatismo — que, no derradeiro romance de Dostoiévski (livro IX, capítulo 11), surge a Ivan Karamázov, arquiteto frio e manipulador, mas de modo algum movido pelo mal "diabólico" (em sentido kantiano), do assassínio do próprio pai. Todavia, esse mesmo leitor talvez possa estranhar no romance rosiano a debilidade de motivações ou condicionamentos exteriores para a maldade que anima os atos do Hermógenes. Parece avultar aqui uma malignidade como que supra-histórica (ou "metafísica", dimensão que Rosa, como sabido, considerou tão importante para o romance), a que talvez estejam relacionados outros traços perceptíveis no romance brasileiro, em particular a ausência de passagens em que se desvendem criticamente contradições da realidade brasileira, em que se delineie uma exposição mais complexa da injustiça social que, no entanto, o leitor percebe vigente por trás dos episódios narrados. Pois não se poderia dizer que, ao contrário do que acontece no mundo sertanejo de Graciliano Ramos, em *Grande sertão: veredas* a miséria mostra via de regra uma face naturalizada, mais amena, "interessante" do ponto de vista artístico?[30] Adotando esse ângulo de visão, pode-se lembrar que uma figura histórica como a do coronel Rotílio Manduca, representante de um dos aspectos mais sinistros da realidade brasileira, é incorporada três vezes à ficção romanesca sem dar azo a qualquer comentário que vá além da mera referência a "duzentas mortes" encomendadas.[31]

Mas não seria procedimento inapropriado projetar sobre a narrativa de Riobaldo semelhantes critérios de fundo ideológico, querer avaliá-la numa escala de "romance social" — e, portanto, no âmbito de um horizonte de expectativa incongruente com a obra? Mais fecundo seria imbuir-se aqui de uma observação de Goethe, formulada com máxima simplicidade numa conversa sobre aparentes contradições e insuficiências na cena "Floresta e gruta", do *Fausto I*: "Aquilo que o poeta cria, tem de ser aceito tal como ele o criou. O seu mundo é exatamente como foi feito. Aqui-

---

[30] Faço ressoar aqui observações de Walter Benjamin em sua resenha do romance *Berlin Alexanderplatz*, de Alfred Döblin ("Crise do romance", 1930). Nesse livro, observa o crítico, a miséria expõe a sua "face jovial": desempregados e marginais possuem todos um abrigo para passar a noite e a miséria real (ao contrário da temida) não é como o pobre simplório (*der kleine Moritz*) a imagina. Sendo assim, *Berlin Alexanderplatz* não cheira de modo algum a "romance social". Mas, para Benjamin, fazer essa constatação não significa absolutamente diminuir o significado do romance: "A miséria senta-se à mesa com as pessoas, mas nem por isso a conversa se interrompe; elas se ajeitam e continuam a saborear. Essa é uma verdade da qual o recente naturalismo de segundo escalão não quer saber. Por isso, foi preciso que viesse um grande narrador para fazer valer novamente essa verdade". Pactuar com a miséria, observa Benjamin em seguida lembrando Lênin, é uma atitude burguesa e, nesse sentido, a história narrada por Döblin é burguesa. Contudo: "O que volta a assomar aqui de maneira encantadora e com força indeclinável, é a grande magia de Charles Dickens, em cuja obra burgueses e criminosos estão magnificamente sintonizados uns com os outros, já que têm os seus interesses (ainda que opostos) no mesmíssimo mundo. O mundo desses marginais é homogêneo ao mundo burguês; o caminho de Franz Biberkopf a gigolô e até pequeno-burguês descreve apenas uma metamorfose heroica da consciência burguesa".

[31] Sobre a biografia do coronel Rotílio Manduca, ver o artigo de Marco Antonio Coelho "As diversas vidas de Zé Bebelo" (*Revista dos Estudos Avançados USP*, nº 49, set.-dez. 2003).

lo que o espírito poético gerou precisa ser acolhido pela sensibilidade poética". Num plano mais teórico, valeria destacar também a concepção adorniana, expressa no "Discurso sobre lírica e sociedade", de que em obras de arte, cuja essência reside no "poder de configurar", o conceito de ideologia se manifesta primordialmente enquanto "malogro", revela-se naquilo "que a obra tem em si de errado, e é alvo da crítica".

Fracasso ou "malogro" estético é algo que não se pode de modo algum acusar no *Grande sertão: veredas*, e assim seria mais produtivo não sobrecarregar o conceito de ideologia. Com o objetivo, porém, de lançar nova luz sobre a argumentação em andamento e matizar pelo contraste a noção do mal subjacente ao personagem do Hermógenes — "cavaleiro felão, traidor do preito e da devoção tributada ao suserano", como formulado por Antonio Candido[32] —, o passo seguinte pretende recorrer mais uma vez à perspectiva comparativa e incursionar por uma narrativa que o próprio Guimarães Rosa reputou muito importante para a concepção de seu mundo épico. Trata-se da principal obra do barroco alemão, *Der abentheurliche Simplicissimus Teutsch*, publicada em 1668 por Hans J. C. von Grimmelshausen.[33] Temos aqui o mais amplo e vigoroso painel da Guerra dos Trinta Anos (1618-48), narrado com precisão realista combinada com uma perspectiva rasteira da História e da sociedade, num tom plebeu guiado pela proposta satírica de "dizer a verdade rindo". Apesar da distância temporal e espacial que separa os dois romances é plenamente possível vislumbrar afinidades entre o mundo da jagunçagem rememorado pelo velho Riobaldo no refúgio de sua fazenda e, três séculos

---

[32] "O homem dos avessos", in *Tese e antítese*, São Paulo, Companhia Editora Nacional, 1978.

[33] O romance compõe-se de cinco livros e uma "continuação" (*Continuatio des abentheurlichen Simplicissimi*), publicada no ano seguinte (1669) por um suposto editor chamado German Schleifheim von Sulsfort, um dos inúmeros anagramas que ocultaram a identidade do autor até 1837. Na entrevista que concedeu a Günter Lorenz, Rosa ressalta o seu apreço pelo *Simplicissimus*: "Diálogo com Guimarães Rosa", em *Coleção Fortuna Crítica*, Eduardo F. Coutinho (org.), Rio de Janeiro, Civilização Brasileira, 1991.

antes, o mundo da soldadesca vivenciado por Simplicissimus durante a guerra e reconstituído posteriormente, em sua existência pia numa ilha deserta, com tinta extraída do sumo de pau-brasil e um pergaminho de folhas secas de palmeiras.[34]

O Mal no *Simplicissimus*:
um recuo à Guerra dos Trinta Anos

Para o passo comparativo a ser dado aqui, vamos tomar entre os incontáveis personagens que cruzam o caminho do ingênuo Simplicius Simplicissimus (ao qual também caberia a designação de "pobre menino do destino"), aquele que assoma como encarnação extrema do mal num mundo configurado já *per se* como intrinsecamente mau. Trata-se de Olivier, com quem o herói trava contato no 21º capítulo do segundo livro. Palco da ação é agora um acampamento imperial e saxão nas imediações da cidade luterana de Magdeburg (inteiramente destruída em 1631 por forças católicas), para onde o herói é conduzido por soldados que o capturam numa floresta, após já ter passado por inúmeras aventuras em meio a tropas suecas, croatas e alemãs. Nesse acampamento, Simplicissimus fica conhecendo não apenas o maligno escrivão Olivier, mas também o jovem Herzbruder, filho de um honrado mestre de cerimônias dotado de capacidades divinatórias, a quem o herói se encontra subordinado enquanto espécie de bufão do regimento. A partir deste momento, a trajetória do protagonista será balizada em suas principais estações pelo contato com Herzbruder e Olivier, entre os quais irá oscilar como entre os polos do bem, indiciado já pelo expressivo nome que significa "irmão" (*Bruder*) do "coração" (*Herz*), e de um mal elementar. Se o intrigante escrivão tem, perante o herói, comportamento amistoso nos episódios do segundo livro, isso se deve à profecia do velho mestre de cerimônias de que

---

[34] Na ficção editorial forjada por Grimmelshausen, é o capitão holandês Jean Cornelissen que leva o insólito manuscrito para a Europa, onde é publicado.

Simplicissimus vingaria a morte de Olivier, o que de certo modo irá acontecer no final do quarto livro. Quanto ao jovem Herzbruder, porém, Olivier consegue emaranhá-lo num ardil que o faz cair em desgraça e por pouco não o leva à forca.

Através dos desastres da Guerra dos Trinta Anos, os caminhos de Simplicissimus e Herzbruder irão ainda cruzar-se em episódios cruciais do terceiro e do quarto livros, colocando-os sempre numa relação de solidariedade fraternal. Já Olivier atua sob disfarce em capítulos do terceiro livro, mas volta a irromper inesperada e brutalmente na vida do herói no capítulo 14 do quarto livro, ao assaltá-lo enquanto atravessava a Floresta Negra a caminho de Estrasburgo, pouco depois de ter escapado de tropas francesas: trata-se, como formula o título do capítulo, de "um perigoso duelo pela vida e pela pele, mas no qual ambos se safam da morte". Esgotados pela longa e encarniçada luta, os dois acordam em fazer as pazes, o que leva de imediato à cena do reconhecimento.

Os dez capítulos subsequentes são dominados então pela figura de Olivier, que passa a relatar os latrocínios que vem cometendo em sua existência de salteador, à qual procura conferir aparência e dignidade de um *Raubritter*.[35] Reproduzido minuciosamente ao longo de várias páginas, o relato desdobra ao leitor requintes de crueldade, mesmo para os padrões da Guerra dos Trinta Anos.

---

[35] Literalmente *Raubritter* significa algo como cavaleiro "rapinante", "salteador". Trata-se de um fenômeno característico da Baixa Idade Média: muitas vezes nobres empobrecidos que tiravam o seu sustento de assaltos cometidos nas estradas, ou que então saíam para fazer justiça com as próprias mãos. Neste último caso estão os personagens Karl Moor, no drama *Os bandoleiros*, de Schiller, ou Michael Kohlhaas, na novela homônima de Kleist ambientada no século XVI. Olivier procura estilizar-se como *Raubritter* ao equiparar-se aos "antigos heróis" e afirmar que pratica os seus latrocínios "à boa e velha maneira teutônica".

No universo do *Grande sertão*, Medeiro Vaz seria aquele que mais se aproxima de um *Raubritter* como Kohlhaas, que também incendeia suas propriedades antes de sair em demanda de justiça e vingança. Em seu ensaio "O homem dos avessos", Antonio Candido aproxima o romance rosiano dessa tradição: "Cavaleiros salteadores não faltaram, chegando em certos casos, como o dos *Raubritter* alemães, a constituir problema social dos mais graves".

Complementando o relato, ainda vemos Olivier agir diretamente, como no capítulo 22 deste quarto livro: após deter uma carruagem e abater a tiros e a golpes de machado os dois cocheiros, parte para o massacre de três crianças e duas mulheres, no que é, porém, impedido por Simplicissimus. Contrariado em seu propósito, Olivier apresenta argumentos políticos e econômicos para justificar seu intento, os quais se abrem com as palavras "ovos à frigideira", ou seja, as crianças pertencem à classe dominante e é preciso eliminá-las antes que se transformem em parasitas e exploradores do povo.[36] Argumentos semelhantes o herói ouve no alto de uma torre de igreja, que funciona como posto de observação para os assaltos; agora é plenamente consequente que seja sobretudo a hipocrisia religiosa (também a vaidade e ostentação exibidas durante a missa) a cair sob a crítica de Olivier — crítica que se revela, aliás, tão mais aguda se considerarmos que o ensejo primeiro para a deflagração da guerra originou-se de disputas religiosas.

O capítulo que traz essa conversa no alto da torre intitula-se "Os pensamentos de Simplicius ao sair para assaltos são mais edificantes do que os de Olivier na igreja", também aqui se revelando o gosto do escritor barroco por longos títulos — formulados na linguagem que atravessa todo o romance, vazada em verve satírica, recheada de provérbios, adágios, saborosas expressões populares. O mesmo se observa, portanto, dois capítulos antes, quando Simplicissimus reprova as crueldades cometidas pelo companheiro, que seriam contrárias tanto às leis da Natureza como às de Deus, e que cedo ou tarde o levariam à forca, pois "tantas vezes o jarro vai à fonte que um dia quebra"; além disso, a maneira como Olivier levava a vida seria "a mais vergonhosa do mundo". A res-

---

[36] Esse capítulo intitula-se "Uma pequena peça para exemplificar aquele ofício praticado por Olivier, no qual ele era mestre e Simplicissimus deveria ser um aprendiz". Em vez de chacinar também as mulheres e as crianças, Olivier concorda em amarrá-las no porão de uma casa abandonada. Em seguida, Simplicissimus depara-se numa floresta com o cadáver enregelado de um judeu, que Olivier declara haver assaltado e depois amarrado a uma árvore, para morrer de fome e frio; considera então, pesaroso, que as mulheres e crianças teriam provavelmente o mesmo destino.

posta, da qual se apresenta abaixo apenas um trecho, é longa e enfática — mas extraordinário também o empenho em inserir a práxis individual na respectiva realidade histórica:

> "Como, a mais vergonhosa? Meu bravo Simplicius, eu lhe asseguro que a vida de assaltante é o mais nobre exercício que se pode ter no mundo nestes tempos. Diga-me, quantos reinos e principados não foram conquistados e instituídos com violência? [...] O que poderia ser considerado mais nobre do que exatamente esse ofício de que estou me servindo agora? Eu percebo que você gostaria de replicar-me que não poucos foram desmembrados na roda, enforcados ou decapitados por causa de homicídio, roubo ou furto; sei disso muito bem, pois é o que ordenam as leis, mas você não verá ninguém balançar na forca a não ser ladrões miúdos, o que também é legítimo pois se lançaram a essa atividade primorosa, que está reservada e não cabe a ninguém mais do que a espíritos arrojados. Você viu alguma vez uma pessoa de condição social elevada ser punida pela justiça por ter explorado e sugado em demasia suas terras e subordinados? E, para não ficar só nisso, se não se pune nenhum usurário que pratica secretamente essa magnífica arte, e na verdade sob o manto da caridade cristã, por que eu então deveria ser punido, eu que assumo abertamente minhas práticas, à boa e velha maneira teutônica, sem nenhuma hipocrisia ou dissimulação? Meu caro Simplicius, você ainda não leu Maquiavel; eu tenho um caráter bastante íntegro e levo esse modo de vida livre e abertamente, sem vergonha alguma; arrisco a minha vida empunhando a espada, como os antigos heróis, e sei assim que são permitidos aqueles atos quando realizados por quem se coloca em situação de risco; e por colocar, portanto, minha vida em perigo, daí decorre de modo irrefutável que me é permitido e legítimo praticar essa arte."

Após reiteradas objeções do seu interlocutor, Olivier volta a justificar-se sumariamente com o autor do *Príncipe*: "É como eu já disse, você é ainda o Simplicius que não estudou Maquiavel; mas se eu pudesse por esses meios erigir uma monarquia, então eu queria ver quem me viria fazer sermões".

A reprodução do longo trecho não deixa certamente de ter um quê de arbitrário no âmbito de um ensaio sobre *Grande sertão: veredas*; sua finalidade, contudo, é expor a plasticidade histórica que Grimmelshausen confere à figura emblemática do mal no *Simplicissimus* e, desse modo, estabelecer um plano de contraste para a compreensão mais ampla e matizada do personagem correspondente no romance brasileiro. Longe da intenção moralizante do autor barroco querer justificar, ainda que apenas parcialmente, as ações de Olivier com uma dinâmica histórica reconhecida como intrinsecamente perversa, sobretudo durante essa época marcada pelo "monstro cruel e horrível" da guerra.[37] Mas igualmente distante de Grimmelshausen — e aqui se revela diferença fundamental em relação à construção da figura de Hermógenes — colocar em cena um mal com ressonâncias míticas, ou seja, que não esteja fundamente enraizado nessa mesma dinâmica histórica e que, portanto, não mantenha vínculos estreitos com a barbárie que, na ótica final do narrador, rege a vida dos homens.

É claro que o recurso a Maquiavel configura-se, na boca do maligno Olivier, como inteiramente ideológico, uma distorção do tratado renascentista com a finalidade única de conferir legitimidade aos crimes que perpetra em seu *piccolo mondo*. Dificilmente se poderia atribuir a Grimmelshausen um tal aproveitamento do *Príncipe*, mas à perspectiva crítica que subjaz ao romance não é estranho o paralelo entre a "arte" professada por Olivier e as práticas no mundo da alta política e dos grandes interesses econômicos. À luz de passagens como a acima reproduzida podemos admirar

---

[37] A expressão aparece no final do livro anterior de Grimmelshausen, *Der Satyrische Pilgram* [O peregrino satírico], no qual o autor declara não ter podido mostrar ao leitor nem um "centésimo" do "monstro cruel e horrível" que é a guerra — tarefa que caberá ao *Simplicissimus*.

o potencial crítico do romance barroco e, ao mesmo tempo, compreender o forte interesse que despertou em autores como Brecht, Thomas Mann ou Günter Grass.[38] Se, por outro lado, Guimarães Rosa ressalta a importância do *Simplicissimus* para a concepção de seu próprio romance, essa dimensão de crítica social (que ainda hoje preserva sua atualidade), de representação rasteira e plebeia da História, não parece ter influenciado o relato de Riobaldo de modo especial.

Sob outros aspectos, no entanto, a aproximação entre as duas obras pode revelar-se fecunda e elucidativa, não obstante os três séculos que as separam. Saltam aos olhos, em primeiro lugar, as afinidades na caracterização épica dos deslocamentos e das práticas da jagunçagem e da soldadesca durante a Guerra dos Trinta Anos — os *marodeurs* (como se designavam então os soldados-saqueadores) aos quais Simplicissimus por vezes se associa e nos quais o narrador enxergará posteriormente a negação de todos os princípios cristãos (do mesmo modo como, para o velho Riobaldo, o jagunço convicto, que "se entrete" nessa condição, aparece como "entrante do demônio"). Na reconstituição e elaboração das aventuras vividas em meio às reviravoltas e vicissitudes da guerra, ambas as narrativas em primeira pessoa (articuladas, portanto, de uma perspectiva *post eventum*) impregnam-se de expressivo substrato religioso, de tal forma que a confiança ou, antes, a aposta na *providentia Dei* acaba por constituir-se como espécie de viga mestra da concepção de mundo e de vida dos narradores.

---

[38] Vale lembrar que Brecht concebeu a sua "Mãe Coragem" a partir de uma personagem de Grimmelshausen, a andarilha e pícara Courasche, que Simplicissimus fica conhecendo, como a pretensa nobre Libuschka (porém "mais *mobilis* do que *nobilis*"), no capítulo 6 do livro V (e que depois Grimmelshausen aproveitará como protagonista de uma narrativa autônoma). O *Simplicissimus* constitui também importante fonte para o *Doutor Fausto* de Thomas Mann (por exemplo, nas expressões arcaizantes que saem da boca dos professores Kumpf e Schleppfuss, ou em designações do diabo, como *dicis-et-non-facis*: a única aliás contra a qual ele, na longa conversa do capítulo 25, irá protestar). Significativa homenagem ao autor do *Simplicissimus* presta também Günter Grass com sua narrativa *O encontro em Telgte* (1979).

Como a maioria dos romances de aventura que realmente contam, tanto o *Simplicissimus* como o *Grande sertão* suscitam reflexões quanto à sua inserção na tradição do *Bildungsroman* — afinal, conforme se exprimiu Thomas Mann, que outra coisa seria esse tipo narrativo "senão uma sublimação e espiritualização do romance de aventuras"? Mas os acenos religiosos das obras, também o desfecho adverso, e até mesmo trágico, a partir do qual começa a formar-se a perspectiva da narração, não constituiriam argumento contrário a uma tal inserção? Esse argumento parece valer especialmente para Simplicissimus, cuja travessia pela Guerra dos Trinta Anos encontra o seu termo no motivo barroco do *desengaño*, na renúncia radical ao mundo, que se concretiza por fim em seu insulamento. Como aceitar assim a avaliação do romance enquanto obra precursora do "romance de formação", postulada por não poucos críticos renomados, entre os quais Otto Maria Carpeaux? Pois com sua fuga a toda forma de convívio humano, o Simplicissimus já contraria frontalmente o modelo paradigmático que Goethe proporia no final do século XVIII com *Os anos de aprendizagem de Wilhelm Meister*. Para o eremita resignado em que se converte o herói de Grimmelshausen, a alternativa de retornar à Europa e integrar-se à sociedade do pós-guerra significa ceder à ilusão de que a história humana passou finalmente a ser regida por princípios cristãos e não mais por aqueles expostos pelo maligno Olivier em seu discurso de legitimação.

Quanto a Riobaldo, suas andanças e vivências em meio à grande guerra jagunça encenada por Guimarães Rosa — em especial a relação com Diadorim e o confronto com a forma diabólica do mal encarnada em Hermógenes — perfazem uma trajetória que envolve igualmente princípios e fundamentos da tradição do romance de formação e desenvolvimento. Ao contrário de Simplicissimus, contudo, Riobaldo passa por uma experiência que se converte na questão crucial de sua existência e que, de resto, excluiria radicalmente a alternativa de todo processo paulatino de aperfeiçoamento individual, de amadurecimento e aprendizagem. Essa experiência, a que Grimmelshausen apenas alude em seu romance, está relacionada ao antigo motivo literário do pacto demoníaco.[39] Impõe-se assim que, encerrada essa incursão pela Guerra dos Trinta Anos guiada pela imagem do mal que toma forma na figura de Olivier, a atenção se volte, ainda em chave comparativa, à configuração de tal motivo no *Grande sertão: veredas* e, em seguida, à oscilação do herói entre a tradição fáustica e o caminho da formação e do desenvolvimento.

Veredas-Mortas:
pacto demoníaco e ruptura "às brutas"

Numa das primeiras reações críticas ao *Grande sertão*, Paulo Rónai ressaltava o procedimento narrativo de preparar o leitor "para algum mistério espantoso". Sugere-se que este seja o ponto de fuga da narrativa, pois quando Riobaldo chega afinal ao episódio das Veredas-Mortas, "a revelação, embora pressentida, não deixa de transtorná-lo, a ele e a nós". Poucas linhas adiante, observa ainda o intérprete húngaro: "O mito atávico do pacto com o Demônio é revivido nele sob forma convincente, como experiência possível dentro da nossa realidade".[40]

No já citado "O homem dos avessos", ensaio igualmente pioneiro, Antonio Candido refere-se ao pacto como "símbolo" que dinamiza a "recorrência dos torneios de expressão, elaborados e reelaborados a cada página em torno das obsessões fundamentais" do narrador. Esse símbolo desempenharia assim papel estruturante tanto na dimensão linguística como também no plano do enredo, uma vez que constitui "o princípio, a ideia que enforma *Grande sertão: veredas*". E ao enfocar, em estudo posterior ("A persona-

---

[39] Durante sua estada na estância mineral de Sauerbrunnen, onde Herzbruder encontra a morte em vez da cura almejada, Simplicissimus tem contato com um suposto pactuário, em episódios (sexto e sétimo capítulos do livro V) que aludem ao livro popular *Historia von D. Johann Fausten* (1587).

[40] Paulo Rónai, "Três motivos em *Grande sertão: veredas*", ensaio de 1956 reproduzido como prefácio na edição do romance citada na nota 1.

gem do romance"), a questão da verossimilhança literária à luz do pacto demoníaco no relato de Riobaldo, o crítico aponta para a interação de diversos procedimentos narrativos na elaboração desse motivo crucial da obra, de tal maneira que, "mesmo que não tenha ocorrido, o material vai sendo organizado de modo ominoso, que torna naturais as coisas espantosas".

Mutatis mutantis, também na *Tragicall History* de Christopher Marlowe, no *Fausto* de Goethe, ou ainda no *Doutor Fausto* de Thomas Mann, podemos admirar a maestria com que o pacto assoma de modo plenamente verossímil enquanto elemento central da organização estética. Contudo, ao contrário dessas três grandiosas obras — e, mais ainda, da fonte primeira de toda a tradição fáustica, isto é, a *Historia von D. Johann Fausten*, publicada em 1587 —, a originalidade do romancista mineiro consiste em impregnar a cena do pacto com extrema ambiguidade, que para muitos leitores talvez não se dissipe sequer com a declaração que faz Riobaldo no final de seu relato. Para encaminhar a aproximação crítica a essa especificidade do *Grande sertão*, cumpre observar de perto procedimentos mobilizados por Rosa na configuração, preparada "com longa mão", desse velho motivo literário.

Conforme já apontado acima, a narração vem pontilhada por alusões ao pacto selado por Hermógenes e — sempre enquanto antecipação ominosa — também à cena noturna das Veredas-Mortas. Com o desdobrar-se do relato, tais alusões vão se tornando cada vez mais concretas, sobretudo quando se atinge o cerco à Fazenda dos Tucanos, episódio envolto numa atmosfera de putrefação em que se opera, sob o comando de Hermógenes, um "destapar do demônio". Pois é durante o cerco que as especulações de Riobaldo sobre a chefia entram numa fase decisiva: ao mesmo tempo que se exaspera com a conduta de Zé Bebelo, o herói passa a considerar seriamente a possibilidade de assumir o seu lugar.

Na sequência, após a libertação proporcionada pela intervenção da "soldadesca", alertada por cartas que furam o cerco inimigo, enfileira-se uma série de revezes que acometem o bando dos "zé-bebelos", degradados a andarilhos desnorteados numa fuga de sobrevivência. Então é o tempo que se mostra inteiramente adverso, com a canícula se seguindo ao atolamento em barro e lama. Vem em seguida o encontro com os catrumanos, sugerindo o ingresso num espaço arcaico de crendices e superstições, o que ajuda a compor a atmosfera de "subdemonidade" (para recorrer de novo ao neologismo de Thomas Mann) em que irá inserir-se a cena do pacto. E ao chegar, nos passos subsequentes, ao retiro do Coruja, Riobaldo avista uma encruzilhada que "não desmentia nenhuma tristeza"; instantaneamente vem-lhe a premonição do significado fatídico do lugar marcado pelas duas trilhas com um nome conjunto: Veredas-Mortas.

Imprescindíveis a todo romance de aventuras, as adversidades continuam a acumular-se: um jagunço (Gregoriano) morre picado por uma jararaca e outro (Felisberto) sofre um ataque; vitimado por doenças, o bando todo se vê, conforme a expressão do narrador, "arranchado no sezonático"; palavreando no vazio, o chefe Zé Bebelo dá evidências de "caiporismo": "A mó de moinho, que, nela não caindo o que moer, mói assim mesmo, si mesma, mói, mói". Vão se configurando assim os antecedentes imediatos do pacto, e se Riobaldo, em face de tal estado de coisas, é sufocado por toda sorte de dúvidas e indagações referentes à situação objetiva do bando, à condição jagunça e à autoidentidade, pode-se lembrar neste ponto que na tradição que se inicia com o livro popular de 1587 é o diabo que traz respostas seguras a todos os questionamentos do doutor Fausto. Sem que o narrador ofereça maiores detalhes ao leitor, o herói está tomando efetivamente o rumo fáustico, e outro passo preliminar é informar-se junto ao trânsfuga Lacrau sobre detalhes do acordo fechado pelo Hermógenes que, segundo a informação obtida, teria sido batizado com o sangue de um inocente.

Quando finalmente as insinuações do narrador tornam-se claras e este explicita a sua intenção de "fechar o trato, fazer o pacto" com o maligno numa encruzilhada à meia-noite, a primeira tentativa já havia se frustrado. Pouco tempo depois, também a segunda tentativa é abortada "sem motivo para sim, sem motivo para não", e o narrador apressa-se a assegurar que não foi por medo — por exemplo, perante uma aparição demasiado aterradora; além do mais, "o que algum Hermógenes tivesse feito, por que era que eu não ia poder?".

O número "três", como sabemos pelas invocações feitas pelo doutor Fausto renascentista (tanto no livro anônimo como em Marlowe), ou ainda por uma declaração explícita do Mefistófeles goethiano (v. 1.531), goza de certo prestígio nos mundos ínferos e, por conseguinte, é somente a terceira tentativa de Riobaldo que irá vingar. A esta, todavia, precedem dois acontecimentos que carreiam ao protagonista a determinação de enfrentar realmente o ritual planejado. Primeiro, o encontro com o fazendeiro Habão, que logo vai conquistando ascendência sobre os jagunços e, imperceptivelmente, amoldando-os ao plano de convertê-los em "enxadeiros". Em seguida, chega ao bando de Zé Bebelo a notícia da aproximação do co-chefe João Goanhá, o que — segundo o cálculo de Riobaldo — colocará inevitavelmente a questão da chefia unificada, ocasião propícia para arrebatar a liderança irrompendo de fora, segundo propõe o velho provérbio latino: *Inter duos litigantes tertius gaudet* (Entre dois litigantes é o terceiro que se regozija).

"Eu caminhei para as Veredas-Mortas": se os passos de Riobaldo na encruzilhada são descritos de maneira minuciosa, com objetividade realista, no universo ficcional do *Grande sertão* o estatuto ontológico da cena não possui de modo algum a univocidade que se observa nos *Faustos* anteriores. E é justamente em torno da indeterminação que vinca todo o episódio do pacto — construído de forma admirável — que se constitui a motivação decisiva para o relato de Riobaldo, não só para o ouvinte da cidade (artifício sobre o qual repousa o romance), mas já para Quelemém de Góis, cujo comentário irá soar aos ouvidos do atormentado herói como uma absolvição.

Na fortuna crítica do *Grande sertão*, a cena da encruzilhada foi analisada dos mais variados ângulos.[41] Em consonância com

---

[41] No capítulo 4 de seu estudo *grandesertão.br* (São Paulo, Editora 34/ Duas Cidades, 2004), Willi Bolle faz um apanhado das várias vertentes na interpretação do pacto de Riobaldo. O autor, no entanto, deixa de fora de sua

a indagação crítica que orienta este ensaio, isto é, os vínculos do *sermo riobaldinus* com a tradição fáustica (mas também com a do romance de formação e desenvolvimento), proceder-se-á agora ao enfoque de alguns traços na elaboração literária com que Guimarães Rosa, mesclando elementos populares e eruditos, inovou esse antiquíssimo motivo da cultura judaico-cristã.

Se o jagunço escolhe a meia-noite para fazer o trato, isso remonta primeiramente à esfera popular, conforme já apontado por Leonardo Arroyo em seu estudo *A cultura popular em Grande sertão: veredas*;[42] mas lembra também detalhes da cena III na peça de Marlowe, em especial o esconjuro noturno num bosque ermo e a subsequente ordem de Fausto a Mefistófeles para retornar à

síntese, exposta no segmento "O pacto como alegoria de um falso contrato social", a leitura de Antonio Candido (em que o pacto aparece como "um tipo especial de provação iniciatória, um ritual de sentido mágico-religioso", *op. cit.*, p. 132) e a de Walnice Nogueira Galvão, que vislumbra no pacto, de maneira aguda e original, uma tentativa de deter o fluxo da vida (*As formas do falso*, São Paulo, Perspectiva, 1988). Vale lembrar aqui que o sentido do pacto riobaldiano representaria, na coerente leitura de Walnice Galvão, o oposto do que visa Fausto ao lançar-se (vv. 1.692-707) ao pacto e à aposta com Mefistófeles, ou seja, na tragédia goethiana o pacto é a sanção de que a inquebrantável aspiração fáustica — e com ela o frenético fluxo da ação — jamais poderá deter-se.

Comentando a cena das Veredas-Mortas à luz da teoria política de Rousseau, o próprio Bolle vê no pacto de Riobaldo uma "representação criptografada da modernização no Brasil", mais precisamente, uma atualização alegórica do "falso contrato social" esboçado por Rousseau, com Riobaldo encarnando o papel do "Astucioso" (ver em especial as pp. 146-74). Essa perspectiva o faz interpretar momentos da narrativa do "astuto" Riobaldo como a fala dissimulada de um "latifundiário, cuidando da defesa de sua propriedade e tendo a seu serviço um exército particular, cujos integrantes estão às suas ordens como vassalos" (p. 153). Uma interpretação original, mas é legítimo que o leitor se pergunte neste ponto se o intérprete não está desconsiderando a advertência de Riobaldo de não "pensar em dobro": "Digo isto ao senhor, de fidúcia. Também, não vá pensar em dobro".

[42] Ver o capítulo 2, "Pacto com o diabo", em especial p. 232 (Rio de Janeiro, Livraria José Olímpio, 1984). No mesmo capítulo, compreendido entre as páginas 225 e 245, encontra-se um levantamento bastante detalhado da sinonímia em torno do diabo.

meia-noite em seu gabinete. Ou até mesmo a cena "Meia-noite", na segunda parte da tragédia goethiana, em que se veem adentrar o palco eventos que se processam no íntimo de Fausto. No romance de Rosa, várias das sensações e manifestações posteriormente reconstituídas pelo narrador parecem igualmente ter-se dado no psiquismo do jagunço, começando com a impressão de estar sendo vigiado pelo "cão que me fareja", traço que remete de novo tanto à tradição popular (por exemplo, a frequente contraposição entre as leis do "Cão" e de Deus, registrada, entre outros, por Euclides da Cunha[43]) como à alta literatura, para lembrar mais uma vez a tragédia de Goethe e o perro em que se disfarça Mefisto para fechar o cerco em torno de Fausto durante o seu passeio de Páscoa — "o diabo na rua no meio do redemoinho", conforme glosado por Haroldo de Campos em seu *Deus e o Diabo no Fausto de Goethe*.[44]

Chegada a meia-noite, Riobaldo percebe já terem desaparecido as Três-Marias e a constelação das Plêiades, mas o Cruzeiro do Sul ainda rebrilha forte, como que oferecendo uma imagem especular da "concruz dos caminhos". Para a consumação do pacto, considera ele nesse momento, seria necessário estipular as cláusulas — iniciativa que, na tradição, cabe em parte ao diabo e, em parte, aos Faustos, como ilustra Goethe com originalidade verdadeiramente genial (vv. 1.692-8). O herói de Rosa, todavia, vê-se de início tomado apenas pelo desejo de "ficar sendo", de querer "só tudo", o que parece equivaler à conquista de uma constituição tão maciça quanto a do inimigo (Hermógenes) a ser enfrentado: no fundo, poder-se-ia dizer que se trata do intento de exorcizar Satanás com a ajuda de Belzebu ou ao menos, em termos mais

---

[43] No capítulo 5 da segunda parte ("O homem") dos *Sertões* leem-se trovas populares que demonizam a República, associada sempre à "lei do cão", por exemplo: "Garantidos pela lei/ Aquelles malvados estão/ Nós temos a lei de Deus/ Elles tem a lei do *cão!*". E Euclides pondera: "*A lei do cão...* Este era o apotegma mais elevado da seita. Resumia-lhe o programa. Dispensa todos os comentários".

[44] Ver as considerações de Haroldo de Campos sobre a cena "Diante da porta da cidade" à página 82 do seu estudo (São Paulo, Perspectiva, 1981).

suaves, recorrer às mesmas armas do adversário (*simila similibus curantur*).

Tendo se informado amplamente sobre o assunto em questão, Riobaldo sabe que é imprescindível explicitar "formalidade de alguma razão" e, assim, figura para si mesmo: "Acabar com o Hermógenes! Reduzir aquele homem!...". Pouco depois vem a invocação, que ocorre três vezes, segundo o que foi fixado na tradição de acordo com leis vigentes no inferno.[45] Sintomaticamente, no terceiro esconjuro Riobaldo acrescenta o pronome possessivo "meus", reforçando a dimensão subjetiva acima apontada, ou seja, o desdobramento dos eventos no íntimo do personagem: "Ei, Lúcifer! Satanás, dos meus Infernos!".

Se, desde o início, Riobaldo não esperava deparar-se com uma aparição aterradora, à semelhança da que se manifesta ao Fausto de Marlowe, ou envolta em fumaça e cheiro de enxofre, ou ainda em meio a vendaval tremendo (como no livro anônimo de 1587), ao fim do ritual vem-lhe a intuição de que talvez tenha ido ao encontro de um "falso imaginado". Por outro lado, contudo, fica-lhe também a sensação de ter sido ouvido no "envir de espaços" em meio ao silêncio noturno: "Mas eu supri que ele tinha me ouvido". Aparentemente numa dimensão subjetiva, delineia-se então um "catrapuz de sinal" e a Riobaldo parece confirmar-se a condição de pactário ao sentir um "adejo", um "gozo de agarro", desencadeando imagens de um novo nascimento ("rio que viesse adentro a casa de meu pai") e, por conseguinte, de um novo poder.

Como se observa desde o início do episódio, toda a maestria artística envolvida na representação dos passos de Riobaldo nas Veredas-Mortas consiste em deixar os eventos oscilarem incessantemente entre as esferas da subjetividade e da objetividade. Ao ouvinte e leitor subtrai-se, com o jogo cambiante de afirmativas e negaças, a possibilidade de orientação mais segura; as sensações relatadas apoiam-se no registro dos órgãos sensoriais e, ao mesmo

---

[45] "O inferno, até, tem leis?, mas, bravos!/ Podemos, pois, firmar convosco algum contrato,/ Sem medo de anular-se o pacto?", nas palavras já apontadas do Fausto goethiano (vv. 1.413-5).

tempo, sugerem a anulação destes, do que resulta uma profusão de expressivos efeitos narrativos, à semelhança do oxímoro em que se manifesta a expectativa fortemente tensionada do personagem: "Não vendo estranha coisa de se ver".

É verdade que certos sinais lançados pelo narrador na configuração dessa cena (por exemplo, a "mais-força", a "maior-coragem" extraída do "profundo mesmo da gente") fazem por vezes a representação ambígua pender com mais força para a dimensão subjetiva, isto é, a consumação da aliança com o "Satanás dos meus infernos". Há que se considerar, no entanto, que em grande parte é a reconstituição posterior do narrador que seleciona, organiza e elabora os indícios que apontam nessa direção. Envolto ainda na opacidade das vivências, o jagunço Riobaldo retorna das Veredas-Mortas trazendo em si a convicção de ter passado por uma experiência fundamental e, no fundo, inexprimível em palavras: "que isso não é falável. As coisas assim a gente mesmo não pega nem abarca. Cabem é no brilho da noite. Aragem do sagrado. Absolutas estrelas!". Em última instância, essa experiência seria a consumação efetiva do pacto em meio à cena noturna. Um acordo tácito, afinal, não repugnaria à entidade que, ostentando também os cognomes de "Calado" e "Sempre-sério", compraz-se em ocultar-se no "silêncio das astúcias". E ademais, quase quatrocentos anos após a pretensa façanha do doutor Fausto histórico, talvez já não seja mesmo necessário, como nos confessa Adrian Leverkühn em sua patética *oratio* de despedida, que a confirmação de um pacto diabólico se dê de maneira explícita: "Não penseis, meus caros irmãos e irmãs, que, para a promessa e o estabelecimento do pacto, eu tenha precisado de uma encruzilhada na floresta, de muito pentagrama mágico e conjuração grosseira, uma vez que já São Tomás ensina que, para a apostasia, não se carece de palavras propiciadoras da invocação, mas qualquer ato já é suficiente, mesmo sem homenagem explícita".[46]

---

[46] Essas palavras são pronunciadas no capítulo 47, o último do romance, imediatamente antes do colapso psíquico que faz Leverkühn mergulhar na loucura; mas já no célebre capítulo 25, o próprio diabo lhe dissera que, para o

Não mais carecendo, nesses romances do século XX, que a firmação do trato siga o roteiro tradicional, então o arrependimento de Adrian Leverkühn ao final de sua trajetória mostra-se inteiramente procedente e, do mesmo modo, também as dúvidas e angústias do narrador Riobaldo quanto à cena noturna na encruzilhada: "Então, não sei se vendi? Digo ao senhor: meu medo é esse".[47]

No plano da história rosiana, o primeiro sinal de que os "prazos principiavam" oferece-se a Riobaldo na intensa sensação de frio que o acomete após as horas passadas na encruzilhada: "Nunca em minha vida eu não tinha sentido a solidão duma friagem assim. E se aquele gelado inteiriço não me largasse mais". Parece que a febre se apossara dele, impressão que se reforça com a pergunta que lhe é feita ao retornar das Veredas-Mortas: "Tu treme friúra, pegou da maleita?" — e o jagunço tresnoitado: "— 'Que os carregue!' — eu arrespondi. E mesmo com o sol saindo bom, cacei um cobertor e uma rede". Se Rosa incorpora à elaboração do motivo do pacto o traço da "febre" e do "frio", podemos nos lembrar de que é também em estado febril que Ivan Karamázov e Adrian Leverkühn se imaginam *vis-à-vis* com o diabo: enquanto no romance russo — Dostoiévski opera aqui em chave irônico-satírica — o personagem atribui os seus resfriados e achaques justamente à atmosfera gélida que tem de enfrentar com frequência ("porque faz um frio... qual frio! — já nem se pode chamar aquilo de frio, podes imaginar: cento e cinquenta graus abaixo de zero!"), no *Doutor Fausto* o diabo exala sem cessar a onda invernal que faz Adrian Leverkühn tremer intensamente, embora em pleno verão dos montes Sabinos, na cidade italiana de Palestrina.

selamento do pacto, eles não precisariam de encruzilhada na floresta ou de invocações mágicas.

[47] Remorso, apreensão, angústia inserem-se, portanto, de modo verossímil no universo ficcional criado pelos romancistas. Contudo, vendo as coisas do ponto de vista do outro contraente, terá talvez a sua razão de ser o desabafo que faz Mefistófeles, na cena "Dia sombrio — Campo", em nome de todos os diabos: "Por que é que entraste em comunhão conosco, se és incapaz de sustentá-la? Almejas voar e não te sentes livre da vertigem? Pois fomos nós que a ti nos impusemos, ou foste tu que te impuseste a nós?".

Nesse contexto, pode-se lembrar ainda a aragem gélida que envolve o Mefisto goethiano a caminho da Noite de Válpurgis: "Corta-me a carne um frio de geada;/ Quisera ver flocos de neve sobre a via" (vv. 3.849-50); e no início do capítulo 23 da *Historia*, quando o diabo surge de repente ao doutor Fausto, é dito que este "não se aterrorizou pouco" diante da horrorosa aparição — "pois embora fosse no verão, emanava uma corrente de ar tão fria do diabo que o doutor Fausto achou que fosse congelar".[48]

Circunscrevendo-se, porém, apenas ao âmbito do *Grande sertão*, abre-se ao leitor a possibilidade de adensar sua compreensão do estranho "gelado inteiriço" que acomete Riobaldo se trouxer à lembrança um episódio, narrado mais de duzentas páginas antes, referente a uma pesada desavença sua com Diadorim, logo após ter encontrado Otacília na fazenda Santa Catarina. Mais uma vez, entra em ação a cunha da discórdia, como no encontro imediatamente posterior, mas que no plano do enredo é apresentado antes, com Nhorinhá, quando o *diabolus* irrompe bruscamente na narrativa com nada menos do que 22 nomes de rebuço.[49]

"Você sabe do seu destino, Riobaldo?", pergunta Diadorim nessa primeira cena de ciúme (a segunda, porém, no *puzzle* da trama). "Se nanja, sei não. O demônio sabe", responde aquele e sai para a paisagem noturna. Ao contrário do episódio posterior nas

---

[48] No original: "*Doct. Faustus erschrack nit ein wenig vor seiner Grewlichkeit. Denn vnangesehen, daß es im Sommer war, so gienge jedoch ein solcher kalter Lufft vom Teuffel, daß Doctor Faustus vermeinte, er müßte erfrieren*".

Lembre-se ainda que tanto no livro popular alemão de 1587 como no drama de Marlowe o sangue do doutor Fausto se congela ao ser extraído de sua veia para a assinatura do documento redigido por Mephostophiles.

Como se sabe, a associação do diabo com o frio e o gelo remonta também a Dante, que configura o nono e último círculo do Inferno como a glacial Judeca, onde a lei do "contrapasso" (canto XXVIII, v. 142) faz penar os que traíram a frio: Judas, Bruto, Cássio e incontáveis outros traidores apresentam-se afundados no gelo.

[49] Estes são: "o Arrenegado, o Cão, o Cramulhão, o Indivíduo, o Galhardo, o Pé-de-Pato, o Sujo, o Homem, o Tisnado, o Coxo, o Temba, o Azarape, o Coisa-Ruim, o Mafarro, o Pé-Preto, o Canho, o Duba-Dubá, o Rapaz, o Tristonho, o Não-sei-que-diga, O-que-nunca-se-ri, o Sem-Gracejos...".

Veredas-Mortas, o "sete-estrelo" (a constelação das Plêiades) ainda não havia desaparecido e Riobaldo pode então tomar-lhe a altura. É acometido pela sensação de estar sendo vigiado, mas, ao virar-se, percebe tratar-se de "fantasiação". E, por fim, vem o detalhe relacionado ao frio, que ajuda a preparar a cena do pacto: ao beber água de um rego, o jagunço sente a mornidão desta e conclui daí, baseado na experiência sertaneja, que o frio da noite é real, enquanto no episódio das Veredas-Mortas irá reforçar-se ao leitor, mediante a descrição da água fria no "bebedouro de veados e onças", a sugestão pressaga do "gelado inteiriço" que envolve o herói.

Retornando ao romance de Thomas Mann, impõe observar que o motivo da "frieza" se insinua também na condição que o diabo estipula ao músico Leverkühn em troca de seus préstimos: "A tua vida terá de ser fria. Por isso não poderás amar". Com esse mandamento de renúncia ao amor (ao qual se atribui a faculdade de "aquecer") não estaria se explicitando componente incontornável nas histórias de pacto demoníaco, de tal modo que a transgressão tem por consequência a perda do ser amado — no *Doutor Fausto* a morte inominável do pequeno Nepomuk, no *Grande sertão* a perda trágica de Diadorim?[50]

Observada, porém, a cláusula da renúncia, o diabo disponibiliza em contrapartida os meios necessários para a superação de obstáculos e impasses, como mais uma vez Thomas Mann formu-

---

[50] A ilustração mais expressiva para esse componente sub-reptício de histórias de pactuários se encontra na última cena do *Fausto I* ("Cárcere"), em que Gretchen aguarda enlouquecida a execução. Não por acaso, também Adelbert von Chamisso (1781-1838), em sua *História maravilhosa de Peter Schlemihl* (1814), obra-prima do romantismo alemão, faz o herói — e apenas "semipactuário" — passar pela perda da mulher amada. A proibição categórica de um amor que possa levar ao sacramento do matrimônio está presente no livro de 1587, mas se explicita mais claramente numa de suas adaptações, publicada em 1775 por um anônimo cristão "bem-intencionado" (*Das Faustbuch des Christlich Meynenden*): trata-se do episódio em que o pactuário se apaixona por uma criada bela mas pobre; uma vez, contudo, que a moça não lhe permite nada fora do casamento e ele se dispõe assim a desposá-la, eclode áspero conflito com o seu parceiro demoníaco.

la de maneira paradigmática: "Mandamos às favas a lerdeza, a timidez, os castos escrúpulos e as dúvidas". No romance alemão, como se sabe, o impasse refere-se ao exaurimento das possibilidades de inovação musical (ao fim, como diz o próprio diabo, da "subsunção da expressão na generalidade conciliadora") — uma crise a que Leverkühn irá responder com a série de composições geniais que culminam no oratório "Lamentação do Doutor Fausto". Mas tal promessa diabólica de ruptura não passaria a vigorar igualmente para Riobaldo após ter atravessado o ritual das Veredas-Mortas? Pois "às favas" parecem ter sido mandadas de fato todas as dúvidas e hesitações que antes o fizeram assomar não poucas vezes mais como figura hamletiana do que fáustica: "Se eu fosse filho de mais ação, e menos ideia [...] As razões de não ser" (p. 200).

A partir de então, o relato se impregna de indícios de que, como já na contagem dos 24 anos acordados na *Historia von D. Johann Fausten*, os prazos começaram efetivamente a transcorrer: Riobaldo torna-se falante e principia a dar ordens aos companheiros; as palavras lhe saem firmes, decididas, desafiadoras ("Sol procura é a ponta dos aços..."); passa a contestar abertamente as decisões de Zé Bebelo, que deixaram de soar-lhe convincentes desde o cerco da Fazenda dos Tucanos; como que por instinto vai atualizando a cada passo sua regra de conduta: "A primeira coisa, que um para ser alto nesta vida tem de aprender, é topar firme as invejas dos outros restantes... Me rêjo, me calejo!". E seguem-se ainda vários outros sinais a indicar a metamorfose repentina de um "rato" num "tigre leão", para valer-se da metáfora que o narrador emprega logo após a cena do pacto: também desaparecem os sonhos, a agressividade recrudesce, os cavalos assustam-se com sua presença, mas são prontamente subjugados ao grito de "Barzabú".[51]

[51] À luz dessa portentosa transformação seria sobremaneira elucidativo comparar os versos que Riobaldo compõe antes e depois do pacto. Desse modo se poderia demonstrar a primazia de imagens de turvamento, opacidade e fragilidade nas três quadras que ele acrescenta — "descontente de que sejam sem razoável valor" — à canção de Siruiz. Já nas três outras quadras concebidas pelo chefe Urutu-Branco, predominam (às expensas da dimensão lírica) sugestões de poder e força: a referência explícita ao "trato com o Cão", a capacida-

Como calculara Riobaldo antes de dirigir-se às Veredas-Mortas, a chegada de João Goanhá coloca sub-repticiamente em pauta a questão da chefia unificada; agarrando então a *ocasio* pelo topete, impõe-se como novo chefe, não sem matar antes dois jagunços em desacordo. Destituído Zé Bebelo, o antigo "pobre menino do destino" — agora também de posse do cavalo Siruiz, o "animal de eleição" de que fala Antonio Candido[52] — assume as rédeas de comando, que estiveram antes nas mãos de Joca Ramiro e, em seguida, de Medeiro Vaz, cujo desejo quanto ao sucessor, que tomara forma em seu último olhar, finalmente se concretiza. Como que instintivamente, o primeiro ato simbólico do novo chefe Urutu-Branco é galgar um "itambé de pedra muito lisa" e de seu cume — difícil não enxergar aqui uma alusão à montanha a que o diabo conduz Jesus para avistar as magnificências do mundo — saborear o novo poder: "Tinham me dado em mão o brinquedo do mundo".[53]

O passo subsequente consiste em arregimentar à força, para engrossar suas fileiras, os homens do Sucruiú e do Pubo — inclusive o menino Guirigó e o cego Borromeu, que irão doravante ladeá-lo na cavalgada. Também nesse ato de coerção seria possível vislumbrar uma reminiscência fáustica (vv. 11. 553-7), e é exibindo satisfação e autoconfiança que o novo chefe dá início às manobras que logo o conduzem ao portento, desta vez coroado de êxito, da travessia do Liso do Sussuarão, rumo ao combate final com as forças do Hermógenes: "Safra em cima, eu em minha lordeza. [...] Ah, não, eu bem que tinha nascido para jagunço. [...] Comi carne de onça? Esquipando, eu queria que a gente entrasse, daquele jeito, era em alguma grande verdadeira cidade".

---

de de permutar entre o "sim" e o "não", o estouro do gado bravio, a autodenominação "Rei do Sertão" e "Capitão" (termo este que pode ser lido como anagrama de "pacto").

[52] Ver *op. cit.*, p. 133, nota 28.

[53] Episódio correspondente encontramos no *Fausto II* (ato IV, cena 1), quando Mefisto oferece a Fausto, meditando no topo de uma montanha "os reinos do Universo e suas maravilhas" (v. 10.131).

Veredas-Altas: a imanência do humano

"Tinham me dado em mão o brinquedo do mundo": não será certamente descabido supor que a essa afirmação subjaza um ato de ruptura, de certo modo também presente no pacto proposto pelo diabo no deserto: romper com Deus em troca das magnificências terrenas. O motivo da "ruptura", que parece representar assim um divisor de águas na trajetória de Riobaldo, ocupa posição central no romance fáustico de Thomas Mann, como se evidencia particularmente no capítulo XXX, em que o narrador Serenus Zeitblom reconstitui o entusiasmo generalizado provocado pela irrupção da guerra em 1914; em meio à euforia coletiva — da qual participa também Zeitblom, que se alista e parte para o *front* — a única voz dissonante vem do recém-pactário Adrian Leverkühn, que demonstra conceber ruptura apenas na esfera privada (o que, no caso, significa "estética"): "No fundo, existe neste globo somente um único problema, e este se chama: como se rompe caminho? Como se chega ao ar livre? Como se rompe o casulo, para vir a ser borboleta?".[54]

Cinco capítulos antes, o leitor viu desdobrar-se a longa e cerrada discussão com um diabo que, por meio de curioso mimetismo condicionado pelos respectivos assuntos em pauta, vai assu-

---

[54] No mundo ficcional do *Doutor Fausto*, esse motivo da "ruptura" (*Durchbruch*) assoma em contextos variados. O narrador Serenus Zeitblom o emprega muitas vezes no sentido histórico-político (deflagração da guerra em 1914) e existencial (quando referido, por exemplo, à história do doutor Fausto renascentista); já Leverkühn o concebe exclusivamente no sentido artístico, como nesse capítulo XXX (em que também o ensaio de Kleist sobre as marionetes é comentado na chave da "ruptura") e no subsequente.

Herbert Caro traduz com frequência o substantivo *Durchbruch* como "abertura de caminho" e o correspondente verbo *durchbrechen* como "abrir caminho". A opção é válida, mas com isso se atenua por vezes a dimensão de quebra abrupta, imediata ou mesmo "explosiva", presente no conceito de *Durchbruch* (não por acaso, Leverkühn fala nessa passagem em "explodir", *sprengen*, o casulo). Acrescente-se ainda que as expressões "abertura de caminho" e "abrir caminho" também podem ser associadas ao conceito que, na perspectiva deste ensaio, situa-se no polo oposto ao de "ruptura", isto é, o de *Bildung*, "formação".

mindo a figura dos professores Kumpf e Schleppfuss, de um rufião e, ainda, de um intelectual com óculos e traços que remetem tanto a Adorno como a Gustav Mahler. Sob esta última aparência, promete a Leverkühn a inspiração genial, ou diabólica, para superar as dificuldades derivadas da incongruência moderna entre o "movimento histórico do material musical" e a "obra completa em si", para citar mais uma vez palavras do erudito diabo. Por conseguinte, após esse encontro na cidade de Palestrina começa a surgir a sequência de obras que fazem o compositor sentir-se "como se tivesse estudado em Cracóvia", conforme se exprime perante Zeitblom em alusão à universidade pretensamente frequentada pelo doutor Fausto renascentista.

Talvez seja precisamente esse conceito de ruptura que pode oferecer o procedimento heurístico para uma compreensão mais acurada das diferenças entre uma obra "fáustica", particularizada aqui no romance de Thomas Mann, e um *Bildungsroman*. Pois uma ruptura como a consumada por Adrian Leverkühn nos Montes Sabinos,[55] que possibilita libertação fulminante dos impasses e, por conseguinte, a concretização de projetos gerados no âmbito da mais alta aspiração, tal ruptura parece não apenas estranha, mas também inteiramente contrária ao árduo percurso característico de um romance de formação, como o trilhado de modo paradigmático por Wilhelm Meister ao longo de aproximadamente dez anos pelo interior da Alemanha ou, quase um século e meio mais tarde (e às vésperas da Primeira Guerra), pelo "singelo" Hans Castorp, nos sete anos que passa no sanatório suíço de Davos.

"O homem não é feliz antes que sua aspiração incondicional determine limites a si mesma" — eis, aliás, um precioso ensina-

---

[55] A segunda parte da tragédia de Goethe pode lançar surpreendente luz sobre essa região italiana, pois na cena 2, do ato IV ("Nas montanhas do primeiro plano"), referências ao chamado "Sabino de Nórcia" apresentam os Montes Sabinos como espaço saturado de bruxarias e demonismo. Goethe tomou essa sugestão à autobiografia de Benvenuto Cellini (1500-1571), que ele traduziu para o alemão em 1796: Celini fala em suas memórias de Mestre Cecco, oriundo dos Montes Sabinos, acusado de bruxaria e queimado em Florença no século XIV.

mento que chega ao herói de Goethe no capítulo XXX de *Os anos de aprendizado de Wilhelm Meister*, o primeiro daqueles romances que, nas palavras simples e objetivas de Wilhelm Dilthey, "representam o jovem daqueles tempos: como ele ingressa na vida num alvorecer feliz, procura por almas afins, encontra a amizade e o amor, mas também entra em conflito com a dura realidade da vida e assim, sob as mais variadas experiências, vai amadurecendo, encontra-se a si mesmo e conscientiza-se da sua tarefa no mundo".[56] Em contraposição a esse processo, observamos no *Doutor Fausto*, de Mann, a vigência de aspirações que só se concretizam por meios diabólicos, impondo ao pactário um permanente esquivar-se diante das pessoas, da vida social, da realidade histórica — consequentemente, a fuga cada vez mais intensa para dentro de si mesmo: ruptura do casulo e advento da borboleta apenas e exclusivamente na solidão da existência estética.

Projetadas sobre o mundo do *Grande sertão*, essas imagens de "metamorfose" — fenômeno, aliás, que Goethe, numa carta a Schiller em agosto de 1796, caracteriza como "o mais belo" do mundo orgânico — talvez possam ilustrar a mudança que se processa em Riobaldo durante o ritual das Veredas-Mortas, ou seja, a conversão do jagunço-raso Tatarana, até então "cachorrando por esses sertões", no líder Urutu-Branco. Mas como entender o agente efetivo ou a força propiciadora dessa prodigiosa transubstanciação (se é lícito o termo) que envolve as imagens simbólicas de lagarta (taturana ou tatarana) e de serpente temível, despertando associações com o demônio?[57]

Em relação ao romance de Rosa, a resposta se configuraria de maneira bem mais ambígua do que nas cenas correspondentes

---

[56] Wilhelm Dilthey faz essa descrição do *Bildungsroman* em seu livro *Das Erlebnis und die Dichtung* [A vivência e a Poesia], mais precisamente no capítulo que dedica ao romance epistolar *Hipérion*, de Friedrich Hölderlin.

[57] O Antigo e o Novo Testamento oferecem não poucas passagens que ilustram essa associação da serpente com o diabo; no *Apocalipse* (12: 9) lê-se, por exemplo: "Foi expulso o grande Dragão, a antiga serpente, o chamado Diabo ou Satanás, sedutor de toda a terra habitada".

em outras histórias fáusticas, inclusive a que tem lugar nos Montes Sabinos. Procedendo-se a um deslocamento da perspectiva crítica, talvez se possa entender o portento ocorrido nas Veredas-Mortas como uma "transformação alquímica da existência", mas no sentido com que esta expressão, também tomada à *oeuvre* de Thomas Mann, aparece na *Montanha mágica*, isto é, referida ao processo vivenciado por Hans Castorp durante sua passagem pelo sanatório de Davos, confrontando-se com experiências fundamentais da existência humana (morte, amizade, amor) e, em particular, com as concepções desdobradas pelos seus mentores Settembrini e Naphta, engalfinhados em intensa disputa pela ascendência sobre o herói em formação.

Nos sete anos de sanatório perfaz-se uma aprendizagem que também não deixa de englobar um "pacto", como ressaltado posteriormente pelo próprio romancista ao inserir *A montanha mágica* numa tradição que não seria estranha ao romance rosiano, isto é, a tradição do Graal — de Perceval (Chrétien de Troyes) ou Parzifal (Wolfram von Eschenbach), dos neófitos que se submetem a um ritual de iniciação para alcançar admissão a um sentido superior:

> "O seu herói, chame-se ele Gavan, Galahad ou Perceval, é precisamente o *Quester*, o que busca e indaga, que percorre céu e inferno, enfrenta céu e inferno e realiza um pacto com o mistério, com a doença, o mal, a morte, com o outro mundo, o oculto, o mundo que na *Montanha mágica* vem marcado como questionável — em busca do 'Graal', quer dizer, do mais elevado, em busca do saber, conhecimento, consagração, em busca da pedra filosofal, *aurum potabile*, a poção da vida."[58]

---

[58] "Einführung in den *Zauberberg*" [Introdução a *A montanha mágica*]: trata-se de uma conferência feita por Thomas Mann em 1939 para estudantes da Universidade de Princeton. O texto acompanha algumas edições alemãs do romance e integra também o volume XI de suas obras completas em treze volumes (*Gesammelte Werke in dreizehn Bänden*, Frankfurt a.M., 1974).

Em seu ensaio "O homem dos avessos", Antonio Candido já apontara para a possível inserção do *Grande sertão* na linhagem épica que se pode designar como "romances de iniciação". O pacto das Veredas-Mortas assomaria, nesse viés de leitura, enquanto espécie de prova a que o herói precisa submeter-se para enfeixar as forças necessárias para o cumprimento de sua demanda, e o crítico lembra aqui o ritual iniciatório que, nas lendas do Graal, deve ser cumprido na chamada "Capela Perigosa" — também mencionada por Thomas Mann (como "fogueira perigosa"), logo após a passagem acima:

> "Antes de alcançar a montanha sagrada, o *Graal-Quester* tem de submeter-se a uma série de provações terríveis e misteriosas em uma capela que fica à margem do caminho, a qual se chama *Âtre Périlleux*. É provável que essas provas aventurescas fossem originalmente ritos de iniciação, condições para aproximar-se do mistério esotérico, e a ideia do saber, do conhecimento sempre está associada ao *other world*, associada à morte e à noite."

Se, à luz de tais considerações, quisermos divisar também na trajetória de Riobaldo uma espécie de "transformação alquímica da existência", uma provação cumprida na "fogueira perigosa" do sertão rosiano, então caberia dispensar especial atenção ao majestoso episódio da morte de Medeiro Vaz. A excepcionalidade dessa figura, que ingressa na história como sucessor natural e inconteste de Joca Ramiro, atinge o ponto culminante em seus instantes finais, "se governando mesmo no remar a agonia". As circunstâncias que emolduram essa morte parecem revestir-se de uma dimensão mítica; desenrolando-se sob a "estrampeação da chuva", podem até despertar a lembrança dos sinais da natureza que, em Colono, envolvem a descida de Édipo ao Hades. "Era seu dia de alta tarefa", assinala Riobaldo em sua narração, e após o trespasse busca adensar os vínculos da personagem com a natureza: "Cobrimos o corpo com palmas de buriti novo, cortadas molhadas. Fizemos quarto, todos, até ao quebrar da barra. Os sapos gritavam latejado. O sapo-cachorro arranhou seu rouco. Alguma anta assoviava, assovio mais fino que o relincho-rincho dum poldrinho".

De alto significado revela-se também, no âmbito desse episódio, o derradeiro gesto do "rei dos Gerais": designar, com os olhos, Riobaldo para sucessor. E, retomando neste ponto a trilha do Graal, talvez não seja descabido pensar no episódio da primeira estada de Parzifal no castelo de *Mont Sauvage*, quando fracassa deploravelmente na missão que o destino lhe mantém reservada: corresponder ao desejo do rei Anfortas (expresso apenas no olhar), redimir o seu sofrimento e sucedê-lo na descendência do Graal. Acontece que nesse momento do *epos* de Wolfram — estamos no quinto livro — Parzifal de modo algum se acredita à altura da tarefa de assumir a liderança, sequer consegue perceber os acontecimentos que se desenrolam ao seu redor. O fracasso o faz errar por quase cinco anos, rancoroso com Deus e sob dilaceramento íntimo, mas nas inúmeras *aventiuren*[59] por que passa — percorrendo e enfrentando "céu e inferno", como formulou Thomas Mann — realiza-se também o "pacto com o mistério, com a doença, o mal, a morte, com o outro mundo". Retornando a *Mont Sauvage* após os anos de provações e errâncias, montado agora sobre legítimo cavalo do Graal, Parzifal está então amadurecido para a sua tarefa, pronuncia a pergunta redentora, liberta Anfortas de seus tormentos e o substitui no posto. Fecha-se então o arco que, projetando um reflexo sobre a trajetória de Riobaldo, contribui para desvinculá-la das determinações do pacto demoníaco: a "eleição" que reluz e toma forma no último olhar de Medeiro Vaz é expressão de sua confiança na potencialidade de Riobaldo para a liderança, e para o cumprimento de tal missão o pacto será antes ritual simbólico (dotado, assim, de estatuto psicológico) do que evento impregnado de essencialidade.

[59] A respeito do significado específico deste conceito no romance cortês da Idade Média, ver as explanações de Erich Auerbach sobre o *Yvain* (1181), de Chrétien de Troyes, no sexto capítulo de seu *Mimesis* ("A saída do cavaleiro cortês").

Sob o prisma dessa analogia, a travessia de Riobaldo mostra-se então mais próxima ao árduo e frágil percurso formativo vivenciado por Hans Castorp, "filho enfermiço da vida" e *Graal-Quester*, do que à biografia de Adrian Leverkühn, cindida radicalmente por um "pavoroso contrato de compra e venda". Procedendo tal visão, então será forçoso atentar àqueles momentos na trajetória do chefe Urutu-Branco marcados não por decisões certeiras e instintivas, mas sim pelo exercício agônico do livre-arbítrio. Dessa maneira, reforçar-se-á a sugestão de que Riobaldo selou o pacto com o "Satanás dos *meus* infernos", ou seja, com potências do seu inconsciente, com o *other world* oculto em seu próprio Eu. A força portentosa que tanto favorece a sua liderança não seria assim outra coisa senão uma valência psíquica de si mesmo, ativada justamente pelo ritual noturno da encruzilhada, "ato que só raro mas em raro um homem reúne coragem de executar".

É certo que também o diabo que surge a Adrian nas terras italianas em que se refugia para estabelecer implacável "diálogo consigo mesmo" pode ser considerado, de um ângulo psicológico, enquanto espécie de valência psíquica do próprio compositor, como outrora o fora o diabo que brota da mente febril de Ivan Karamázov (aliás, importante fonte para o capítulo XXV do *Doutor Fausto*). Contudo, Thomas Mann concebeu o seu personagem rigorosamente enquanto avatar do pactário renascentista Johann Faustus, orientando a trajetória do compositor pelas principais estações da "vida ímpia e morte merecida" do nigromante.[60] Com esse paralelo, também a história da Alemanha que desemboca no nacional-socialismo, da qual o romancista destaca os momentos por assim dizer "irracionais", pôde ser alegorizada sob o emblema de um pacto firmado com sangue e vigente até a sua descida aos infernos "em meio a chamas estrondeantes" no final da guerra, conforme imagens do capítulo XLIII.[61]

---

[60] Os termos vida "ímpia" e "morte merecida" aparecem no título da tradução inglesa de 1592 (a fonte de Marlowe) do livro anônimo alemão: *The Historie of the Damnable Life, and Deserved Death of Doctor John Faustus*.

[61] Sobre essa dimensão histórico-alegórica do romance de Thomas Mann

Se os acontecimentos históricos de abril de 1945 correspondem alegoricamente ao medonho fim do Doutor Fausto, salteado pelo diabo e arrastado ao inferno, o último ato consciente de Adrian Leverkühn, antes de mergulhar na loucura, atualiza a *Oratio Fausti ad Studiosos*, apresentada no capítulo 68 da *Historia*. Em ambos os casos, os pactários realizam publicamente, em meio a todo o seu círculo de relações, o balanço final das respectivas trajetórias em longo e contrito discurso, como se depreende das seguintes palavras de Leverkühn: "Mas quem quiser convidar o Diabo à sua casa, para superar o impasse e irromper para fora, comprometerá sua alma e tomará a carga da culpa dos tempos sobre a própria nuca, de modo que acabará condenado".[62]

Quão distantes estamos aqui da mensagem derradeira de Riobaldo, logo após reproduzir as palavras com que Quelemém dispensa-lhe absolvição ("Tem cisma não. Pensa para diante. Comprar ou vender, às vezes, são as ações que são as quase iguais...") e, com isso, parece libertá-lo de seus fantasmas. Mas não é apenas com as palavras finais de Riobaldo que o *Grande sertão* se afasta do desfecho do romance fáustico de Mann — e, por extensão, da *Historia* anônima ou da peça de Marlowe. Pois ao mesmo tempo que lança mão de inúmeros motivos, símbolos, imagens que atualizam a história fáustica em pleno sertão brasileiro, Guimarães Rosa impregna a trajetória de seu herói de momentos em que o exercício da liberdade humana se sobrepõe inteiramente às ações certeiras de um pactário (infensas a escrúpulos, dúvidas, hesitações), travando-se então renhida luta entre a pulsão à satisfação incondicional do desejo ou do exercício de poder e, pelo outro

---

ver o excelente ensaio de Eberhard Lämmert "*Doktor Faustus*: eine Allegorie der deutschen Geschichte", in *Thomas Mann: Doktor Faustus (1947-1997)*, organizado por Werner Röcke (Peter Lang, Berna, 2004).

[62] Nesta passagem, "irromper para fora" corresponde no original à expressão *zum Durchbruch kommen*, literalmente "chegar à ruptura". É a última vez no romance em que o conceito assoma na variante estética, exclusiva para Adrian Leverkühn. Nesta derradeira ocorrência manifesta-se também, com máxima evidência, o sentido de "ruptura" que se opõe ao de "formação", pois o compositor o associa drástica e explicitamente ao diabo.

lado, a consciência da necessidade de superar essa tendência que afinal deverá mostrar-se resistível.

Lembremos aqui, de modo sumário, três episódios que ilustram esse embate inerente à condição humana e que, segundo observação de Kant, atualiza-se a todo instante.[63] Primeiro, a chegada do bando, sob a nova liderança, à fazenda do Ornelas: ao avistar a formosa neta deste, Riobaldo sente que "a boniteza dela esteve em minhas carnes" e é dominado então pelo impulso de matar o avô e violentar a moça. Mais tarde, vê-se confrontado com a obrigação autoimposta de matar Nhô Constâncio ou, em substituição a este, o homem que surge acompanhado da égua e de uma cachorrinha. E também no encontro com o leproso lhe é difícil resistir à gana de "esmagalhar aquela coisa desumana". Ao mesmo tempo que experimenta, nesses episódios, o domínio crescente de seus "crespos" ou "avessos" ("Daí, de repente, quem mandava em mim já eram os meus avessos"), vem-lhe também a percepção de que prova maior de força e coragem exigiria a superação do impulso ao estupro e ao assassínio: "Pois é sinal de fraqueza ser leão entre ovelhas", conforme diz Camões nos *Lusíadas* (I, 68). Trata-se, portanto, de uma percepção que não condiz propriamente com a condição de um pactário, como mostram vários episódios

---

[63] Se, por um lado, a maldade que emana do homem não deve ser vista como diabólica, pelo outro lado não é possível, segundo Kant, extirpar de vez a propensão da natureza humana a agir em desacordo com a lei moral, preferindo incentivos sensoriais à gratificação "imaterial" que resultaria da observância dessa lei moral. Tal argumentação se apresenta em diversas passagens do seu tratado sobre a religião; no início da terceira parte, dedicado à "vitória do princípio do bem sobre o mal", leem-se as seguintes palavras: "A luta que cada homem moralmente bem-intencionado tem de travar nesta vida, sob a orientação do princípio do bem, contra as tentações do princípio do mal, não pode proporcionar-lhe, por mais que ele se esforce, vantagem maior do que a sua libertação do *domínio* desse último. Que ele se torne *livre*, que ele se 'desvencilhe da escravidão sob a lei do pecado para viver em prol da justiça', este é o mais alto ganho que ele pode conquistar. Mas nem por isso ele deixará de estar sempre exposto aos ataques daquele último princípio; e para afirmar a sua liberdade, que será incessantemente contestada, ele deverá permanecer doravante sempre municiado para a luta".

da história paradigmática do doutor Fausto renascentista — tantas ações inteiramente inescrupulosas (ainda que frequentemente burlescas), ou também o capítulo que descreve sua vida "epicuresca", quando faz *Mephostophiles* levar-lhe toda noite uma mulher diferente ao leito. Também a tomada de consciência que se delineia no desfecho do encontro com Nhô Constâncio aponta antes numa direção frontalmente oposta a imposições decorrentes de um pacto diabólico: "Ah, um recanto tem, miúdos remansos, aonde o demônio não consegue espaço de entrar, então, em meus grandes palácios. No coração da gente, é o que estou figurando. Meu sertão, meu regozijo!".

Se é verdade que o leitor de Thomas Mann irá procurar em vão, no *Doutor Fausto*, por alguma formulação semelhante, no seu *Bildungsroman* ele depara-se, entretanto, com o episódio, narrado no capítulo "Neve", em que a vivência de uma situação-limite em meio às forças elementares da natureza faz aflorar à mente de Hans Castorp palavras — as únicas assinaladas em itálico no volumoso romance — que buscam afirmar a vigência, dentro do ser humano, de um espaço de resistência ética afim aos "miúdos remansos" de que fala Riobaldo: "*Em consideração à bondade e ao amor, o homem não deve conceder à morte nenhum poder sobre seus pensamentos*".

Fazer valer a consciência desses espaços no coração humano e mantê-los fechados à entrada do *diabolos* ou de *thanathos*, isto só pode se dar no âmbito de situações em que está em jogo a liberdade de fazer o que se entende ser o bem ou o mal (ou mesmo de dispor-se a agir para além desses dois princípios), e este é um dos aspectos pelos quais o *Grande sertão* se mostra mais próximo da tradição do romance de formação e desenvolvimento do que das obras fáusticas de Marlowe, Goethe ou Thomas Mann.

É certo que em relação ao nosso herói sertanejo seriam impensáveis as palavras programáticas que saem da pena de Wilhelm Meister ao comunicar ao cunhado Werner (e à família toda) a decisão de renunciar em definitivo aos negócios paternos: "formar-me plenamente, tomando-me tal como existo, isto sempre foi, desde a primeira juventude e de maneira pouco clara, o meu desejo e a minha intenção". Sob vários outros aspectos, contudo, seria possível aproximar o relato de Riobaldo da constelação temática característica do gênero inaugurado pelos *Anos de aprendizado de Wilhelm Meister*. O motivo da fuga da casa paterna, por exemplo, que Goethe lança de modo paradigmático, abre no *Grande sertão* o período de aprendizagem de Riobaldo junto ao mundo dos jagunços, após a primeira etapa, por assim dizer mais "formal", com Mestre Lucas. Em meio a verdadeira profusão de aventuras, Goethe nos mostra como o processo de formação de seu herói — ou "pobre cachorro", como formulou em certa ocasião — vai resultando paulatinamente do contato com amplo espectro humano, de nobres a atores itinerantes; com mulheres como a atriz Marianne, cuja morte não ocorre sem a culpa de Wilhelm; a encantadora Philine, também atriz e que tão fortemente pode lembrar Nhorinhá na dimensão erótica; ou ainda a "amazona" Natalie, que por fim liberta o herói de crise extrema — curiosamente mulheres que surgem todas com vestes masculinas (e mesmo com traços andróginos), assim como Mignon, que por larga extensão do romance passa por menino. Em meio, igualmente, a sucessão ininterrupta de aventuras (guerreiras, amorosas, existenciais) Riobaldo atravessa os seus anos de aprendizado nos espaços "sem fecho" do sertão, em contato com toda a arraia-miúda dos jagunços, mas também com o "mais supro" Medeiro Vaz ou o "grande homem-príncipe" Joca Ramiro; o misterioso Siruiz que lhe descortina a esfera sublime da poesia e o Hermógenes, encarnação suprema do mal; Diadorim, arauto das "belezas sem dono" e de quem parte a lição seminal da coragem como "vau do mundo", tão ricamente modulada ao longo da história;[64] catrumanos, por um lado, e, pelo outro, fazendeiros que lhe escancaram a provisoriedade da existência jagunça; estrangeiros como o turco Assis Wababa ou o alemão

---

[64] Pouco antes de ser apresentado a Joca Ramiro, Riobaldo ouve as seguintes palavras de Diadorim: "Não sabe que quem é mesmo inteirado valente, no coração, esse também não pode deixar de ser bom?". Sobre o seu significado o narrador diz ter pensado e repensado, e por fim consultado Quelemém, que lhe responde: "não pode haver verdade maior...".

Wupes. Mas é, sobretudo, a figura de Zé Bebelo que desempenha, em momentos fundamentais da história, um papel que poderia ser relacionado mais de perto à atuação dos membros da Sociedade da Torre sobre o processo formativo de Wilhelm Meister.[65]

A entrada efetiva de Zé Bebelo no enredo romanesco se dá — antecipação narrativa de um ponto avançado na história — no episódio dos irmãos parricidas e daí já se desprende para Riobaldo um ensinamento inovador, posto que divergente do código ético que seguiria um líder à antiga, como Medeiro Vaz. "Com Zé Bebelo, ôi, o rumo das coisas nascia inconstante diferente, conforme cada vez" — e, no episódio em questão, ouvimos em seguida as palavras que profere após a decisão de confiscar o gado dos irmãos Freitas em lugar de mandá-los incontinenti à forca: "Perdoar é sempre o justo e certo...". (E não é também por essa lição que Urutu-Branco irá se pautar em momentos cruciais de sua liderança?) Direta e indiretamente, Riobaldo recebe de Zé Bebelo os mais variados ensinamentos, com esse mentor — "que qualidade de cabeça de gente a natureza dá, raro de vez em quando" — aprende novas regras de conduta, orientadas sempre pela ideia de "progresso", mas também lições pontuais, por exemplo, quão prejudicial o sentimento de raiva excessiva ("paixão", aliás, condenada pelo pensamento estoico) pode ser para um líder.[66]

---

[65] Em sua tese de doutorado "*Ethos*, corpo e entorno: sentido ético da conformação do espaço em *Der Zauberberg* [*A montanha mágica*] e *Grande sertão: veredas*", Paulo Soethe realiza uma aproximação, sob o aspecto do papel pedagógico que os romancistas alemão e brasileiro lhes designam, das personagens de Zé Bebelo e Settembrini. Ambos "assumiriam atitudes claramente 'pedagógicas' junto aos dois rapazes, apresentam-lhes projetos civilizadores e sugerem-lhes funcionalizar suas aptidões individuais em prol desses projetos" (pp. 68-9). Tese apresentada em 1999 junto à Faculdade de Filosofia, Letras e Ciências Humanas da USP.

[66] "Mas, na ocasião, me lembrei dum conselho que Zé Bebelo, na Nhanva, um dia me tinha dado. Que era: que a gente carece de fingir às vezes que raiva tem, mas raiva mesma nunca se deve de tolerar de ter. Porque, quando se curte raiva de alguém, é a mesma coisa que se autorizar que essa própria pessoa passe durante o tempo governando a ideia e o sentir da gente; o que isso

E sabedoria de mentor demonstra Zé Bebelo, sobretudo, ao reconhecer a necessidade de dobrar-se ao ímpeto do Riobaldo que, após a chegada de João Goanhá, lança a questão da chefia, cedendo-lhe pacificamente o posto e, neste mesmo ato, procedendo ao batismo do "outro" ser que se desentranhara do jagunço-raso Tatarana: "Mas, você é o outro homem, você revira o sertão... Tu é terrível, que nem um urutú branco...". E a ação porventura mais decisiva de Zé Bebelo sobre Riobaldo terá se dado ao término da história romanesca, após a morte de Diadorim. É quando aquele esboça também, de maneira séria e ao mesmo tempo jocosa, uma espécie de balanço de seu papel no processo de aprendizagem do pupilo que, no entanto, começara como seu professor: "Há-te! Acabou com o Hermógenes? A bem. Tu foi o meu discípulo... Foi não foi? [...] A bom, eu não te ensinei; mas bem te aprendi a saber certa a vida...". Zé Bebelo encaminha-o então a Quelemém de Góis, apontando-lhe o caminho a ser trilhado agora a fim de libertar-se da crise em que ameaçava sucumbir.

É desse modo, portanto, que entra na vida do herói outro mestre fundamental, porém num momento em que já se consumara o final trágico da história romanesca, trazendo consigo o aniquilamento do Hermógenes e, conforme aceno do narrador, impulsionando também o declínio das práticas jagunças. Tem-se aqui uma diferença essencial em relação ao papel exercido por Zé Bebelo ou, retornando à obra fundadora do *Bildungsroman*, pelos mentores de Wilhelm Meister, que desde o início da história o acompanham sorrateiramente em cada um de seus passos. Concluindo-se, no *Grande sertão*, a viagem romanesca, o caminho da formação do herói ingressa com o kardecista sincrético Quelemém numa nova etapa. Contudo, a aprendizagem que se inicia no contato com "pessoa de tal rareza" — esse processo de amadurecimento *post eventum* é subtraído ao leitor, em consonância talvez com aquela velha lei do gênero romanesco, formulada por Walter Benjamin em seu ensaio sobre o *Bildungsroman* tardio de Alfred Döblin, segun-

---

era falta de soberania, e farta bobice, e fato é. Zé Bebelo falava sempre com a máquina de acerto — inteligência só. Entendi. Cumpri."

do a qual tão logo o herói tenha ajudado a si mesmo, sua existência deixa de ser exemplar e não pode ajudar-nos por mais tempo. Riobaldo, aproveitando ainda imagens desse ensaio, terá ascendido vivo ao céu das personagens de romance; dessa nova condição, porém, o velho narrador nos faz chegar alguma notícia mediante as concepções de vida e mundo que entremeia à sua narrativa.

E que o aprendizado que tomou forma nos anos e decênios transcorridos entre o fim da história e o início da narração tenha incorporado em si, como momento essencial, a experiência da perda e desilusão, e venha marcado pela consciência da fragilidade humana — este fato, ao mesmo tempo que se configura a contrapelo de uma história verdadeiramente fáustica, não constitui obstáculo para a sua aproximação à tradição do *Bildungsroman*, gênero em que, de maneira particularmente expressiva — como formula o mesmo Walter Benjamin, no segmento V do "Narrador", em alusão aos versos finais do *Fausto* goethiano —, "o insuficiente torna-se acontecimento".

Pois em acepção mais ampla de *Bildungsroman*, seria inteiramente equivocado supor que um desfecho harmônico e feliz seja condição imprescindível para a inserção de uma narrativa em tal gênero. Nesse sentido, lembre-se já na obra prototípica de Goethe a sutil ironia com que os comentários do narrador vão refratando sistematicamente o processo formativo do herói — uma ironia que se manifesta logo na escolha do nome *Meister* ("mestre") para quem jamais chegará a alcançar a ambicionada "maestria" de vida. Também dessa personagem goethiana pode-se certamente dizer — nas palavras de Riobaldo — que jamais estará "terminada", mas que continuará a "afinar e desafinar" ao longo de sua trajetória. E se assim não fosse, então Goethe nos mostraria em seu grande romance de velhice, *Os anos de peregrinação de Wilhelm Meister*, uma figura que passou a fazer jus ao seu nome, um "mestre" plenamente formado, e não um ainda aprendiz cujas primeiras palavras são "eu não sei", e que se vê conclamado no decorrer do romance a redimensionar toda a concepção anterior de formação, confrontando-se agora com o *ethos* da renúncia, da especialização profissional, do compromisso com o bem coletivo — como, de resto, todas as demais personagens que povoam esse romance constelado de novelas e com subtítulo tão significativo quanto programático: *Die Entsagenden* (*Os que renunciam*).

Para o sertanejo Riobaldo, "maestria de vida" permanece uma meta inatingível, e essa "insuficiência" é explicitada nos momentos finais do relato, como espécie de comentário do narrador ao desenlace da história, com o seu fracasso no instante decisivo e a morte de Diadorim: "Viver — não é? — é muito perigoso. Por que ainda não se sabe. Porque aprender-a-viver é que é o viver, mesmo".

Não se teria nesta afirmação a quinta-essência dos anos de aprendizagem de Riobaldo? Se ao ser humano, como ilustra a narrativa, não é dado pautar sua conduta por uma regra segura de vida, se a cada instante de sua existência ele se encontra "num cômpito", remetido apenas às suas forças insuficientes, dominado pela cegueira nos momentos cruciais da travessia pela "matéria vertente", então estão em vigor os pressupostos para que o *leitmotiv* do "viver perigoso" se imponha com evidência sensível no relato riobaldiano. Compreensível mostra-se também a ênfase com que nos é exposta a impossibilidade de se encontrar aquela "receita" de vida ("a norma dum caminho certo, estreito, de cada uma pessoa viver"), discutida na parte final da história, logo após a narração de nova desavença com Diadorim, quando este estranha o comportamento do companheiro e propõe recorrer a orações para fazer frente ao "malefício". Se o chefe Urutu-Branco dá as costas a esse conselho e se afasta do bando para repassar na mente a cena das Veredas-Mortas, o velho narrador entremeia neste ponto suas reflexões sobre o "caminho certo", sobre a "lei, escondida e vivível mas não achável, do verdadeiro viver":

> "[...] e essa pauta cada um tem — mas a gente mesmo, no comum, não sabe encontrar; como é que, sozinho, por si, alguém ia poder encontrar e saber? Mas, esse norteado, tem. Tem que ter. Se não, a vida de todos ficava sendo sempre o confuso dessa doideira que é. E que: para cada dia, e cada hora, só uma ação possível da

gente é que consegue ser a certa. Aquilo está no encoberto; mas, fora dessa consequência, tudo o que eu fizer, o que o senhor fizer, o que o beltrano fizer, o que todo-o-mundo fizer, ou deixar de fazer, fica sendo falso, e é o errado."

São especulações que a não poucos leitores podem afigurar-se um tanto abstrusas, mas que parecem apoiar-se de maneira coerente na fundamentação religiosa que se delineia numa das dimensões do romance. Não fariam sentido se pronunciadas pela voz narrativa que comenta o processo de formação — inteiramente secularizado e, portanto, distante de concepções religiosas — percorrido por um Wilhelm Meister ou Hans Castorp; no entanto, não estariam deslocadas na experiência de vida do narrador Simplicissimus ou, mais ainda, na trajetória de um Parzifal, para quem de fato, como mostra *ex negativo* a sua primeira estada no castelo do Graal, só há *um* único caminho a percorrer, *uma* única pergunta a formular.

Porém, se a Parzifal, após o fracasso inicial que lhe vale anos de errâncias e pesadas culpas, ainda é concedido retornar e encontrar esse único "norteado", Riobaldo permanecerá ao longo de toda a sua trajetória confrontado com a opacidade da existência, sempre na condição de herói problemático, consciente do "viver perigoso", mas incapaz de superá-lo na imanência mundana.[67] Pois se durante a travessia pela vida o ser humano, segundo a metáfora de Riobaldo, não consegue enxergar as coisas verdadeiras, de "mirar" e "ver" — "a vida inteira os homens cegos são", diz a

---

[67] Na expressiva síntese com que Davi Arrigucci Jr. fecha o seu ensaio "O mundo misturado": "Cada vez mais, Riobaldo se desgarrará da origem e do absoluto a que aspira; por isso, cada vez mais será o desterrado transcendental que Lukács viu no herói problemático e demoníaco do romance: o homem desterrado de sua verdadeira pátria, errante numa travessia solitária, sem retorno possível — homem moderno, descentrado e sem volta a uma verdadeira casa, que já não pode existir. Travessia só, em aberto, do homem humano, esclarecido e reconciliado, na medida do possível, é a última palavra do grande livro".

Apreensão a Fausto na cena "Meia-noite" (v. 11.497) —, então somente à visão retrospectiva um possível "caminho certo" se desocultará, e ele poderá reconhecer os passos falhos, a cegueira que o fez errar em suas aspirações fundamentais. Terá ele então adquirido finalmente a almejada "maestria de vida"? No melhor dos casos, isso equivaleria a afirmar que tão somente ao fim da viagem ele aprendeu como se deve dirigir o carro da vida, ou melhor, como deveria tê-lo dirigido. Mas agora, como formula Rousseau em uma de suas *Rêveries*, chegou o tempo de deixá-lo e importa aprender antes a morrer do que a viver.[68]

Findando-se o terceiro e último dia do relato que Riobaldo faz ao ouvinte da cidade, o que resta, contudo, parece ser antes um balanço reconciliado do que uma visão de vida amargurada e pessimista. De onde viria essa reconciliação — motivo da mais alta importância no romance de formação e desenvolvimento — se, mesmo avizinhando-se do fim, o narrador reitera sua ignorância existencial e em nenhum momento acena com uma possível depuração do "aprender-a-viver" em maestria de vida? Acontece, todavia, que se por um lado a experiência da derrelição (temporalidade enquanto "vida da morte: imperfeição") não deixa de vigorar para o velho narrador, agora a diferença fundamental em relação ao protagonista jagunço é que aquele reage à opacidade da existência com confiança incondicional na *providentia Dei*: "Sei de mim? Cumpro".

A dimensão em que se insere esse "cumprir" parece responder pela serenidade que emana das derradeiras pinceladas num universo ficcional em que o ser humano se encontra, a cada instante de sua vida, numa encruzilhada ("Tudo o que já foi, é o começo do que vai vir, toda a hora a gente está num cômpito") —, encontra-se efetiva e inapelavelmente "embarcado", como na me-

---

[68] Na terceira *promenade* de suas *Rêveries du promeneur solitaire*, Rousseau escreve: "É no momento em que é preciso morrer que se deve aprender como se deveria ter vivido? [...] Entramos na liça ao nascer, dela saímos ao morrer. De que vale aprender a conduzir melhor seu carro quando se está no fim do percurso? Só resta pensar então em como abandoná-lo" (conforme tradução de Fúlvia Moretto, Brasília, Editora UnB, 1995, p. 41).

táfora de Pascal a que o episódio seminal da travessia do São Francisco, com Riobaldo embarcando em seu destino ao lado do menino, poderia oferecer expressiva ilustração.[69]

A incursão comparativa pelo *Grande sertão: veredas* empreendida neste ensaio poderia confluir desse modo para uma diferenciação entre a plasticidade épica com que o narrador nos expõe a imanência da "matéria vertente" e, quanto ao tempo do enunciado, a impregnação religiosa que a maestria artística de Guimarães Rosa emprestou à moldura narrativa. É claro que, em face dessa obra-prima forjada de uma só têmpera, a operação proposta mostra-se arbitrária e forçada; ajudaria, no entanto, a entender por que não poucos leitores e amantes do romance podem não se dispor a acompanhar todos os lances da aposta confiante que faz Riobaldo na transcendência divina. E a alguns de seus voos metafísicos, a certas manifestações de sua religiosidade, não deixaria de ser legítimo reagir com perplexidade, a exemplo da concepção, explicitada ainda no início do relato, de que "tudo quanto há, neste mundo, é porque se merece e carece".

Exprime-se aqui a profissão de fé do narrador, fazendeiro pacificado às margens do São Francisco e esposo da "abençoável" Otacília, o Riobaldo tardio para quem tudo passou a fazer sentido com o existir de Deus — "Mas hoje em dia eu acho que Deus é alegria e coragem — que Ele é bondade adiante, quero dizer". Con-

---

[69] No fragmento 233 de seus *Pensées*, buscando convencer o seu fictício interlocutor da necessidade de apostar na existência de Deus, escreve Pascal: "Sim: mas é preciso apostar. Não é coisa que dependa da vontade, já estamos metidos nisso [no original: 'vous *êtes* embarqué']. Qual escolhereis então? Vejamos. Já que é preciso escolher, vejamos o que menos vos interessa. Tendes duas coisas a perder: a verdade e o bem; e duas coisas a empenhar: vossa razão e vossa vontade, vosso conhecimento e vossa beatitude [...] Pesemos o ganho e a perda, escolhendo a cruz que é Deus. Consideremos esses dois casos: se ganhardes, ganhareis tudo; se perderdes, não perdereis nada. Apostai, pois, que ele existe, sem hesitar" (citado conforme a tradução de Sérgio Milliet, São Paulo, Abril Cultural, Os Pensadores, 1973, p. 99).

Conforme arrolado por Suzi F. Sperber no apêndice bibliográfico de seu *Caos e cosmos*, a biblioteca de Rosa registra também o volume *Les pages immortelles de Pascal*, selecionadas e explicadas por François Mauriac, 1947.

tudo, tanto quanto em relação aos *Anos de aprendizado* (com seu processo formativo inteiramente secularizado), também no *Grande sertão* não parece possível ao leitor apontar qualquer intervenção de força superior na imanência da história reconstituída, desde o encontro seminal com o menino até a morte de Diadorim.[70] E não é com plena anuência do narrador que essa afirmação do terreno e mundano vale com tanto mais força para o diabo, enquanto presumível patrono de todas as formas de maldade que despontam na narrativa, culminando no mal de proporções míticas encarnado pelo Hermógenes? E não seria justamente por isso que o *Grande sertão*, não obstante a exuberante imagética dispensada à figura do demônio e ao motivo do pacto, encontra-se ao fim e ao cabo muito mais próximo do romance de formação e desenvolvimento do que de uma história fáustica?

Mediante um lance expressivo e sobremaneira eficaz, Guimarães Rosa faz o seu narrador selar de vez a passagem da trilha demoníaca à esfera do humano: quando Riobaldo, ao retornar à fatídica encruzilhada após a morte de Diadorim, fica sabendo que na verdade as Veredas-Mortas nunca existiram, chamando-se antes Veredas-Altas. É muito significativo que o nome correto seja atestado por Quelemém de Góis, e de suas palavras depreende-se não só a volatilização do pacto, mas, sobretudo, a sugestão de que o jagunço Riobaldo teria antes *comprado* do que vendido a sua alma. A árdua prova que o herói atravessou na encruzilhada erma é definitivamente subtraída ao influxo demoníaco e abre-se agora para

---

[70] Mesmo quando o velho Riobaldo pretende vislumbrar a presença de Deus num determinado momento da história narrada, essa suposta intervenção revela-se antes enquanto interpretação subjetiva de acontecimentos cuja causalidade não é suspensa — desse modo, Deus mostra-se existente à medida que valores éticos são realizados. No episódio da Fazenda dos Tucanos, por exemplo, a decisão dos inimigos de matar os cavalos feridos para pôr fim aos seus sofrimentos enseja o seguinte comentário narrativo, o qual também universaliza o espaço do sertão e a experiência de vida de Riobaldo: "E nisto, que conto ao senhor, se vê o sertão do mundo. Que Deus existe, sim, devagarinho, depressa. Ele existe — mas quase só por intermédio da ação das pessoas: de bons e maus. Coisas imensas no mundo. O grande-sertão é a forte arma. Deus é um gatilho?".

a dimensão do projeto humano, se é lícito caracterizar desse modo a aspiração de derrotar as forças do Hermógenes e propiciar o advento de um estado de ordem e justiça. O "capinar" é solitário, mas a "colheita" comum, dissera antes o mesmo Quelemém, mestre tardio do herói, e o leitor talvez possa interpretar agora essas palavras sibilinas à luz da absolvição que soa no fecho da narrativa.

Ao colocar em primeiro plano a trajetória de um homem pelas vicissitudes e contradições da realidade, ao mostrar como ele vivencia amizade e amor, mas também o embate com manifestações extremas do mal, cometendo erros, sofrendo revezes e amadurecendo paulatinamente no sentido de uma conscientização de seu papel no mundo — ao desenrolar assim panorama concreto e multifacetado da existência humana, *Grande sertão: veredas* pode ser visto de modo legítimo na tradição do romance de formação e desenvolvimento. Algumas especulações teológicas do velho narrador se encaminham porventura a contrapelo dessa visão, e neste aspecto pode assomar uma afinidade maior com a perspectiva do eu narrador Simplicissimus, imbuído de um sentimento "missionário" constituído após suas inúmeras aventuras e vivências, do que com a irônica instância que preside à narração de romances como *Os anos de aprendizado*, *O verde Henrique* ou *A montanha mágica*, por exemplo.[71] Todavia, as lucubrações metafísicas que Riobaldo desdobra ao ouvinte (e também ao leitor) não bastam para refutar a proximidade de sua narrativa ao gênero inaugurado por Goethe. E menos ainda a refutariam as considerações melancólicas e resignadas que despontam por vezes no fluxo narrati-

---

[71] Rolf Selbmann, autor de vários estudos sobre o romance de formação, fala de um "missionário sentimento de superioridade" que se insinuaria em comentários narrativos de obras precursoras desse gênero, como *Simplicissimus* ou *Parzifal* — portanto, comentários próprios de narradores que teriam atingido certo grau de autoconsciência e fazem valer essa suposta vantagem à medida que se empenham em fomentar também a formação do leitor. Contrastando com essa postura mais tradicional de um Wolfram ou Grimmelshausen, o crítico aponta para uma consciência narrativa "moderna", a qual não pode ser situada antes da metade do século XVIII, in *Der deutsche Bildungsroman*, Stuttgart/Weimar, Metzler, 1994.

vo, pois estas o romance rosiano compartilha com tantas outras grandes obras que constituem a descendência de Wilhelm Meister. Extrapolando em muito o propósito de exprimir concepções de cunho religioso ou mesmo a eventual missão de promover a edificação do leitor, a derradeira mensagem de Riobaldo busca circunscrever com toda determinação possível a imanência do "homem humano", embarcado irremediavelmente no "viver perigoso". Implícito no desfecho do grande romance está, portanto, o reconhecimento definitivo da incompletude, da insuficiência inarredável do ser humano — possivelmente o mais frágil de toda a criação, como na conhecida formulação de Pascal. Mas é também essa fragilidade que constitui ao mesmo tempo a liberdade e a grandeza da *humaine condition*, e a esta um pactário efetivo, como o mais célebre de todos, não pode senão aspirar:

> Pudesse eu rejeitar toda a feitiçaria,
> Desaprender os termos de magia,
> Só homem ver-me, homem só, perante a Criação,
> Ser homem valeria a pena, então.[72]

---

[72] No original: "*Könnt' ich Magie von meinem Pfad entfernen,/ Die Zaubersprüche ganz und gar verlernen,/ Stünd'ich, Natur, vor dir ein Mann allein,/ Da wär's der Mühe wert, ein Mensch zu sein*", Fausto II, vv. 11.404-7.

2.

Metamorfoses de Wilhelm Meister:
O *verde Henrique* na tradição do *Bildungsroman*

GÊNESE E HISTÓRIA DO TERMO *BILDUNGSROMAN*

> "Eis o conceito goethiano de *Bildung*, de *formação*: a transformação do caos de experiências e conhecimentos em uma estrutura orgânica."
>
> Otto Maria Carpeaux,
> *História da literatura ocidental*, v. III, p. 1.619

Ingressar numa questão literária na companhia de Otto Maria Carpeaux significa escolher um caminho sempre rico de pistas e sugestões. Assim também no que diz respeito à tradição do chamado "romance de formação alemão", o *Bildungsroman*: logo no primeiro volume de sua *História da literatura ocidental*, ao discorrer sobre a tematização literária do Santo Graal, Carpeaux faz a seguinte observação a respeito do grande *epos* medieval de Wolfram von Eschenbach: "O *Parzifal* é o romance da evolução religiosa de uma alma; antecede aqueles numerosos romances alemães modernos que, desde o *Wilhelm Meister*, de Goethe, irão descrever o caminho de um homem pela vida em busca de si mesmo".[1]

Tema por excelência da linhagem romanesca aludida pelo crítico austro-brasileiro é, de fato, a longa trajetória de um herói problemático "em busca de si mesmo", passando pelas inúmeras aventuras que perfazem o seu confronto educativo com o mundo. Ao localizar a origem dessa tradição literária alemã no *Parzifal*, Carpeaux tem ao seu lado ninguém menos do que Thomas Mann

---

[1] Otto Maria Carpeaux, *História da literatura ocidental*, Rio de Janeiro, Edições O Cruzeiro, 1959, volume I, p. 304.

que, comentando em 1939 *A montanha mágica* junto a estudantes da Universidade de Princeton, caracteriza o seu singelo e ingênuo herói Hans Castorp, o "filho enfermiço da vida", como descendente tardio do *quester-hero* Parzifal, ou Perceval, o "Graal-Quester por excelência", que no início de suas peregrinações é qualificado muitas vezes, acrescenta o romancista alemão, como *"fool, great fool, guilless fool"*:

> "E o Wilhelm Meister de Goethe não seria também um *guilles fool*, é verdade que em larga escala identificado com o autor, mas também sempre objeto de sua ironia? Vê-se aqui o grande romance de Goethe, que pertence à elevada ascendência da *Montanha mágica*, igualmente na tradição das *Questerlegends*. E que outra coisa seria de fato o romance de formação alemão, a cujo tipo pertencem tanto o *Wilhelm Meister* como *A montanha mágica*, senão uma sublimação e espiritualização do romance de aventuras?"[2]

Outro grande romance que parece ir ao encontro dessa caracterização, pois transbordante de aventuras e ao mesmo tempo narrando a "busca de si mesmo" em meio a um mundo fora dos eixos, sacudido por uma das catástrofes mais terríveis da história europeia, é *O aventuroso Simplicissimus* (1668-69), de Hans J. C. von Grimmelshausen. Somente ao voltar-se a esse monumento literário da Guerra dos Trinta Anos, recorre Carpeaux pela primeira vez ao termo *Bildungsroman*, trazendo à memória do leitor o início dessa tradição e já apontando ao mesmo tempo para o paradigma goethiano:

> "O *Simplicissimus* foi comparado a outra grande obra alemã de educação religiosa: o *Parzifal*, de Wolf-

---

[2] Thomas Mann, "Einführung in den Zauberberg für Studenten der Universität Princeton". Publicado como prefácio ao romance *Der Zauberberg*, Berlim/Frankfurt a.M., Fischer, 1979, pp. v-xiv.

ram von Eschenbach; e também já foi comparado à grande obra de educação profana, o *Wilhelm Meister*, de Goethe. As comparações estão certas, do ponto de vista da evolução histórica: Grimmelshausen criou o *Bildungsroman*, o 'romance de educação', variedade especificamente alemã do gênero 'romance'."[3]

O mais significativo representante alemão da narrativa picaresca (cujo enredo desemboca no isolamento físico e espiritual do herói, numa espécie de *robinsonnade avant la lettre*) apresentado, portanto, como o primeiro *Bildungsroman*, termo aliás traduzido com certa displicência teórica como "romance de educação": o leitor poderia desejar aqui uma fundamentação um pouco mais rigorosa para esse juízo, uma melhor matização da questão dos gêneros, mas a imprecisão de Carpeaux reflete de certo modo o estágio em que se encontravam então as pesquisas sobre o assunto. Em seu conhecido estudo publicado em 1926 (que provavelmente terá figurado no horizonte de Carpeaux), *Der deutsche Entwicklungsroman bis zu Goethes 'Wilhelm Meister'* [O romance de desenvolvimento alemão até o *Wilhelm Meister* de Goethe], Mellita Gerhard remonta igualmente ao *Simplicissimus* e ao *Parzifal* para reconstituir as raízes de um tipo literário que teria adquirido sua configuração moderna com as obras *História de Agatão*,[4] de Christoph Martin Wieland, e, sobretudo, *Os anos de aprendizado de Wilhelm Meister*.

Terminologia e conceitualização mobilizadas pela autora permanecem um tanto vagas, aplicando-se por exemplo a designação

---

[3] Otto Maria Carpeaux, *História da literatura ocidental*, Rio de Janeiro, Edições O Cruzeiro, 1959, volume I, p. 851.

[4] *Geschichte des Agathon* [História de Agatão] narra, nos moldes do romance histórico, o percurso de vida do jovem Agatão, no período pós-clássico (século IV a.C.). É comumente considerado o principal precursor da tradição do *Bildungsroman*. Wieland (1733-1813) trabalhou nesse projeto romanesco ao longo de quase trinta anos: a primeira versão do romance foi publicada em 1766, a segunda em 1773, e a terceira e última, que mostra o amadurecimento do herói sob a influência da filosofia de Arquitas, em 1794.

"romance de desenvolvimento" (ao qual se subordinaria o moderno *Bildungsroman*) àquelas obras narrativas "que têm por objeto o problema do confronto do indivíduo com o seu respectivo mundo, seu gradativo amadurecimento e integração no mundo, não importa quais sejam os pressupostos e a meta desse caminho".[5] Nessa linha argumentativa, o *Agatão* é visto ainda como um "romance de desenvolvimento psicológico" enquanto o termo "romance de formação" é reservado exclusivamente ao *Wilhelm Meister* e, por extensão, aos romances que surgem na sua descendência, nos quais o caminho evolutivo do indivíduo, a busca de sentido e meta para a própria vida, se processa numa época em que as normas e ordens tradicionais já se encontram num estágio mais avançado de desagregação.[6]

Como se pode perceber mediante essa referência ao estudo de Melitta Gerhard, as observações de Carpeaux sobre a gênese e a constituição do "romance de formação", nessa sua obra monumental escrita nos anos de 1944-45 (mas publicada em seus oito volumes de 1959 a 1966), trazem ao leitor brasileiro pontos essenciais da pesquisa contemporânea sobre o assunto. Se em um algum momento de sua *História da literatura ocidental*, ao referir-se, por exemplo, ao *Wilhelm Meister* ou ao *Grüner Heinrich* [O verde Henrique] de Gottfried Keller, ou ainda ao romance *Der Nachsommer* [O veranico], do escritor austríaco Adalbert Stifter, o autor quisesse indicar o nome daquele que cunhou o termo *Bildungsro-*

---

[5] Melitta Gerhard apresenta essa definição de "romance de desenvolvimento" logo na "Introdução" ao seu estudo, *Der deutsche Entwicklungsroman bis zu Goethes 'Wilhelm Meister'*, Halle/Saale, Max Niemeyer, 1926.

[6] "Da perspectiva do indivíduo isolado ou do conjunto, pode-se abordar e responder à questão da configuração da trajetória humana numa época em que as ordens sociais foram dissolvidas e as normas encontram-se abaladas. [...] No *Wilhelm Meister* o tema do desenvolvimento do indivíduo assumiu uma configuração que desde então não mais se perdeu e na qual esse tema arrojou-se sempre de novo rumo à expressão poética: desenvolvimento passa a significar então a tarefa de encontrar e conferir meta e forma à própria vida — o romance de desenvolvimento transformou-se no moderno romance de formação", *op. cit.*, p. 160.

man, então teria mencionado certamente Wilhelm Dilthey (1833-1911), que em sua obra *Leben Schleiermachers* [Vida de Schleiermacher], publicada em 1870, escrevia as seguintes palavras: "Gostaria de chamar romances de formação àqueles romances que constituem a escola de Wilhelm Meister (pois a semelhante forma artística criada por Rousseau não teve influência sobre eles). A obra de Goethe mostra aperfeiçoamento [*Ausbildung*] humano em diversas etapas, configurações e fases de vida".[7]

A difusão e a consolidação do termo *Bildungsroman* na história da literatura e da cultura devem-se de fato a Dilthey, que até 1961 passava também por aquele que teria plasmado a expressão no contexto do livro acima mencionado. Nesse ano, porém, Fritz Martini, renomado historiador da literatura alemã, publica o ensaio "O *romance de formação*: história da palavra e da teoria", demonstrando que na realidade o termo fora empregado pela primeira vez em 1810 por Karl Morgenstern (1770-1852), professor de estética, retórica e outras disciplinas na universidade de Dorpat (atual Tartu, capital da Estônia).[8] Numa nota ao texto da conferência "Sobre o espírito e a relação de uma série de romances filosóficos", Morgenstern relaciona a criação do termo *Bildungsroman* com a primeira teoria do romance na tradição alemã, publicada em 1774 por Christian Friedrich von Blanckenburg (1744-1796): "Já no ano de 1803, o autor deste fragmento esboçava o plano para um escrito intitulado *Sobre romances de formação*, o qual, uma vez desenvolvido em sua ideia, teria se tornado algo equivalente ao livro de Blanckenburg *Versuche über den Roman* [Tentativas sobre o romance], que lhe era conhecido então apenas pelo título".[9]

---

[7] Wilhelm Dilthey, *Leben Schleiermachers*, Martin Redeker (org.), Göttingen, Vandenhoeck & Ruprecht, 1991, p. 317.

[8] Esse ensaio de Fritz Martini assim como os textos de Karl Morgenstern e Wilhelm Dilthey, citados na sequência, encontram-se reproduzidos, ao lado de outros estudos sobre o assunto, no volume *Zur Geschichte des deutschen Bildungsromans* [Sobre a história do romance de formação alemão], organizado por Rolf Selbmann (Darmstadt, 1988).

[9] Tanto essa primeira conferência como as duas outras sobre o "roman-

É importante observar que, ao falar em *Bildungsromane*, Morgenstern tinha em mente, em primeiro lugar, os romances de Friedrich Maximilian Klinger, cujos heróis, a seu ver muito superiores em força moral ou caráter viril a um Agatão ou Wilhelm Meister, representariam modelos mais apropriados e positivos para a formação da juventude.[10]

Em 12 de dezembro de 1819, Morgenstern profere a conferência "Sobre a essência do romance de formação", e em suas primeiras palavras já se mostra consciente de estar empregando o termo de maneira inédita: "Por hoje [...] quero falar da mais primorosa entre todas as formas romanescas, a qual me permito chamar, com uma palavra até agora tanto quanto sei ainda inusitada, de *romance de formação*". Morgenstern fundamenta o emprego do termo não apenas com uma certa unidade temática que vislumbra nesses romances, mas também com a sua função social, isto é, estimular a formação do leitor:

ce de formação" foram proferidas no dia 12 de dezembro, aniversário do czar, a cujo governo Morgenstern se encontrava subordinado enquanto professor em Dorpat. O importante estudo de Blanckenburg traz o seu título no singular (*Tentativa* [*Versuch*] *sobre o romance*) e não como escreve Morgenstern na nota da conferência.

[10] Friedrich Maximilian Klinger (1752-1831), que a partir de 1780 desenvolve toda a sua carreira em Petersburgo, Rússia, é também o autor da peça *Sturm und Drang* [*Tempestade e ímpeto*] (1776), que depois veio a designar o movimento pré-romântico na Alemanha. Segundo a argumentação um tanto insólita de Morgenstern, o influxo de quatro fatores propiciaram a Klinger escrever os "romances de formação" modelares para a juventude europeia: 1. o estudo dos escritores franceses; 2. a leitura dos antigos; 3. suas viagens; 4. os longos anos na capital do "grande império nórdico", próximo à corte imperial e aos negócios de Estado.

Como contraponto à visão de Morgenstern, valeria lembrar aqui a referência de Goethe, numa célebre conversa (22/1/1821) com o chanceler von Müller, ao seu herói Wilhelm Meister como "pobre cachorro" — "mas apenas com personagens como essas que se podem mostrar claramente o jogo inconstante da vida e as incontáveis e diversas tarefas da existência, e não com caracteres sólidos e já formados". Nessa mesma ocasião, Goethe manifesta sua alegria e satisfação com o fato de o romance "ser inteiramente simbólico e por detrás das personagens apresentadas esconder-se algo geral e superior".

"Ele deverá se chamar *romance de formação*, em primeiro lugar e sobretudo por causa do seu assunto, porque ele representa a formação do herói em seu começo e em seu desenvolvimento, até um certo estágio de aperfeiçoamento; mas, em segundo lugar, também porque, exatamente através dessa representação, ele fomenta a formação do leitor, numa medida mais ampla do que qualquer outra espécie de romance."

Se Morgenstern, na conceituação do termo, não avança aqui um passo além desses limites, a conferência seguinte, "Sobre a história do romance de formação" (proferida exatamente um ano depois), caracteriza-se, como demonstra Fritz Martini em seu estudo, por "uma superficialidade confusa e decepcionante". A diluição completa do termo *Bildungsroman* já se realiza no início da conferência, com a afirmação de que todo bom romance também já seria no fundo um romance de formação.

Como se percebe, o relevo adquirido pelo nome de Morgenstern após a publicação do ensaio de Fritz Martini não se deve propriamente à profundidade ou ao rigor de suas reflexões estéticas, mas ao fato de ter cunhado uma expressão que haveria de gozar de prestígio e da mais ampla aceitação no âmbito da teoria literária. Trata-se, contudo, de um pioneirismo um tanto fortuito, que poderia ter cabido já a Friedrich Blanckenburg, que em sua *Tentativa sobre o romance* valoriza sobretudo a representação do desenvolvimento ou da formação "interior" do herói romanesco (em detrimento dos acontecimentos "exteriores"), descrevendo assim com mais propriedade do que Morgenstern o que seria um "romance de formação" (sem contudo empregar a expressão) como o *Agatão* de Wieland.[11]

---

[11] A *História de Agatão* é de fato a obra pela qual se orientam as explanações de Blanckenburg. Em determinado momento o autor chega a afirmar que este talvez seria o único romance que a tradição alemã tinha até então para apresentar. (Note-se que o estudo de Blanckenburg ainda não podia referir-se aos *Sofrimentos do jovem Werther*, de Goethe, publicado igualmente em

Também na *Estética* de Hegel o termo *Bildungsroman* não chega a ocorrer, embora a sua síntese histórico-filosófica sobre o "romanesco" [*Romanhafte*] esteja claramente orientada pelos *Anos de aprendizado de Wilhelm Meister* e tenha lançado a ideia (tão cara a Lukács) do confronto educativo com a realidade constituída como o grande tema do romance moderno. No contexto de suas reflexões sobre a "forma artística romântica", aguçando o enfoque sobre a "dimensão aventureira" [*Abenteuerlichkeit*] nos romances posteriores à tradição cavaleiresca, Hegel lança as célebres formulações:

> "Mas, essas lutas no mundo moderno não são outra coisa senão os anos de aprendizagem, a educação dos indivíduos na realidade constituída e, com isso, adquirem o seu verdadeiro sentido. Pois o fim desses anos de aprendizagem consiste em que o indivíduo apara as suas arestas, integra-se com os seus desejos e opiniões nas relações vigentes e na racionalidade das mesmas, ingressa no encadeamento do mundo e conquista nele uma posição adequada. Por mais que um ou outro se tenha debatido com o mundo, tenha sido arrastado para lá e para cá, ao fim e ao cabo ele quase sempre conquista a sua moça e algum emprego, casa-se e torna-se um filisteu tão completo como todos os outros: a esposa toma conta da economia doméstica, os filhos não se fazem esperar, a mulher outrora venerada, que fora um anjo, a única na face da Terra, comporta-se mais ou menos como todas as outras, o exercício do cargo dá trabalho e aborrecimentos, o casamento torna-se uma cruz doméstica e assim logo se instala o extenso coro das lamentações."[12]

1774. No ano seguinte, porém, Blanckenburg publica uma ampla resenha desse romance de estreia de Goethe.)

[12] *Ästhetik*, Berlim/Weimar, Aufbau, vol. I, segunda parte, terceira seção, p. 567.

Foi apenas em 1870, portanto mais de meio século após Morgenstern ter falado pela primeira vez em *Bildungsroman*, que o termo ingressou efetivamente na teoria literária, no contexto do livro de Dilthey acima mencionado. Três décadas depois, no capítulo que dedica ao romance epistolar *Hipérion* de Friedrich Hölderlin, em seu livro *Das Erlebnis und die Dichtung* [A vivência e a poesia], Dilthey empreende um avanço na apreensão teórica do conceito:

> "Desde o *Wilhelm Meister* e o *Hesperus* [romance de Jean Paul publicado em 1795], todos esses romances representam o jovem daqueles tempos; como ele ingressa na vida num alvorecer feliz, procura por almas afins, encontra a amizade e o amor, mas também entra em conflito com a dura realidade da vida e assim, sob as mais variadas experiências, vai amadurecendo, encontra-se a si mesmo e conscientiza-se da sua tarefa no mundo."

Além de Goethe, Jean Paul e Hölderlin, Dilthey cita ainda, como autores de "romances de formação", Novalis (*Heinrich von Ofterdingen*) e Ludwig Tieck (*Franz Sternbalds Wanderungen* [As peregrinações de Franz Sternbald]). Ao localizar os fundamentos histórico-sociais dessas obras na situação da burguesia alemã, alheia à esfera do Estado e a toda participação na vida pública, o autor estabelece importante critério distintivo para a determinação do gênero:

> "Esses romances de formação expressam assim o individualismo de uma cultura restrita à esfera de interesses da vida privada. A atuação do poder estatal no funcionalismo público e no exército surgia à jovem geração de escritores como uma potência estranha. Os leitores deliciavam-se e inebriavam-se com as descobertas dos poetas no mundo do indivíduo e de sua autoformação."

Pode-se afirmar, portanto, que é com Wilhelm Dilthey (e não com as conferências de Morgenstern) que se constituem as primeiras balizas teóricas para a reflexão sobre o *Bildungsroman*, historicizado como produto típico da era de Goethe (daí a ausência, no elenco de Dilthey, de obras posteriores, como as de Gottfried Keller ou Adalbert Stifter) e expressão por excelência do "individualismo de uma cultura restrita à esfera de interesses da vida privada". No mesmo processo em que a teoria sobre o "romance de formação" começa a se constituir, *Os anos de aprendizado de Wilhelm Meister* vão também se impondo enquanto paradigma desse tipo narrativo, como já o demonstra o estudo pioneiro de Mellita Gerhard (publicado vinte anos após *A vivência e a poesia*), em que essa obra de Goethe aparece como o primeiro *Bildungsroman* da tradição literária alemã. Mas isso não significa que por essa época a questão terminológica já estivesse plenamente resolvida, bastando lembrar que numa obra como a *Teoria do romance*, marcada decisivamente pelo pensamento de Dilthey,[13] o jovem Lukács prefere empregar o termo *Erziehungsroman* ("romance de educação"). Ao apresentar os *Anos de aprendizado* como espécie de síntese entre os tipos do "idealismo abstrato" (*Dom Quixote*) e do "romantismo da desilusão" (*A educação sentimental*), Lukács escreve:

> "Chamou-se essa forma de romance de educação. Com acerto, pois a sua ação tem de ser um processo consciente, conduzido e direcionado para um determinado objetivo: o desenvolvimento de qualidades humanas que jamais floresceriam sem uma tal intervenção ativa de homens e felizes acasos; pois o que se alcança desse modo é algo por si próprio edificante e encorajador aos demais, por si próprio um meio de educação."[14]

---

[13] Em seu prefácio de 1962 a uma nova edição do livro, Lukács escreve: "Penso, por exemplo, no efeito fascinante de *Das Erlebnis und die Dichtung*, de Dilthey, um livro que, em muitos aspectos, parecia ser terra virgem". Conforme a edição brasileira (*A teoria do romance*, São Paulo, Editora 34/Duas Cidades, 2000, p. 9).

[14] *Op. cit.*, p. 141.

Os anos de aprendizado de Wilhelm Meister

> "A tarefa diária que me está atribuída exige a minha plena presença, na vigília e em sonhos. Esse dever torna-se a cada dia mais caro para mim. [...] O anseio de levantar o mais alto possível a pirâmide de minha existência, cuja base me está dada e fundamentada — esse anseio supera todo o resto."
>
> Trecho de carta de Goethe a Lavater, setembro de 1780

Pouco depois da publicação do romance *Os anos de aprendizado de Wilhelm Meister*, nos anos de 1795 e 96, Friedrich Schlegel, numa longa e entusiasmada resenha que marcou época na história da crítica alemã, falava da impossibilidade de se julgar o livro segundo um critério tradicional de gênero: seria "como se uma criança quisesse apanhar a lua e os astros com a mão e guardá-los em sua caixinha". E desse mesmo autor, precisamente no "Fragmento 216", publicado em 1798 na revista *Athenäum* (principal porta-voz do romantismo de Jena), provém a famosa menção do *Meister*, ao lado da Revolução Francesa e da *Doutrina das Ciências* (*Wissenschatslehre*) de Fichte, como uma das três grandes tendências da era moderna. É verdade que Schlegel, decorridos alguns anos, redimensionaria essa visão do romance goethiano (assim como Novalis, que converteu o seu entusiasmo inicial em recusa veemente desse "*Candide* voltado contra a poesia"), mas a resenha testemunha com força incomparável o impacto que o romance goethiano teve sobre a vida literária e cultural na Alemanha, constituindo-se ao mesmo tempo num divisor de águas na tradição narrativa do país.[15]

---

[15] A resenha de Schlegel encontra-se reproduzida integralmente no volume 7 da edição de Hamburgo (Hamburger Ausgabe) das obras de Goethe (crítica textual e comentários de Erich Trunz). Também os "Fragmentos" concernentes ao *Wilhelm Meister* assim como textos de Novalis (e ainda de Schiller, Körner, Wilhelm von Humboldt etc.) integram igualmente a parte de comentários (*Kommentarteil*) desse volume. O leitor brasileiro tem um excelente panorama da recepção dos *Anos de aprendizado* no livro de Wilma Patrícia Maas *O cânone mínimo* (São Paulo, Unesp, 2000).

Composto com uma maestria que encontra poucos paralelos na literatura mundial, *Os anos de aprendizado de Wilhelm Meister* narram, em oito livros (ou sete, descontando-se o caráter largamente autônomo das "Confissões de uma bela alma", que ocupam todo o livro VI), o percurso de vida do protagonista ao longo de mais ou menos dez anos, desde a primeira juventude até o limiar da maturidade. Não seria fácil estabelecer com precisão a dimensão espacial e temporal em que se desenrola o enredo dessa obra povoada de atores itinerantes, artistas, aventureiros, burgueses, nobres, membros de uma sociedade secreta etc. — *grosso modo* pode-se dizer apenas que o *chronotopos* (para valer-se do conceito introduzido por Bakhtin) dessa aprendizagem tem lugar no interior da Alemanha, aproximadamente entre os anos de 1770 e 1780.[16] Aventuras não faltam nesse romance, assim como encontros e desencontros amorosos, de tal forma que Wilhelm — após um relacionamento infeliz com a atriz Marianne (do qual nasce o menino Felix) e de algumas outras ligações efêmeras (Philine, a bela condessa, Therese) — tem sua trajetória coroada pela união com Natalie, o que enseja o belo desfecho dessa obra a que o próprio Goethe, numa conversa com Eckermann de janeiro de 1825 (portanto trinta anos após a sua publicação), chamou uma de suas "produções mais incalculáveis", para a qual quase chegava a faltar-lhe a chave.

Extraordinária é também a dimensão enciclopédica da obra, com reflexões sobre os gêneros épico e dramático (condensadas e magistralmente integradas ao enredo no capítulo 7 do livro V),

---

[16] A respeito dessa indeterminação característica da narrativa goethiana, Auerbach faz a seguinte observação no capítulo 17 de *Mimesis*: "O espaço e o tempo estão frequentemente determinados somente de forma muito geral, de tal maneira que, apesar da grande evidência dos aspectos individuais, parece que nos movimentamos, no que diz respeito ao conjunto político-econômico, num campo incerto, não identificável com segurança".

Já Georg Lukács, cujo ensaio de 1936 sobre *Os anos de aprendizado* constitui um contraponto à visão de Auerbach, em diversos momentos estabelece paralelos entre os acontecimentos do romance e desdobramentos da Revolução Francesa — de modo que para o leitor não fica claro que o enredo se situa numa dimensão temporal anterior a 1789.

com os seus momentos de intenso lirismo (as canções de Mignon e do Harpista, personagens românticas e "italianas"), também com imagens que constituem verdadeiro compêndio das manifestações teatrais do século XVIII: marionetes, funâmbulos, companhias itinerantes, mistérios e autos religiosos, encenações na corte, o teatro profissional em suas várias facetas, Racine e o teatro clássico francês, e ainda — *last but not least* — o amplo e profundo complexo sobre o teatro de Shakespeare, em especial o *Hamlet*, o que levou James Joyce à seguinte alusão em seu *Ulisses*: "— E temos, não temos?, essas páginas sem preço do *Wilhelm Meister*? Um grande poeta sobre um grande poeta irmão. Uma alma hesitante armando-se contra um mar de dificuldades, dilacerada por dúvidas conflictantes, como se vê na vida real".[17]

Todo o livro VI é composto, como já mencionado, por uma narrativa largamente autônoma, as "Confissões de uma bela alma", em que se conta a história de uma "formação" feminina e de fundo pietista. Nos dois últimos livros, abre-se também espaço para questões sociais, precisamente nos trechos que giram em torno da Sociedade da Torre (*Turmgesellschaft*) e de suas ideias reformistas. Em alguns momentos do romance parece ser o próprio Goethe que, transcendendo a esfera distanciada e irônica do narrador, toma a palavra para expor suas concepções filosóficas, como no capítulo 5 do livro VIII, em que Jarno lê ao próprio herói sentenças da "carta de aprendizagem de Wilhelm Meister" e, desse modo, parece reconfigurar (em chave panteísta) o sentido de uma formação meramente individual: "Só todos os homens juntos compõem a humanidade; só todas as forças reunidas, o mundo. Com frequência, estas se encontram em conflito entre si, e enquanto buscam destruir-se mutuamente, a natureza as mantém unidas e as reproduz".

---

[17] *Ulisses*, tradução de Antônio Houaiss, Rio de Janeiro, Civilização Brasileira, 1975, p. 209. No original: "*And we have, have we not, those priceless pages of Wilhelm Meister? A great poet on a great brother poet. A hesitating soul taking arms against a sea of troubles, torn by conflicting doubts, as one sees in real life*". Nesta passagem, Joyce alude particularmente ao final do capítulo 13 no livro IV do romance goethiano.

Não foi, todavia, como romance social, filosófico ou de teses estético-literárias, nem como romance de viagens, aventuras ou de amor que *Os anos de aprendizado de Wilhelm Meister* conquistaram o seu lugar na "literatura universal", mas sim — e sem deixar de ser tudo isso — enquanto protótipo e paradigma do *Bildungsroman*, contribuição especificamente alemã para a história do romance ocidental. A determinação rigorosa dessa especificidade teria de haver-se, em primeiro lugar, com o conceito de *Bildung*, para alguns autores de tradução tão complexa quanto a palavra grega *paideia* ou a latina *humanitas*.[18] *Bildung* traz uma longa história atrás de si, desde a sua identificação com o sentido primeiro de *Bild* ("imagem", *imago*, desdobrando-se também na ideia de reprodução por semelhança: *Nachbildung*, *imitatio* — nessa acepção original, o arquétipo de *Bild* e da forma verbal *bilden* estaria relacionado com o próprio Criador, que "*formou* o homem à sua imagem [*Bild*] e semelhança") até o sentido que o termo adquire na era de Goethe, ao emancipar-se da esfera religiosa e afirmar a sua independência também em relação à educação institucional.[19]

---

[18] Assim abre Rolf Selbmann o seu estudo sobre o "romance de formação" com a seguinte observação: "O conceito 'formação' é uma palavra intraduzível, mas a coisa [*die Sache*] não o é. Acumulação [ou armazenamento: *Speicherung*], sistematização e transmissão de identidade cultural atuam sem dúvida como constantes antropológicas fundamentais para a delimitação de uma comunidade cultural em relação a elementos estrangeiros e atuam também como canal [*Medium*] de autodefinição coletiva. A palavra grega 'paideia', a latina 'humanitas', diferenciavam a própria comunidade social perante os bárbaros" (R. Selbmann, *Der deutsche Bildungsroman*, Stuttgart/Weimar, Metzler, 1994).

Sobre o conceito de "formação" (*Bildung*), ver o ensaio de Willi Bolle "A ideia de formação na modernidade", onde também se resume ao leitor brasileiro o verbete "*Bildung*" constante da obra *Geschichtliche Grundbegriffe. Historisches Lexikon zur politisch-sozialen Sprache in Deutschland*, organizada por O. Brunner, W. Conze e R. Kosellek. (O ensaio encontra-se publicado no volume *Infância, escola e modernidade*, Paulo Ghiraldelli Jr. (org.), Curitiba, Editora da Universidade Federal do Paraná, 1997, pp. 9-32.) A respeito do significado desse conceito na tradição filosófica alemã, pode-se consultar também Hans-Georg Gadamer: "Os conceitos-guia humanísticos: a formação", in *Verdade e método*, Rio de Janeiro, Vozes, 1997, pp. 47-71.

[19] Assim como a palavra *Herz* (coração) atravessa, como espécie de *leit-*

A partir, sobretudo, da segunda metade do século XIX, o conceito de *Bildung* — sob influxos políticos e sociais tematizados também pelos "romances de formação" que se valem do grotesco, da sátira, paródia, caricatura e outros recursos do tipo — foi perdendo cada vez mais o significado que se constituíra no século XVIII (com Goethe e contemporâneos como Herder, Humboldt, Schiller, Pestalozzi, entre outros) e propiciando, nesse processo de esvaziamento, o surgimento do tipo humano que Nietzsche veio a chamar de *Bildungsphilister*, o "filisteu da formação".[20]

motiv narrativo, o primeiro romance de Goethe (*Os sofrimentos do jovem Werther*, 1774), e *Streben* (aspirar) constitui o motivo fundamental da tragédia *Fausto*, o substantivo *Bildung* assim como os verbos *bilden* e *sich bilden* (forma reflexiva) assomam incontáveis vezes nos *Anos de aprendizado*. Provavelmente com o fito de evitar repetições, a meritória tradução de Nicolino Simone Neto (São Paulo, Editora 34, 2006) busca com frequência sinônimos para esses termos: assim, se no original Goethe emprega *Bildung* e suas formas derivadas de maneira maciça, o leitor brasileiro encontra por vezes "cultura", "instrução" ou "ilustrar", "instruir-se" etc. quando, na verdade, não caberiam variações — sobretudo porque *Bildung* não se limita apenas a conteúdos intelectuais, a uma simples aquisição de cultura, instrução etc.

O impressionante investimento narrativo no termo *Bildung* (e suas derivações) pode ser observado até mesmo em passagens periféricas: no capítulo 18 do livro IV Goethe sintetiza, com admirável soberania narrativa, a trajetória do diretor teatral Serlo e, ao relatar sua atuação artística no norte da Alemanha, refere-se a essa região como àquela parte do país *"gebildet, aber bildlos"* — um trocadilho a rigor intraduzível (algo como: "formada, mas sem formas"), já que *bildlos* ("sem imagens"), que acompanha de modo adversativo o particípio passado de *bilden*, constitui uma alusão à rejeição protestante por imagens.

[20] Na "primeira peça" (*erstes Stück*) de suas *Considerações extemporâneas*, virulento ataque ao filósofo hegeliano David Strauss, escreve Nietzsche sobre o *Bildungsphilister*: "A palavra filisteu é tomada, como se sabe, à vida dos estudantes e designa em seu sentido mais amplo, mas também inteiramente popular, o oposto do filho das musas, do artista, do autêntico homem de cultura. O filisteu da formação, porém, [...] distingue-se da ideia geral do gênero 'filisteu' por uma superstição: ele mesmo presume ser filho das musas e homem da cultura [...] Com toda a falta de autoconhecimento, ele se sente firmemente convicto de que a sua 'formação' é exatamente a expressão plena da verdadeira [*rechten*] cultura alemã; e como encontra por toda parte pessoas com formação semelhante à sua e vê que todas as instituições escolares, artísticas e de

Destacar aqui alguns pontos da estrutura do romance goethiano poderia contribuir para a apreensão de especificidades do gênero que tem nos *Anos de aprendizado* o seu modelo. Em meio à riqueza de temas e motivos dessa obra "incalculável", poderíamos divisar dois princípios estruturantes: o primeiro, que se manifesta nos cinco livros iniciais do romance (que compõem a "missão teatral de Wilhelm Meister"), consiste no conceito teleológico do desdobramento gradativo das potencialidades do indivíduo, no sentido de uma enteléquia humana, que o herói aspira cumprir exclusivamente no mundo dos palcos alemães.[21] O segundo princípio assoma nos dois últimos livros, em seguida, e como contraponto, ao complexo pietista das "Confissões de uma bela alma", e aproxima-se de uma espécie de "teoria da socialização", preconizando-se a necessidade de interação estreita entre indivíduo e sociedade, "eu" e mundo — princípio que, visto de outra perspectiva, corresponde ao motivo da reconciliação do indivíduo problemático com a realidade —, ou então, nos termos de Hegel, à superação da discrepância entre a "poesia do coração" e a "prosa adversa das relações sociais".[22]

---

formação estão constituídas segundo a sua própria bagagem formativa [*Gebildetheit*] e segundo as suas necessidades, ele ostenta por toda parte o sentimento vitorioso de ser o digno representante da atual cultura alemã e, em consonância com isso tudo, levanta as suas exigências e pretensões" (Friedrich Nietzsche, *Unzeitgemässe Betrachtungen*, in *Werke in drei Bänden*, vol. I, Munique, Carl Hanser, 1994, p. 142).

[21] "Missão teatral de Wilhelm Meister" [*Wilhelm Meisters teatralische Sendung*] é o título do segundo projeto romanesco de Goethe (após o *Werther*), em que trabalhou de 1777 a 1786. Após a viagem à Itália, Goethe refundiu e integrou esse manuscrito nos cinco primeiros livros dos *Anos de aprendizado*. O manuscrito foi então destruído, mas em janeiro de 1910 encontrou-se uma cópia no espólio de Barbara Schulthess, amiga de juventude do poeta. "A missão teatral de Wilhelm Meister" constitui expressivo exemplo de *Künstlerroman* (romance do artista, da individualidade artística, como *Doutor Fausto*, de Thomas Mann, no século XX) e documenta assim o percurso de Goethe no processo de constituição do *Bildungsroman*.

[22] "O romance, no sentido moderno, pressupõe uma realidade já ordenada como *prosa*. [...] Uma das colisões mais comuns e mais apropriadas para o

Se, de fato, é procedente considerar *Os anos de aprendizado* como paradigma do "romance de formação", então seria forçoso esperar de qualquer outro exemplar do gênero — e não só da literatura alemã — a ocorrência, mesmo que apenas em estado latente, desses dois princípios fundamentais. E, lembrando ainda que o primeiro grande teórico do *Bildungsroman*, Wilhelm Dilthey, relacionou o seu surgimento ao "individualismo de uma cultura restrita à esfera de interesses da vida privada", caberia aqui a constatação mais específica de que, em um romance de formação nos moldes goethianos, o impulso individualista para o aperfeiçoamento das potencialidades pessoais necessariamente vem sempre antes do elemento da socialização, da integração do indivíduo na ordem de seu tempo. Nesse sentido, seria também legítimo localizar a frase fulcral do romance no âmbito do princípio teleológico que estrutura a "missão teatral" de Wilhelm Meister, precisamente na longa carta (capítulo 3 do livro V) em que o herói comunica ao seu cunhado Werner, em resposta à notícia da morte do velho Meister e a um balanço geral dos negócios da família, a decisão de abandonar de vez a carreira burguesa que lhe estava predeterminada e buscar a sua formação mediante o engajamento numa companhia teatral: "Para dizer-te em uma palavra: formar-me plenamente, tomando-me tal como existo, isto sempre foi, desde a primeira juventude e de maneira pouco clara, o meu desejo e a minha intenção".

Esse anseio por formação plena, a ser desdobrada sob as condições concretas da própria existência (isto é, independentemente de eventuais alterações na ordem social), já poderia ser considerado um dos traços distintivos de todo "romance de formação", de tal forma que o seu protagonista, todo legítimo "irmão" de Wilhelm Meister, deveria igualmente exprimi-lo ou tão somente sugeri-lo. Já no início da carta, explicitando a incongruência entre as

---

romance é, por isso, o conflito entre a poesia do coração e a prosa adversa das relações sociais", in *Ästhetik*, Berlim/Weimar, Aufbau, vol. II, terceira seção (As artes românticas), capítulo 3 (A poesia), pp. 326-585, citação à p. 452.

atividades comerciais de que se tornou herdeiro e o forte impulso de autoaprimoramento, pergunta-se Wilhelm em alusão a observações anteriores de Werner sobre fabricação de ferro e administração de terras: "De que me serve fabricar um bom ferro, se o meu próprio interior está cheio de escórias? E de que me serve também colocar em ordem uma propriedade rural se comigo mesmo me desavim?".[23]

E, após discorrer longamente sobre as condições de vida do nobre e do burguês na Alemanha da segunda metade do século XVIII, Wilhelm estabelece uma relação entre a esfera da nobreza e o mundo dos palcos, onde espera realizar a "inclinação irresistível" pela formação harmônica de sua natureza e, ao mesmo tempo, contribuir para a criação de um Teatro Nacional, indo assim ao encontro (transportado pelas asas da idealização) de uma aspiração que na época se articulava sobretudo em escritos de Lessing (*Dramaturgia de Hamburgo*) e Schiller (*O teatro considerado como instituição moral*) sobre o papel humanista e formador que caberia ao futuro teatro alemão.

Como já se observou inúmeras vezes na copiosa literatura secundária sobre *Os anos de aprendizado*, essa carta possui inequívoco caráter autobiográfico, constituindo-se desse modo num dos fragmentos mais significativos da "grande confissão" que Goethe dizia realizar mediante suas produções literárias. Pode-se lembrar aqui, entre outras formulações goethianas, a célebre carta a Lavater (setembro de 1780), em que fala do seu esforço diário de autoaper-

---

[23] Numa carta de 17 de novembro de 1782, dirigida ao seu amigo spinozista Friedrich Heinrich Jacobi (1743-1819), Goethe também emprega imagens tomadas à esfera do ferreiro (profissão exercida pelo bisavô paterno) para falar de seu processo de formação: "Deixa-me lançar mão de um símile. Quando vês um bloco de ferro incandescente na forja, mal consideras que há ali tanta escória quanto se mostrará no momento em que aquele bloco cair sob a marreta. Segrega-se então a impureza que o próprio fogo não eliminara, escorrem e espirram gotas incandescentes e faíscas, restando na torquês do ferreiro o minério consistente. É como se uma marreta com semelhante poder se fizesse necessária para libertar minha natureza de tantas escórias e dar consistência ao meu coração".

feiçoamento, o qual "exige a minha plena presença, na vigília e em sonhos". E poucas linhas depois, a expressiva imagem da própria vida como uma pirâmide em construção: "O anseio de levantar o mais alto possível a pirâmide de minha existência, cuja base me está dada e fundamentada, esse anseio supera todo o resto".

Wilhelm Meister não chega a falar propriamente de uma base existencial já "dada e fundamentada", mas é essa presença que parece estear a formulação "tomando-me tal como existo". E como móvel decisivo de seu processo formativo, ou a sustentação central da "pirâmide de minha existência", apresenta-se então a atividade teatral:

"Para dizer-te em uma palavra: formar-me plenamente, tomando-me tal como existo, isto sempre foi, desde a primeira juventude e de maneira pouco clara, o meu desejo e a minha intenção. Ainda conservo essa disposição, com a diferença de que agora vislumbro com mais clareza os meios que me permitirão realizá-la. Tenho visto mais mundo que tu crês, e dele me tenho servido melhor do que tu imaginas. [...]

Fosse eu um nobre e bem depressa estaria suprimida nossa desavença; mas, como nada mais sou do que um burguês, devo seguir um caminho próprio, e espero que venhas a me compreender. Ignoro o que se passa nos países estrangeiros, mas sei que na Alemanha só a um nobre é possível uma certa cultura geral, e pessoal, se me permites dizer. Um burguês pode adquirir méritos e desenvolver seu espírito a mais não poder, mas sua personalidade se perde, apresente-se ele como quiser. [...]

Se, na vida corrente, o nobre não conhece limites, se é possível fazer-se dele um rei ou uma figura real, ele pode, portanto, apresentar-se onde quer que seja com uma consciência tranquila diante dos seus iguais, pode seguir adiante, para onde quer que seja, ao passo que ao burguês nada se ajusta melhor que o puro e plácido sentimento do limite que lhe está traçado. Não lhe cabe perguntar: 'Que és tu?', e sim: 'Que tens tu? Que juízo, que conhecimento, que aptidão, que fortuna?'. Enquanto o nobre tudo dá só com a apresentação de sua pessoa, o burguês nada dá nem pode dar nada com sua personalidade. Aquele pode e deve brilhar, este só deve ser e, naquilo que pretender brilhar, torna-se ridículo e de mau gosto. Aquele deve fazer e atuar, este deve realizar e produzir; deve desenvolver faculdades isoladas para tornar-se útil, e já se pressupõe que não há em seu ser nenhuma harmonia, nem poderia haver, porque ele, para se fazer útil de um determinado modo, deve negligenciar todo o resto.

Por tal diferença culpa-se não a arrogância dos nobres nem a transigência dos burgueses, mas sim a própria constituição da sociedade; se um dia alguma coisa irá modificar-se, e o que se modificará, importa-me bem pouco; em suma, tenho de pensar em mim mesmo tal como estão agora as coisas, e no modo como hei de salvar a mim mesmo e alcançar o que para mim é uma necessidade indispensável.

Pois bem, tenho uma inclinação irresistível justamente por aquela formação harmônica de minha natureza, que o nascimento me obsta. [...] Mas não vou negar-te que a cada dia se torna mais irresistível o impulso de me tornar uma pessoa pública, de agradar e atuar num círculo mais amplo. Some-se a isso minha inclinação pela arte poética e por tudo quanto está relacionado com ela, e a necessidade de aperfeiçoar meu espírito e meu gosto, para que aos poucos, também no deleite dessas coisas sem as quais não posso passar, eu tome por bom e belo o que é verdadeiramente bom e belo. Já percebes que só no teatro posso encontrar tudo isso e que só nesse elemento posso mover-me e aperfeiçoar-me à vontade. Sobre os palcos, o homem formado aparece tão bem pessoalmente em seu brilho quanto nas classes superiores; espírito e corpo devem a cada esforço marchar a passos juntos, e ali posso ser e brilhar tão bem quanto em qualquer outra parte. [...]"[24]

No âmbito do projeto de formação idealizado pelo próprio Wilhelm Meister, tem-se aqui provavelmente a passagem mais significativa do romance. Pois essa longa carta, em que o protagonista explicita suas concepções e metas, pode ser vista como espécie de programa do "romance de formação", uma vez que nela se formulam os motivos fundamentais de Autonomia (formar-se a si mesmo), Totalidade (formação plena) e, ainda, Harmonia (a "inclinação irresistível" por formação harmônica). A expansão plena e harmoniosa das potencialidades do herói — artísticas, intelectuais, mas também físicas (Wilhelm confere grande importância à prática da esgrima) —, a realização efetiva de sua totalidade humana, são projetadas no futuro e sua existência apresenta-se assim como um "estar a caminho" rumo a uma maestria de vida, que Goethe configura, todavia, menos como meta a ser efetivamente alcançada do que como direção ou referência a ser seguida.

No entanto, para uma interpretação abrangente da obra fundadora do *Bildungsroman*, tão importante quanto se deter no âmbito dos motivos explicitados nessa carta seria também ultrapassá-lo (mas sem perdê-lo de vista), orientando-se por trechos dos dois últimos livros em que se opera, sob a influência da chamada Sociedade da Torre, um redimensionamento do projeto formativo de Wilhelm Meister. Dentre as várias passagens que poderiam ilustrar esse movimento, apresentemos aqui, de modo sumário, a que se encontra no capítulo 9 do livro VII, quando Jarno, pouco antes da

---

[24] O trecho segue a tradução de Nicolino Simone Neto, mas procedendo a alterações no tocante a *Bildung* e termos afins (como a forma reflexiva *sich ausbilden*: formar-se plenamente, buscar uma formação plena) e o verbo *scheinen*, que no contexto tem menos o sentido de "parecer" ou "aparentar", como está traduzido, do que "brilhar": na visão do herói, apenas ao nobre estava dada a possibilidade de "brilhar" na sociedade contemporânea, uma prerrogativa cujo ponto culminante na história europeia talvez possa ser associado ao rei-sol Luís XIV.

leitura solene da "Carta de aprendizado", emoldurada numa espécie de ritual iniciático, diz ao herói:

> "É bom que o homem que pela primeira vez entra no mundo faça uma grande ideia de si próprio, pense em obter-se muitas aptidões e procure fazer todo o possível; mas quando sua formação atinge um certo grau, é vantajoso que aprenda a se perder numa grande massa, aprenda a viver para os outros e a esquecer-se de si mesmo numa atividade apropriada ao dever. Só então aprende a conhecer a si mesmo, pois é a ação que verdadeiramente nos compara aos outros."

Nessas alturas, a formação de Wilhelm já está se desenrolando (em grande parte à sua própria revelia) por outros caminhos, sob a orientação dos membros da Torre, mas também na presença de seu filho Felix, convivência que lhe descortina uma nova visão de mundo e o leva à convicção de que somente agora se inicia de fato a sua verdadeira formação. A responsabilidade pela educação do menino e a necessidade de integração social já se sobrepuseram inteiramente ao papel destinado até então ao teatro. Dessa forma, a aspiração incondicional por formação plena e individualizada encontra agora o seu contraponto (e o seu momento de superação) em concepções como a acima mencionada, ou ainda numa discreta observação (capítulo 5 do livro VIII) que o mesmo Jarno faz numa conversa com o herói mergulhado numa crise em que se vai gestando novo avanço em seu processo formativo: "O homem não é feliz antes que sua aspiração incondicional determine limites a si mesma".

Se, portanto, os anos de aprendizagem de Wilhelm Meister confluem para um final feliz, este consiste precisamente na efetiva conscientização, por parte do herói, da necessidade de estabelecer limites à aspiração individualista e incondicional que se formulou de maneira exemplar na longa carta dirigida a Werner (capítulo 3 do livro V). Encontramo-nos, neste ponto, diante de uma questão crucial na biografia de Goethe e igualmente tematizada em outras obras, sobretudo no *Fausto*, com a aspiração incondicional (e trágica) que move o protagonista, e no romance de velhice *Os anos de peregrinação de Wilhelm Meister*, cujo subtítulo delineia de maneira positiva aquela atitude preconizada por Jarno e os outros membros da Torre: "Os que renunciam" (*Die Entsagenden*).

Mas também em suas *Máximas e reflexões*, Goethe se debruçou sobre esse motivo que assoma nos livros VII e VIII dos *Anos de aprendizado*. Uma das sentenças coligidas nesse volume traz a seguinte formulação: "Não há nada mais triste de se ver do que a aspiração imediata pelo incondicional neste mundo inteiramente condicionado". E em outra sentença desse mesmo volume, lemos as palavras: "Atividade incondicionada, não importa de que espécie seja, acaba por fim em bancarrota".[25]

Ao colocar a derradeira etapa da trajetória de Wilhelm Meister sob o influxo de tais concepções, Goethe conferiu ao romance uma dimensão social que redimensiona, mas não anula, o momento individualista do *Bildungsroman*, a qual levou o crítico Georg Lukács, em seu ensaio de 1936 sobre *Os anos de aprendizado*, a construir uma imagem politicamente bastante progressista e avançada de Goethe. A valorização do substrato utópico-social que envolve a Sociedade da Torre (e a consequente minimização, ou mesmo exclusão, de concepções vigentes nos cinco primeiros livros) mostra-se, na interpretação lukácsiana, intimamente vinculada às qualidades estéticas da obra, apresentada como uma das maiores realizações literárias de todos os tempos: "Assim, [Goethe] coloca no centro deste romance o ser humano, a realização e o desenvolvimento de sua personalidade, com uma clareza e concisão que dificilmente algum outro escritor haverá conseguido em alguma outra obra da literatura universal".

No âmbito da perspectiva marxista de Georg Lukács, o seu apego ao termo "romance de educação" (uma opção terminológica

---

[25] Na edição de referência do volume *Maximen und Reflexionen*, publicada em 1907 por Max Hecker, as sentenças citadas trazem os números 252 e 1.081. (Na edição de Hamburgo, volume XII, que também se orienta pela numeração de Hecker, as sentenças encontram-se às pp. 399 e 517.)

tributária da *Estética* hegeliana, mas que também não deixa de contornar as eventuais conotações individualistas do termo *Bildungsroman*) parece fundamentar-se com mais propriedade do que na *Teoria do romance*. A despeito de todo o cuidado teórico de Lukács, o conceito de "educação" aparece por vezes quase fundido com uma concepção de mundo já impregnada de laivos socialistas:

> "Vimos que o ponto de transição decisivo para a educação de Wilhelm Meister consiste precisamente em que ele renuncie a sua atitude puramente interior, puramente subjetiva, para com a realidade, e chegue à compreensão da realidade objetiva, à atividade na realidade tal como ela é. *Os anos de aprendizado de Wilhelm Meister* são um romance de educação: seu conteúdo é a educação dos homens para a compreensão prática da realidade."[26]

O empenho de Georg Lukács em conquistar a "herança" goethiana para o programa do "realismo socialista" torna-se mais nítido se o contrastarmos — fechando este segmento dedicado à obra fundadora do "romance de formação" — com a visão de um crítico, também fugitivo do nacional-socialismo, que marcou de maneira igualmente decisiva os estudos literários no século XX. Avesso à teorização excessiva na abordagem de obras literárias, Erich Auerbach nem sequer chega a empregar o termo *Bildungsroman* ao debruçar-se, no capítulo 17 do seu *Mimesis*, sobre *Os anos de aprendizado de Wilhelm Meister*, que considera a "obra mais realista" de Goethe. No entanto, as suas observações, desdobradas principalmente em torno daquela carta do herói ao seu cunhado Werner, vão todas ao encontro de perspectivas teóricas

---

[26] A perspectiva marxista de Lukács explicita-se claramente no final do ensaio, com a exigência de que o realismo socialista assumisse dialeticamente — pressupondo-se portanto o momento da superação — a herança goethiana. Note-se que o ponto de chegada dessa interpretação dos *Anos de aprendizado* é semelhante ao final do célebre e polêmico ensaio "Narrar ou descrever", redigido igualmente em 1936.

que veem nesse gênero literário a manifestação do individualismo e limitação aos interesses privados apontados, de forma pioneira, por Dilthey.

Para Auerbach, a recusa de abrir-se às novas forças que se gestavam na realidade histórica de então faz Goethe apresentar um quadro estático e como que imutável da estrutura social na Alemanha: "O mundo da classe média repousa diante dos olhos do leitor numa calma quase atemporal. [...] temos a impressão de estar numa sociedade totalmente calma, que se modifica muito gradualmente, só pela sucessão das gerações".

Aderir à perspectiva crítica de Auerbach significaria aceitar a tese do caráter individualista (e, porventura, pouco histórico do *Bildungsroman*), uma vez que a obra fundadora dessa vertente narrativa estaria, na visão do crítico, inteiramente permeada pela "ideologia conservadora, aristocrática e antirrevolucionária" de Goethe, a qual o teria impedido de "apreender os processos revolucionários com o seu método genético-realista-sensorial, que lhe era habitual em outros casos". O desdobramento dessas considerações leva o crítico à afirmação de que o gênio de Goethe desempenhou um papel adverso para a constituição, na Alemanha, de um realismo amplo e vigoroso, tal como se desenvolveria pouco depois na França, com as obras de Balzac e Stendhal. Essa visão pouco favorável de Goethe absorve até mesmo as questões sociais que afloram nos dois últimos livros dos *Anos de aprendizado* (como as propostas de reforma agrária, abolição de privilégios da nobreza, aproximação das classes etc.), com as quais Lukács, em seu ensaio de 1936, reforça a sua interpretação do romance como manifestação da mentalidade progressista de Goethe. Para Auerbach, ao contrário, essas propostas, ditadas no plano da redação do romance pela observação dos processos revolucionários no país vizinho, assim como as medidas econômicas de precaução tomadas pelos membros da Sociedade da Torre, seriam "dificilmente compreensíveis a partir do próprio livro, pois nas suas outras partes, sobretudo nas anteriores, nada se faz sentir de uma inquietação político-social que justifique um plano de segurança, ainda insólito nessa época".

A contrapelo, portanto, das muitas interpretações (e principalmente as de inspiração marxista) que ressaltam a tendência politicamente avançada dos *Anos de aprendizado*, Auerbach não só designa a esse romance um lugar de pouco relevo na história do realismo ocidental, como também parece formular, nas entrelinhas do seu ensaio, uma crítica de raro radicalismo ao maior representante das letras alemãs de todos os tempos. Pois escrevendo durante a carnificina da Segunda Guerra Mundial, como refugiado do nacional-socialismo em Istambul, o autor não deixa de perguntar se, apesar de tudo, Goethe não poderia ter contribuído de maneira efetiva para que a democracia fincasse raízes mais fundas no solo alemão:

> "Mas, voltando os olhos para o que aconteceu daquele tempo para cá, tem-se a tentação de imaginar quais teriam sido os efeitos, sobre a literatura e sobre a sociedade alemãs, se Goethe, com sua vigorosa sensualidade, sua mestria de vida, com a ampla liberdade do seu olhar, tivesse dedicado maior interesse e esforço construtivo à moderna estrutura da vida emergente."

Descendência e ascendência de *Wilhelm Meister* na crítica literária

> "Há, entretanto, uma variante de romance que é alemã, tipicamente alemã, legitimamente nacional, e tal variante é precisamente o romance de formação e de desenvolvimento, impregnado pela autobiografia. [...] E é de espantar se, por outro lado, sob o influxo desse processo [i.e., fatores sociais], a forma primordialmente nacional da epopeia alemã em prosa, o romance de formação individualista, tenha caído vítima da desagregação?"
>
> Thomas Mann, "Der Entwicklungsroman", ensaio publicado em novembro de 1916

Wilhelm Meister e seus irmãos intitula-se sugestivamente o amplo estudo sobre o romance de formação alemão publicado em 1972 por Jürgen Jacobs, espécie de panorama histórico do gênero baseado na análise de cerca de meia centena de obras, desde o *Agatão*, de Wieland, e o *Anton Reiser*, redigido por Karl Philipp Moritz entre os anos de 1785 e 1790, até romances do pós-guerra — estes, porém, apenas ligeiramente comentados, como *O tambor de lata* de Günter Grass.[27] Esse estudo de Jacobs, apresentado originalmente como tese de livre-docência, pode ser visto como a primeira tentativa no sentido de suprir uma lacuna apontada por Lothar Köhn em seu minucioso relatório de pesquisa sobre o "romance de desenvolvimento e de formação", finalizado em 1969: após exaustivo levantamento e comentário de trabalhos (sobretudo acadêmicos) sobre obras que se inserem nessa tradição narrativa, Köhn conclui com a constatação de que a "história do romance de formação" ainda estava por ser escrita.[28]

Sobre esse mesmo tema Jürgen Jacobs publica em 1989, em coautoria com Markus Krause, o volume *O romance de formação alemão: história do gênero desde o século XVIII até o XX*. O recorte das obras é agora bem mais limitado e também as abordagens são desenvolvidas de maneira sistemática. O caráter didático do estudo revela-se ainda na divisão dos capítulos por períodos, com o Iluminismo representado pelo *Agatão*; a chamada "era de Goethe" pelos *Anos de aprendizado* assim como o *Heinrich von Ofterdingen*, de Novalis, e o *Titan*, de Jean Paul; o século XIX pelo *Veranico*, de Adalbert Stifter, e *O verde Henrique*, de Gottfried Keller; por fim, *A montanha mágica*, de Thomas Mann, como representante do gênero no século XX.[29]

Três anos após a publicação do livro de Jacobs e Krause surge a monografia de Gerhart Mayer *O romance de formação ale-*

---

[27] *Wilhelm Meister und seine Brüder: Untersuchungen zum deutschen Bildungsroman*, Munique, Wilhelm Fink, 1972.

[28] Lothar Köhn, "Entwicklungs- und Bildungsroman: ein Forschungsbericht"; o relatório encontra-se reproduzido no volume *Zur Geschichte des deutschen Bildungsromans* [Sobre a história do romance de formação alemão], organizado por Rolf Selbmann (Darmstadt, 1988), pp. 291-373.

[29] *Der deutsche Bildungsroman: Gattungsgeschichte vom 18. bis zum 20. Jahrhundert*, Munique, C. H. Beck, 1989.

mão: do Iluminismo até o presente, ainda mais extensa do que os trabalhos anteriores sobre o assunto. Ao lado de obras que costumam comparecer em toda lista de *Bildungsromane*, o desejo de originalidade (que às vezes chega ao leitor apenas como curiosidade) faz Mayer abrir espaço em seu livro a narrativas que pouco contribuem para uma apreensão mais rigorosa do gênero e que também não recebem menção em nenhum outro estudo, como romances vinculados à ideologia nacional-socialista (entre eles o *Michael*, que Joseph Goebbels publica em 1929), ou a trilogia socialista do escritor alemão-sórbio Jury Brezan (*O ginasiano, Semestre do tempo perdido, Anos viris*).[30]

Outro estudo que também pode ser visto como tentativa de suprir a lacuna assinalada por Lothar Köhn no relatório acima mencionado é de autoria de Rolf Selbmann (*O romance de formação alemão*), publicado em segunda edição, revista e sensivelmente aumentada, em 1994, dez anos após o aparecimento da primeira. Também aqui o procedimento da abordagem é o de percorrer de modo sistemático, capítulo por capítulo, as obras que na visão do autor constituem a tradição do *Bildungsroman*, desde o período anterior a Goethe até narrativas como *A breve carta para um longo adeus* (1972), de Peter Handke, e *O jovem* (1984), de Botho Strauss.[31]

Em todas essas monografias, *Os anos de aprendizado de Wilhelm Meister* ocupam posição central, surgindo sempre como o momento de cristalização de um gênero que já se delineava, em sua configuração moderna, no *Agatão* de Wieland. Por outro lado, contudo, também se pode observar nessas monografias a dificul-

---

[30] *Der deutsche Bildungsroman: von der Aufklärung bis zur Gegenwart*, Stuttgart/Weimar, Metzler, 1992.

[31] *Der deutsche Bildungsroman*, Stuttgart/Weimar, Metzler, 1994. No capítulo dedicado ao período anterior à publicação dos *Anos de aprendizado*, Selbmann aborda, além de *Agatão* e *Anton Reiser*, os romances: *Empfindsame Reisen durch Deutschland* [Viagens sentimentais pela Alemanha, 1771-72], de Johann G. Schummel; *Geschichte Peter Clausens* [História de Peter Clausen, 1783-85], de Adolph F. Knigge; *Hermann und Ulrike* (1780), de Johann C. Wezel; *Komischer Roman* [Romance cômico, 1786], de Friedrich Hegrad.

dade de se fixarem características específicas do gênero, que possibilitem, como procedimento heurístico, uma ampliação unânime do cânone para além da meia dúzia de títulos tradicionalmente citados: enquanto, por exemplo, o *Hipérion* de Hölderlin é considerado autêntico "romance de formação" por Gerhart Mayer, o crítico Rolf Selbmann já problematiza tal visão, e Jürgen Jacobs afirma categoricamente a impossibilidade de inseri-lo nessa tradição narrativa.[32] A mesma oscilação se verifica com outras obras, a exemplo das *Concepções de vida do gato Murr*, de E. T. A. Hoffmann, que apenas Gerhart Mayer coloca explicitamente sob a rubrica "anti-romance de formação". Também não faltam narrativas que são analisadas num estudo e inteiramente ignoradas num outro: incongruências, enfim, que remontam à dificuldade maior de se buscar estabelecer uma tradição de gênero a partir do *Wilhelm Meister*, expressão de um momento único na literatura alemã e, ainda, também de uma época que o próprio Goethe via como definitivamente encerrada.[33]

[32] "O *Hipérion* certamente não pode ser colocado como romance de formação ao lado do *Agatão*, do *Wilhelm Meister* e do *Titan*. A formulação de seu problema permite, contudo, uma comparação fecunda, que faz ressaltar a sua especificidade formal e conteudística exatamente mediante o antagonismo em relação ao gênero do romance de formação: é verdade que o livro de Hölderlin descreve um desenvolvimento que parte de um estado de dilaceramento e chega à acalmia e ao equilíbrio; mas o meio de tal amadurecimento e também a definição da meta não podem ser apreendidos com as categorias dessa tradição narrativa" (*Wilhelm Meister und seine Brüder*, p. 123).

[33] Que o próprio escritor considerasse o período em que se deram os "anos de aprendizado" de Wilhelm Meister como encerrado, isso se depreende de inúmeras passagens em cartas e obras autobiográficas. "A partir deste lugar e do dia de hoje começa uma nova era da história universal e vocês poderão dizer que estiveram presentes": com essas palavras arremata Goethe o seu vívido relato, no livro *Campanha na França*, dos acontecimentos do dia 20 de setembro de 1792, quando soldados alemães e austríacos tentaram em vão subjugar as tropas francesas em Valmy, com a finalidade de abrir caminho até Paris.
 Numa célebre carta dirigida ao seu amigo Zelter em 1825, leem-se as seguintes palavras: "Riqueza e rapidez é o que o mundo admira e a que cada um aspira. Ferrovias, correio expresso, navios a vapor e todas as possíveis facilidades de comunicação são as coisas a que visa o mundo culto [*gebildete*

Em estudos posteriores, publicados a partir do ano 2000, observa-se o empenho em contornar aquela dificuldade mediante a subsunção do enfoque crítico a uma questão específica (e largamente original). No livro de Wilhelm Vosskamp, *Ein anderes Selbst*, publicado em 2004, essa questão diz respeito à correlação entre os conceitos de "imagem" [*Bild*] e "formação" [*Bildung*] numa forma literária que narra o percurso de um protagonista distinguido ainda pela especial proeminência da "faculdade imaginativa" [*Einbildungskraft*]. Norteado por esse princípio heurístico, o estudo de Vosskamp seleciona então um *corpus* narrativo constituído por trechos extraídos das seguintes obras: *Os anos de aprendizado* e *Os anos de peregrinação de Wilhelm Meister*; *As peregrinações de Franz Sternbald* (1798), de Ludwig Tieck; *Maler Nolten* (1832) [*O pintor Nolten*], de Eduard Mörike; *O verde Henrique* (1855, primeira versão; 1880, segunda versão), e, abrindo uma perspectiva para o século XX, *Auslöschung* [*Extinção*, 1986], de Thomas Bernhard. Tratar-se-ia de romances em que, na fundamentação do autor, os conceitos de "imagem", "formação", assim como de "faculdade imaginativa" — correlacionados etimologicamente pela presença de *Bild* nos dois termos subsequentes (*Bildung*, *Einbildungskraft*) — desempenham a função constitutiva de *leitmotiv*.[34]

Welt] para promover em excesso a sua formação [*sich überbilden*] e, assim, persistir na mediocridade. Pois é o resultado do processo de generalização que uma cultura mediana se torne comum: é nessa direção que se encaminham as sociedades bíblicas, o método pedagógico lancasteriano e não sei mais o quê. [...] Pautemo-nos tanto quanto possível pela mentalidade da qual viemos; seremos, com mais alguns poucos, os últimos de uma época que tão cedo não retornará".

[34] Vosskamp extraiu o título do livro, *Ein anderes Selbst* ("Um outro eu" ou "Um outro mesmo"), de uma passagem dos *Anos de aprendizado* (livro VIII, capítulo 1) em que o narrador descreve a sensação de Wilhelm Meister ao encontrar a história de sua vida — justamente de seus anos de aprendizagem — registrada num dos pergaminhos depositados na Torre. Na tradução brasileira: "Encontrou [Wilhelm Meister] a história circunstanciada de sua vida descrita em grandes e acentuados traços; nem acontecimentos isolados nem sensações limitadas perturbavam seu olhar; afetuosas considerações gerais davam--lhe as indicações, sem envergonhá-lo, e via pela primeira vez sua imagem fora

Voltando ao mesmo assunto mais de trinta anos após o panorama oferecido no livro *Wilhelm Meister e seus irmãos*, Jürgen Jacobs publica em 2005 o breve estudo *Zwischenbilanz des Lebens: zu einem Grundmuster des Bildungsromans* [Balanço provisório da vida: para um modelo fundamental do romance de formação]. Desta vez, o *corpus* narrativo é recortado de maneira bem mais específica, guiado pelo princípio da reflexão e autorreflexão retrospectiva a que o protagonista submete o percurso de vida até então trilhado:

> "Se o gênero romance de formação se define pelo fato de que as obras que lhe são atribuídas narram a história de um jovem que, passando por uma sequência de erros e decepções, chega a um equilíbrio entre as suas ambições e as exigências de seu meio, então fica evidente que o herói de uma tal história, confrontado com as inevitáveis experiências da desilusão, tem necessariamente de tornar-se problemático para si mesmo. Não basta que ele percorra um determinado desenvolvimento como se fosse um processo natural de crescimento; muito mais do que isso, ele tem de conscientizar-se expressamente de seu papel como indivíduo que se constitui na busca. Decorre daí que esse jovem, a exemplo de Wilhelm Meister, sinta-se compelido, nas diversas fases de seu desenvolvimento, a 'passar em revista sua própria história', ou, como Hans Castorp, a converter o seu 'complexo de vida' em objeto de reflexão autocrítica, buscando orientação."

de si mesmo, mas não como num espelho, um segundo eu, e sim como *um outro eu* [grifo meu] num retrato: não nos reconhecemos certamente em todos os traços, mas nos regozijamos que um espírito ponderado nos tenha percebido daquele modo, que um grande talento tenha querido representar-nos daquele modo, que uma imagem daquilo que fomos ainda subsiste e possa durar mais que nós mesmos" (*Os anos de aprendizado de Wilhelm Meister*, São Paulo, Editora 34, 2006, pp. 481-2).

À luz desse princípio intrínseco, na visão de Jacobs, ao gênero *Bildungsroman*, são selecionados — ao lado da *História de Agatão*, *Os anos de aprendizado* e *O verde Henrique* — três romances do século XX: *A montanha mágica*, de Thomas Mann, *Demian*, de Hermann Hesse e ainda, título mais recente, *Selige Zeiten, brüchige Welten* (1991), de Robert Menasse.[35]

Se os estudos de Vosskamp e Jacobs enfocam histórias de formação vivenciadas exclusivamente por personagens do sexo masculino, a germanista Ortrud Gutjahr abre espaço, em seu livro *Einführung in den Bildungsroman* [Introdução ao romance de formação, 2007], a romances não apenas escritos, mas principalmente protagonizados por mulheres. Ao cânone tradicional integrado pelos heróis Agatão, Wilhelm Meister, Heinrich von Ofterdingen e o verde Henrique, Gutjahr acrescenta primeiramente *Sidarta* (1922), a narrativa ambientada por Hermann Hesse na Índia de Buda, e em seguida, nos três últimos capítulos do livro, o romance de formação feminino. Este vem representado não só por um título consagrado na literatura alemã contemporânea, *Kindheitsmuster* [Modelos de infância], que Christa Wolf publicou em 1976, mas também, num passo que visa certamente conferir certo diferencial à investigação, *Das verborgene Wort* [A palavra oculta, 2001], de Ulla Hahn, e *Die Brücke vom Goldenen Horn* [A ponte do Corno de Ouro, 1998], romance da escritora turco-alemã Emine Sevgi Özdamar, apresentado por Gutjahr como exemplo de um tipo narrativo em processo de constituição na literatura alemã: o *Bildungsroman* intercultural (e, no caso, também feminino).[36]

---

[35] Literalmente, o título do romance de Menasse seria "Tempos venturosos, mundos frágeis", ecoando expressões que aparecem no primeiro capítulo da *Teoria do romance*, de Lukács. No Brasil, contudo, onde se desenrola boa parte do enredo (sobretudo em São Paulo), foi publicado sob o título *Espelho cego* (tradução de George Sperber, Companhia das Letras, 2001).

[36] A "formação" da heroína de Özdamar transcorre entre duas culturas, a alemã e a turca: o romance se abre com a chegada do eu narrador — imigrante turca cujo nome não é explicitado — em Berlim no ano de 1966; retorna posteriormente a Istambul, onde ela se forma como atriz e, no desfecho da obra, toma a decisão de voltar à Alemanha. Também no romance de Ulla Hahn tem-

A leitura comparativa dos estudos mencionados demonstra, no entanto, que a multiplicação dos critérios para a delimitação teórica do gênero (e, consequentemente, para a apreensão de uma narrativa como *Bildungsroman*), longe de fazer frente à dificuldade de se estabelecer uma tradição narrativa relativamente consensual em torno dos *Anos de aprendizado*, apenas a intensifica. Nesse processo de constantes inovações na perspectiva crítica, também o protótipo do gênero é submetido a novas e surpreendentes abordagens, bastando lembrar o estudo, publicado em 2008, em que Rolf Selbermann desenvolve relações entre o *Bildungsroman* de Goethe e o poema filosófico, inspirado pela contemplação do crânio de Schiller, "No severo ossuário foi que eu vi" (como diz o primeiro verso), publicado em 1829 no final dos *Anos de peregrinação de Wilhelm Meister*.[37]

se uma narradora em primeira pessoa (Hildegard Palm), que reconstitui a sua trajetória, desde a infância e adolescência transcorridas num *milieu* proletário até as tentativas, como jovem mulher, de emancipação existencial e profissional — de grande relevância para o projeto do eu narrador é a convivência com o romance de Keller *O verde Henrique*, sobre o qual profere, como melhor aluna de sua turma, o discurso solene de formatura.

[37] "Kann uns Schillers Schädel den Bildungsroman erklären? Ein etwas anderer Zugang zu Goethes 'Wilhelm Meister'" ["O crânio de Schiller pode explicar-nos o romance de formação? Um outro acesso ao 'Wilhelm Meister' de Goethe"], in *Goethe-Jahrbuch 2008*, vol. 125, Werner Frick, J. Golz, A. Méier e E. Zehm (orgs.), Göttingen, Wallstein, 2009.
Redigido em setembro de 1826 em tercinas dantescas, esse poema saiu originalmente, sem título, logo após as sentenças do "Arquivo de Makarie", que fecham *Os anos de peregrinação* (o título "Ao contemplar o crânio de Schiller" não provém de Goethe, mas é um adendo de Eckermann). Selbmann fundamenta o seu novo e ousado "acesso" ao *Bildungsroman* de Goethe relacionando o solene episódio no "Salão do Passado" (livro VIII, capítulo 5), em que Wilhelm é confrontado com a divisa *Gedenke zu leben* ("lembra-te de que deves viver", *memento vitae*), ao poema inspirado pela contemplação do crânio exumado em março de 1826, o qual ficou por alguns dias na casa de Goethe. Assim como no mencionado capítulo dos *Anos de aprendizado* a exortação à vida ativa, a uma "formação" voltada para as necessidades da comunidade, assoma justamente no "Salão do Passado" ("Quanta vida — exclamou ele [W. M.] — neste Salão do Passado! Poder-se-ia muito bem chamá-lo Salão do Presente e do Futuro"), no poema a mais elevada intuição da vida nasce em meio à "frieza

Como um dos efeitos de tal multiplicação dos modelos de abordagem do romance de formação, a descendência de *Wilhelm Meister* vai se tornando legião, ramificando-se pelas várias literaturas nacionais, inclusive a brasileira.[38] Mas será que algo semelhante ao processo de dilatação e esgarçamento dos critérios mobilizados na avaliação de obras posteriores ao romance goethiano não se verificaria também em relação à ascendência de Wilhelm Meister? Já se viu que Mellita Gerhard (e também Otto Maria Carpeaux) faz a linha genealógica da personagem remontar ao Parzifal, de Wolfram von Eschenbach, e ao Simplicissimus, de Grimmelshausen. Este último figura igualmente na tipologia que Mikhail Bakhtin propõe em seu estudo "O romance de educação e sua importância na história do realismo", em que avultam, como exemplo mais complexo e genuíno de *Bildungsroman* ou *Erziehungsroman* (termos por vezes citados no original alemão), narrativas em que "a formação do homem se apresenta em indissolúvel relação com a formação histórica" — isto é, a formação "efetua-se no tempo histórico real com sua necessidade, com sua plenitude, com seu futuro, com seu caráter profundamente cronotópico".[39]

---

pútrida" do ossuário: "Que pode o homem ganhar mais nesta vida/ Do que se lhe revele a Natureza-Deus?/ Ao vê-la sublimar a matéria firme em Espírito,/ E firme conservar o que o Espírito criou" (na tradução de Paulo Quintela).

É provável que a motivação para esse novo "acesso" de Selbmann ao *Bildungsroman* goethiano remonte também ao teste de DNA a que o suposto crânio de Schiller foi submetido em maio de 2008, comprovando-se a sua inautenticidade.

[38] Nos últimos anos a crítica brasileira vem atribuindo a uma série de obras de nossa literatura, com fundamentação mais ou menos consistente, a designação de *Bildungsroman*. Podem-se citar aqui, entre vários outros títulos: *Grande sertão: veredas*, *O Ateneu*, *Amar, verbo intransitivo*, *Recordações do escrivão Isaías Caminha*, *Jubiabá* e *Capitães da areia*, *Uma aprendizagem ou O livro dos prazeres*.

[39] Bakhtin emprega *Erziehungsroman* e *Bildungsroman* como correlatos ao termo russo *roman vospitanija*. Num estudo intitulado *Alternativen zum Entwicklungsroman in Russland* [Alternativas ao romance de desenvolvimento na Rússia], o eslavista Robert Hodel, ele próprio adepto da tipologia de Bakhtin, observa a respeito: "Em russo o termo *roman vospitanija*, portanto ro-

O teórico russo presta extraordinária contribuição à discussão do gênero *Bildungsroman* ao introduzir o conceito de *chronotopos*, que pressupõe estreita imbricação entre o desenvolvimento individual do herói em formação, os influxos da história contemporânea e o espaço concreto em que se desdobram os acontecimentos. No entanto, a ampla concepção de gênero com que opera Bakhtin o faz alinhar, ao lado de Wilhelm Meister, personagens como os heróis rabelaisianos Gargântua e Pantagruel e até mesmo apresentar, como exemplo de *Bildungsroman* do tipo "didático-pedagógico", a *Ciropédia*, de Xenofonte.[40]

Mas, nessa linha de argumentação — que também tem a sua legitimidade — não seria possível recuar as raízes do *Bildungsroman* ao limite máximo, ou seja, até a primeira criação literária que se conservou na história humana, o *epos* sumério de *Gilga-*

---

mance de educação, começou a afirmar-se desde Bakhtin — e tanto como designação para romance de educação como para romance de desenvolvimento. O sentido literal da denominação já é elucidativo. Esta compreende o significado de 'nutrir', 'amamentar', e quer dizer algo como criar mediante alimentação. Com isso, a palavra russa traz inscrita em si uma acepção totalmente diferente daquela que possui o conceito alemão *Erziehung* (em latim: *educatio*), ao qual subjaz um momento corretivo, de orientação. O latim *ducere* significa guiar, conduzir, dirigir; de modo semelhante ao grego *paidagogeia*: educação, ensino, correção, formação. Não é, portanto, o momento do formar, moldar e do guiar que subjaz à acepção da palavra russa, mas sim o momento do nutrir, do cuidar materialmente".

In *Der Entwicklungsroman in Europa und Übersee* [O romance de desenvolvimento na Europa e no além-mar], Heinz Hillmann e Peter Hühn (orgs.), Wissenschaftliche Buchgesellschaft, 2001, pp. 153-74.

[40] Na tipologia elaborada por Bakhtin, o romance de educação (ou *roman vospitanija*) subdivide-se por sua vez no romance cíclico de tipo puro (Jean Paul e Tolstói), no romance de ceticismo e desilusão (Keller), no romance biográfico (Fielding), no romance didático-pedagógico (ao lado da obra de Xenofonte, *c.* 430-354 a.C., são citados ainda Fénelon, com o seu *Telêmaco*, e Rousseau, com o *Emílio*), e aquele último tipo de profunda *cronotopicidade*, que viria representado pelas narrativas de Rabelais, Grimmelshausen e Goethe.

O estudo "O romance de educação e sua importância na história do realismo" integra o volume *Estética da criação verbal*, tradução de Paulo Bezerra, São Paulo, Martins Fontes, 2003, pp. 205-57.

mesh? Pois, exprimindo-se em termos modernos, poder-se-ia dizer que o herói homônimo, rei de Uruk, vivencia de fato um processo de amadurecimento após a sua travessia pelas "águas da morte" em busca da imortalidade nos domínios do herói do dilúvio Utnapishtim — expedição em si fracassada, mas da qual resulta a conscientização de seus deveres de soberano perante os súditos e a consequente renúncia à aspiração sobre-humana por imortalidade.[41]

Tomar o conceito de *Bildungsroman* de maneira sincrética, larga e abstrata pode levar a um mosaico de títulos determinado pelo princípio do *anything-goes*. Trata-se afinal de um termo dotado de extraordinária força sugestiva, com a mais ampla aceitação, o qual parece corresponder plenamente a uma tendência universal e, porventura, até mesmo atemporal da literatura, isto é, pôr em cena personagens em processo de aperfeiçoamento, aprendizagem, educação, formação.

Por outro lado, não deixa de ser paradoxal que um teórico que se esmera em operar de maneira a mais rigorosa e científica possível com o conceito de gênero ofereça resultados tão questionáveis em suas explanações sobre o romance de formação. Pois Wolfgang Kayser, para quem a reflexão sobre gêneros é a verdadeira pedra de toque no trabalho com a literatura, apresenta o *Bildungsroman* enquanto tipo especial do *Entwicklungsroman* (que ele traduz por "romance de evolução"), o qual por sua vez derivaria do romance de personagem. Todavia, naquela vertente tipicamente alemã, o desenvolvimento do protagonista conduziria a um "estado de maturação definitivo e intimamente predisposto, em que o herói desenvolveu suas capacidades num todo harmônico". Isso, contudo, não é avaliado positivamente por Kayser, uma vez que, por detrás de tal "estado de maturação", estariam pressupos-

---

[41] Como espécie de "romance de desenvolvimento que trata das questões fundamentais da existência humana" vem apresentado, de fato, o *Gilgamesh* numa edição de 2005 com tradução do assiriólogo Stefan M. Maul baseada na descoberta de novos fragmentos desse *epos* redigido por volta de 1800 a.C. (*Das Gilgamesch-Epos. Neu übersetzt und kommentiert von Stefan M. Maul*, Munique, C. H. Beck, 2005.)

tos ideológicos que levam facilmente a uma "estilização e esquematização e impedem assim o pleno desenvolvimento do fundo épico: a visão vasta e ampla, que devia abranger toda a variegada plenitude do mundo, turva-se e limita-se".[42] Essa perspectiva desfavorável ao *Bildungsroman* (do qual não são explicitados exemplos) leva-o consequentemente a aproximar *Os anos de aprendizado* antes ao romance picaresco, que estaria marcado pela "palidez" do herói e pela primazia do estrato épico do espaço (e não da personagem). Desse modo o próprio Goethe teria falado de maneira equivocada (mas felizmente, observa o crítico, apenas falado!) em desenvolvimento interior do seu herói Wilhelm Meister porque fora sugestionado "pelos conselhos de má interpretação de Schiller". Wolfgang Kayser, contudo, tem uma visão diferente do célebre herói: "E como fica indefinido, pouco firme, maleável, o Wilhelm Meister de Goethe!".

Não deixa de ser uma perspectiva instigante, mas vamos deixar em aberto se a razão assiste neste ponto ao autor do conhecido (e excelente) manual de literatura ou aos clássicos de Weimar, Schiller e Goethe. Em contrapartida, o passo a ser dado na sequência será enveredar por uma narrativa que em todas as monografias sobre o *Bildungsroman*, assim como em todos os verbetes correspondentes em enciclopédias literárias, figura como representante exponencial do gênero no século XIX. Trata-se do romance *Der grüne Heinrich* [O verde Henrique], que o suíço Gottfried Keller (1819-1890) escreveu em duas versões: a primeira entre os anos de 1846 e 1855, a segunda entre 1878 e 1880.

Uma vez que essa obra, em ambas as versões, é ainda pouco conhecida entre nós, proceder-se-á, junto com a sua abordagem, a um resumo de momentos significativos do enredo. Desse modo, o tremedal teórico em torno do gênero *Bildungsroman* será posto de lado nessa etapa da argumentação voltada à "verde e áurea ár-

---

[42] Ver as explanações de Wolfgang Kayser no segmento dedicado ao gênero romanesco no último capítulo ("A estrutura do gênero") de seu manual *Análise e interpretação da obra literária* (São Paulo, Martins Fontes, 1976, pp. 399-406).

vore da vida", para falar com uma imagem do *Fausto* goethiano — ou seja, voltada à própria obra literária, o que significa no caso as "verdes trilhas" palmilhadas pelo herói e reconstituídas pelo eu narrador kelleriano. Após essa incursão pela particularidade da narrativa suíça talvez se possa retornar à questão do "romance de formação" com alguns novos subsídios, os quais permitam fechar a discussão de maneira sucinta e objetiva.

O VERDE HENRIQUE:
UM *BILDUNGSROMAN* EM DUAS VERSÕES

> "De maneira não menos exemplar do que Marx ao demonstrar a história do sofrimento dos valores sob o signo de seu desencantamento capitalista, Keller desenvolve as premissas otimistas do romance de formação levando-as até à morte — sem o desejar, mas sob a pressão de necessidade moral e economia estética."
>
> Adolf Muschg, em ensaio de 1980
> sobre O *verde Henrique*

Em julho de 1843, o suíço Gottfried Keller, então com 24 anos, registrava em seu diário a intenção de escrever um pequeno romance marcado por um desfecho "escuro como cipreste, em que tudo seria sepultado". Sombrio e desesperançado, o estado de espírito que se manifesta nessas palavras devia-se, sobretudo, à sua insatisfação com os resultados de uma estada de quase dois anos e meio em Munique, para onde viajara no final de abril de 1840, com o objetivo de obter uma formação como pintor na prestigiosa Academia das Artes daquela cidade. O estudo havia sido financiado pelos escassos recursos da mãe viúva e era às suas custas que o jovem artista fracassado voltava a levar uma vida ociosa em Zurique.

O aproveitamento literário de experiências da própria juventude e infância estava destinado assim, desde o início, a estear esse projeto de romance que, todavia, só viria a concretizar-se anos depois, durante um período em Berlim, financiado desta vez não pela mãe, mas sim por uma modesta bolsa de estudo concedida pelo Conselho de Educação de Zurique. Desse modo, quando em 1855 vem a lume a quarta e última parte do *Verde Henrique*, a história da literatura se enriquecia com uma obra que, desde então, vem sendo considerada como expressivo exemplo da intersecção entre romance e autobiografia. O "pequeno" livro a que se referia a anotação de 1843 avolumara-se ao longo de anos de trabalho difícil e exasperante (a gênese do *Verde Henrique* é uma das mais sofridas da literatura alemã) em cerca de mil páginas de tal densidade simbólica, de riqueza épica tão extraordinária que o delineamento do enredo, como se pretende nas páginas seguintes, deixará de lado não apenas momentos relevantes na trajetória do protagonista, como também longos complexos narrativos que a prismatizam e refratam, por vezes retardando e redemoinhando a torrente épica.

Mas o *Verde Henrique* ocupa posição singular na literatura alemã também por outro motivo: mais de vinte anos após a sua publicação, Gottfried Keller decidiu retornar ao projeto épico de sua juventude e dar-lhe nova configuração. As alterações de conteúdo mais significativas são feitas a partir da segunda metade do romance, principalmente em seu desfecho sombrio e lutuoso, que o escritor sexagenário ameniza acolhendo também sugestões de amigos, entre outros os escritores Theodor Storm e Paul Heyse, também Emil Kuh ou ainda o filósofo e esteta Friedrich Theodor Vischer. Do ponto de vista formal, a narrativa é adaptada integralmente para a perspectiva em primeira pessoa, que na versão original aparece apenas na "história de juventude" redigida pelo próprio herói. A mudança de foco narrativo tem por consequência a refundição de vários episódios incompatíveis com a perspectiva de um eu narrador, sendo que Keller, nesse processo de reelaboração do romance, também desdobrou sistematicamente os longos capítulos da primeira versão em dois ou três capítulos mais breves.

O processo de redação da segunda versão mostra-se, de todo modo, bem mais penoso do que supunha inicialmente o romancista; contudo, em dezembro de 1880 aparece por fim, em "roupagem" com novos matizes e tonalidades de verde, a história que o próprio autor, numa carta de abril de 1881, caracterizou como um "problema educacional de um órfão de pai".

Como o próprio Gottfried Keller, o seu herói Heinrich Lee perde o pai aos cinco anos de idade, o que se constitui em acontecimento fundamental para toda a sua existência posterior: "Ele se retirou antes do meio-dia de sua vida para o cosmos inescrutável e deixou em minhas débeis mãos a herança do dourado fio da vida cujo início ninguém conhece, e só me resta atá-lo com honra ao escuro futuro ou talvez rompê-lo para sempre, quando eu próprio vier a morrer".[43] Essa responsabilidade chega ao herói acompanhada primeiramente de uma herança paterna à qual remonta o título do romance, isto é, o estoque de uniformes de trabalho assim como trajes de passeio do dinâmico e empreendedor artesão Lee, talhados exclusivamente na cor verde, e daí sairão a partir de então as vestes que levam ao apelido (também conotativo de imaturidade) do meio-órfão — "de tal forma que ganhei logo cedo, em virtude da cor imutável, o nome de 'verde Henrique', que passei a ostentar em nossa cidade".

Ao contrário de um Wilhelm Meister, cuja formação inicial recebe as influências complementares de uma mãe dotada de sensibilidade artística, que desperta no filho o amor pelo teatro, e de um pai severo, voltado exclusivamente ao mundo dos negócios e da realidade burguesa, a educação do pequeno herói de Keller fica inteiramente a cargo da mãe, que não faz outra coisa senão sacrificar-se inteiramente pelo filho único, mas sem a lucidez e energia necessárias para contrapor-se aos caprichos da criança e a certas inclinações que vão conduzindo a um crescente afastamento da realidade.

Pois cedo se manifesta a tendência a explicar os dados e fenômenos do mundo exterior a partir da imaginação e de intuições fantasiosas. Assim, o menino solitário que passa grande parte do

---

[43] As citações, em tradução de minha autoria, seguem a edição comentada organizada por Peter Villwock (Frankfurt a.M., 1996), que constitui o volume 3 das obras completas de Gottfried Keller publicadas pela Deutscher Klassiker Verlag.

tempo junto à janela, contemplando as nuvens, obstina-se na convicção de que os cumes das montanhas à distância também são nuvens, uma vez que, aos seus olhos, pairam soltos no ar, e aferra-se por outro lado à ideia de que a cumeeira e as torres de uma igreja constituem na realidade o topo de montanhas. Essa maneira de enxergar e explicar o mundo tem também implicações sobre as suas primeiras representações teológicas, levando-o a identificar Deus ora com um grande galo dourado, disposto como cata-vento sobre o telhado de uma casa, ora com um magnífico tigre reproduzido num livro infantil — representações que, por mais inocentes e pueris que se mostrem, já preludiam as concepções materialistas que o herói irá incorporar, no último livro do romance, por intermédio do contato com a filosofia de Ludwig Feuerbach.

A tendência a fazer prevalecer as criações da fantasia, em detrimento da percepção da realidade, vem à tona em vários episódios do primeiro livro, os quais vão perdendo aos poucos o caráter inofensivo: já no capítulo 8, "Delitos infantis", narra-se como as mentiras elucubradas pelo menino recém-ingresso na escola levam à severa punição de quatro alunos mais velhos, acontecimento que, todavia, satisfaz plenamente ao sentido de "justiça poética" daquele. De resto, a reconstituição da infância do protagonista, incomparavelmente mais extensa e minuciosa do que a apresentada por Goethe nos *Anos de aprendizado de Wilhelm Meister*, constitui significativa especificidade da obra de Keller, em consonância com a concepção, explicitada em sua primeira versão, de que "a infância é uma preliminar de toda a vida e até o seu término já espelha em miniatura os traços principais das atribulações humanas".[44]

Nessa "preliminar" da vida insere-se também a relação do menino com o mundo da escola, começando com a traumática iniciação, aos seis anos de idade, narrada no capítulo "Infância —

---

[44] A observação encontra-se no capítulo 9 (p. 205) do primeiro livro (ao contrário da segunda versão, a primeira não dá título aos capítulos). Organizada e editada por Thomas Böning e Gerhard Kaiser, a primeira versão do romance constitui o volume 2 das obras completas de Gottfried Keller publicadas pela Deutscher Klassiker Verlag (Frankfurt a.M., 1985).

Primeira Teologia — Banquinho de Escola". No âmbito escolar dá-se ainda o acontecimento possivelmente mais crucial na vida do meio-órfão, pois determinante de toda a sua trajetória posterior: trata-se da expulsão da escola e a consequente exclusão de toda instituição de ensino público na Suíça, após envolver-se inadvertidamente numa marcha de protesto contra um professor e se deixar conduzir à linha de frente do movimento. O verde Henrique é constrangido ao papel de bode expiatório e a expulsão (outro acontecimento com correspondência exata na vida de Keller) causa danos de tal ordem à personalidade em formação que há lugar até mesmo para uma comparação com a drasticidade da sentença de morte, "pois excluir uma criança do ensino público não significa outra coisa senão decapitar o seu desenvolvimento interior, a sua vida intelectual".

Destruída, portanto, a possibilidade de uma carreira burguesa, o jovem Henrique parte então para uma longa visita a parentes que vivem numa idílica aldeia cercada por montanhas, florestas e lagos. Em meio a relações humanas calorosas, a uma natureza em cujas descrições reverberam lagos prateados espelhando o azul (e sempre a mais límpida felicidade), o herói passa por experiências fundamentais em sua formação, começando pela amorosa, que se divide entre duas figuras inteiramente diferentes: a delicada e etérea Anna e a jovem viúva Judith, que encarna a possibilidade de uma relação mais objetiva. Também o seu desenvolvimento artístico ganha, nesse meio, novo impulso e se entretece com a vivência religiosa, graças ao contato com o pai de Anna, generoso mestre-escola que não apenas aconselha o verde Henrique em questões relativas à pintura paisagística, mas sabe ainda incutir-lhe veneração por um Deus magnânimo e bondoso. Desse modo, ao despedir-se de Anna no final do primeiro livro e atravessar a montanha rumo à casa dos parentes, o narrador confessa ter adquirido duas coisas: "um grande e poderoso patrono das artes, que reinava invisível sobre o mundo que anoitecia, e uma delicada imagenzinha feminina que me atrevi a levantar sem demora em meu coração".

No segundo livro verifica-se uma espécie de represamento do enredo romanesco, com os seus episódios desenrolando-se em sua maior parte na idílica aldeia dos parentes de Henrique e tecendo variações em torno da temática amorosa: a idealização crescente do amor por Anna e a demanda por maior objetividade no relacionamento com Judith. O momento culminante da constelação amorosa ocorre durante uma encenação coletiva do "Guilherme Tell", assunto clássico da história suíça dramatizado por Friedrich Schiller (que, aliás, jamais pisou no país). A encenação mobiliza as aldeias da região e estende-se por vários dias, ocupando nada menos do que os últimos seis capítulos do livro. A Henrique oferece-se, no contexto dessa grande festa popular, a oportunidade de uma aproximação mais íntima com Anna e Judith; e, ao final, comparando os beijos trocados com uma e outra, o narrador chega à seguinte síntese: "Quando beijara Anna, foi como se minha boca houvesse roçado uma rosa de verdade; mas agora o que eu beijava era uma boca cálida, viva, e o alento secreto e balsâmico do interior de uma mulher bela e forte invadia-me aos borbotões".

Também a sua formação artística ensaia alguns novos passos no segundo livro, pois em três capítulos que deslocam o enredo romanesco da aldeia para a cidade é narrado o período de aprendizagem na oficina do mestre Habersaat, na verdade um artesão de pouco recursos, caracterizado quase como charlatão, o qual de início obriga o jovem a copiar mecanicamente velhas paisagens e, em etapa posterior da questionável aprendizagem, mostra-se incapaz de reconhecer a natureza fantástica dos quadros pintados por um discípulo que se compraz em submeter a realidade às aberrações da imaginação.

O terceiro livro do *Verde Henrique* abre-se com uma experiência que — pode-se dizer — foi compartilhada por nomes como Novalis, Jean Paul, Tieck, Stifter e demais romancistas que escreveram na descendência de Wilhelm Meister: a leitura de Goethe e, por conseguinte, também desses *Anos de aprendizado* que o próprio Keller, numa carta de 26 de junho de 1855 ao seu amigo Hermann Hettner, caracterizou como "o livro mais sedento de realidade do mundo". Durante quarenta dias o herói, dispondo por empréstimo de uma edição das obras completas de Goethe, aprofunda-se nesse universo literário como que em estado de transe, mal percebendo a neve, a chegada da primavera ou qualquer outro fenômeno do mundo exterior. Após familiarizar-se com as várias constelações do mundo goethiano, a derradeira leitura recai sobre o livro em que o autor conta a história de sua própria formação: "Tinha assim percorrido de novo esse céu e lido muita coisa pela segunda vez quando descobri por fim uma estrela brilhante, inteiramente nova: *Poesia e verdade*". Finda a quarentena de leitura, o herói deixa o seu quarto e passa a enxergar o mundo com outros olhos e, em seu íntimo, levanta-se uma nova concepção de pintura:

> "Saí ao ar livre; a velha cidade montanhosa, rochedos, florestas, rio e lago e a cordilheira com formas tão variadas, descansavam sob o suave brilho do sol de março, e enquanto os meus olhares abarcavam tudo isso, senti um prazer puro e persistente, como não havia conhecido até então. Era o amor generoso, que se doa a tudo que se formou e constituiu, amor que honra o direito e o significado de cada coisa e sente a coerência e a profundidade do mundo. Esse amor encontra-se acima da evasão artística do indivíduo que visa apenas o interesse próprio, evasão que no final das contas leva à mesquinharia e a veleidades [...] Tudo então se me afigurou novo, belo e digno de atenção, e assim comecei a ver e a amar não apenas a forma mas também o conteúdo, a essência e a história das coisas."

À leitura da obra goethiana, que o narrador de Keller caracteriza como algo próximo à experiência da revelação, associa-se logo um acontecimento que surge envolto na aura do milagre, como que a propiciar, por vontade do alto, o desenvolvimento do jovem artista. É o encontro com o pintor Römer, que entra em cena no exato momento em que Henrique, tolhido e escarnecido em sua arte por árvores que tenta transpor para a tela, invoca a ajuda de Deus — num capítulo que se intitula justamente "Um milagre e um verdadeiro mestre".

Encontrando em Römer um professor rigoroso e atento, ao qual nenhuma artimanha passa despercebida, o discípulo realiza um progresso significativo em sua arte. Contudo, passados alguns meses, a aprendizagem começa a comprometer-se com manifestações cada vez mais evidentes de uma moléstia mental que fará Römer — e não sem culpa do *vert Henri* (expressão que aparece em algumas cartas do romancista) — terminar os seus dias num hospício parisiense.[45]

A esse revés no âmbito da formação artística seguem-se logo duas perdas na sua vida sentimental: Anna adoece de tuberculose e vai definhando até a morte (a pungente descrição do sepultamento constitui um ponto culminante da mestria de Keller) e Judith insere-se no fluxo migratório para a América do Norte, após a decisão do verde herói de manter-se fiel a Anna e dedicar o resto da vida à sua memória.

Apressado pelo infortúnio, chega então para Henrique o momento de lançar-se a uma experiência que conhecemos não apenas desde o Wilhelm Meister de Goethe, mas já do Parzifal que, dei-

---

[45] Para a construção desse personagem, Keller tomou como modelo o pintor paisagista Rudolf Meyer, conhecido em Zurique como *Römer*, o "Romano", por ter vivido alguns anos na metrópole italiana. Meyer, que por algum tempo deu aulas particulares ao jovem Keller, também foi vitimado por uma espécie de demência precoce e acabou internado num hospício. No romance, o pungente desfecho do convívio com Römer deixa forte sentimento de culpa no herói, mas a narração (capítulo "Loucura do mestre e do aluno") é pautada por momentos do mais fino humor. Um exemplo: obcecado pela ideia de que todos os fios da política europeia passavam por suas mãos, Römer passa a fazer, durante a sua leitura assídua do *Journal de Débats*, misteriosas observações ao jovem discípulo sobre políticos como o rei Louis Philippe ou o seu ministro Louis Adolphe Thiers: "Falava com frequência de Louis Philippe e censurava suas medidas e seus passos, como alguém que não vê a observância pontual de uma prescrição secreta. Certa vez chegou em casa raivoso e queixou-se de um discurso proferido pelo ministro Thiers: 'Não há o que fazer com esse pequeno rapaz desastrado!', exclamou enquanto amassava uma folha do jornal, 'eu não tinha percebido essa impertinência despótica! Acreditava ter nele o mais inteligente dos meus alunos.' 'O senhor Thiers também pinta paisagens?', perguntei, e Römer replicou esfregando as mãos de maneira significativa: 'Não se trata bem disso. Vamos deixar o assunto de lado'".

xando para trás a mãe que morre de tristeza, sai pelo mundo em busca de *aventiure* e, consequentemente, do próprio destino; chega ao jovem suíço, enfim, o momento de ir ao encontro da experiência segundo a qual, como observa Lukács, "foi concebida a forma interna do romance", isto é, "a peregrinação do indivíduo problemático rumo a si mesmo".[46] No romance de Gottfried Keller, esse caminho leva à "cidade das artes", em nenhuma passagem explicitamente nomeada (assim como Zurique), mas que não é outra senão Munique, onde o próprio autor adquiriu a sofrida consciência da falta de vocação para a pintura.

Munido com uma quantia oriunda da herança paterna e das economias da mãe, Henrique parte para a metrópole alemã aspirando conquistar a plena mestria como pintor. Aos poucos vai integrando-se nos círculos artísticos e boêmios da cidade, visita exposições, toma parte em festas e desfiles carnavalescos, e estreita relações com dois outros "germanos da periferia" aspirantes a pintor, o holandês Lys, cujos quadros são descritos pormenorizadamente no magnífico capítulo "Os pintores", e o nórdico Erikson, que se especializava em miniaturas. O próprio herói produz poucos quadros, mas como estes não lhe proporcionam nenhum retorno financeiro, vai dissipando o dinheiro que trouxera da Suíça, de tal forma que logo se impõem à mãe novos sacrifícios para o sustento do filho. Por questões religiosas, após grande consumo de álcool durante uma representação carnavalesca dos artistas, o herói envolve-se num duelo insensato com o ateu Lys, o que acaba selando o fim da amizade.[47]

---

[46] *A teoria do romance*, op. cit., p. 82.

[47] Descrito magistralmente no capítulo "O duelo dos loucos", esse episódio termina, na primeira versão, com a morte de Lys em consequência de um ferimento causado pelo florete do verde Henrique. Mas, na segunda versão, o jovem holandês recupera-se do ferimento. Essa incongruência confundiu ninguém menos do que Thomas Mann, que foi ler essa "obra divina" apenas aos setenta anos, durante a convalescença de uma cirurgia pulmonar no seu exílio californiano — e em volumes que misturavam as duas versões, o que lhe causou grande perplexidade. Ao final do capítulo XIII da *Gênese do Doutor Fausto*, Mann relata suas impressões da "obra magnífica" que até então ignorava

Os desdobramentos seguintes empurram-no cada vez mais ao círculo vicioso das dívidas, ao mesmo tempo que passa dias e semanas junto à janela contemplando o movimento das nuvens, como costumava fazer na infância, essa "preliminar" de todas as atribulações da vida adulta. Também o trabalho com tintas e tela não faz senão aprofundar o processo de alienação, pois o pintor em crise refugia-se numa arte de linhas e arabescos — descrita pormenorizadamente no capítulo "A quimera" [*Der Grillenfang*] — que até poderia representar uma prefiguração da pintura abstrata, não fosse antes o inextricável emaranhado em que se perderam os projetos e as esperanças que o fizeram empreender a sua "viagem de formação".[48]

Quando se abre o quarto livro, a existência do verde Henrique, nessas alturas vivendo há cinco anos na "cidade das artes", parece ter sucumbido por completo ao diletantismo. Mencionada logo no início do primeiro capítulo, uma reprodução em miniatura do "gladiador *borghese*" (escultura de Agasias que data de 200 a.C., exposta por longo tempo na Villa Borghese, em Roma, e hoje no Louvre) desperta no jovem artista extraviado o desejo de voltar-se para a figura humana; com o intuito de familiarizar-se

---

"de maneira escandalosa": "Agora eu o lia com atenção prazerosa e admiração crescente, tanto pela riqueza de vida repleta de pureza exposta neste livro, quanto pelo delicioso desvelo estilístico de sua linguagem, arrimada em Goethe mas muito autônoma — admiração mesmo, embora o narrador em primeira pessoa, o verde Henrique, tão poucos motivos ofereça para ser admirado, o que parece ser quase uma norma para os heróis de romances de formação ou educação. Aliás, o epíteto que Goethe dá a seu Wilhelm Meister, 'um pobre coitado', é mais adequado àquele do que a este" (*A gênese do Doutor Fausto: romance sobre um romance*, tradução de Ricardo F. Henrique, São Paulo, Mandarim, 2001, p. 144).

[48] Na descrição do último quadro que o verde Henrique empreende em Munique, Keller tomou como modelo a narrativa de Balzac *Le chef-d'oeuvre inconnu*, publicada em 1831 e, em uma segunda versão, em 1837. Keller leu a narrativa em 1838, em francês, impressionando-se tão fundo com a caracterização que faz Balzac de um "gênio fracassado" que a novela haveria anos depois de exercer importante influência sobre a concepção do projeto épico do *Verde Henrique*.

com as proporções e anatomia do corpo humano, passa a acompanhar primeiramente as preleções de medicina, convertendo-se logo em ouvinte assíduo das aulas de antropologia, filosofia, psicologia etc.

À medida, porém, que se aprofunda num diletantismo condicionado pela "decapitação" de sua formação escolar, as dívidas continuam a acumular-se. Diante de uma situação cada vez mais insustentável, o herói volta a refugiar-se na tendência, que também aflorara na "preliminar" da vida, a subtrair-se à realidade: refugia-se desta vez na redação febril de sua "história da juventude", que chama de "o mais inútil dos livros".[49] Quando as últimas reservas enviadas pela mãe servem apenas para saldar as dívidas e pagar a encadernação do manuscrito, sobrevém-lhe uma experiência descrita com toda crueza realista e que o próprio Keller, numa carta escrita durante a reelaboração do romance, afirmou tê-la vivido mais uma vez *in natura*, causando-lhe uma sensação que o fez abandonar o trabalho por várias semanas: a experiência da fome.

A superação da penúria extrema se dá mediante uma ocupação proletária exercida no escuro porão da loja de um comercian-

---

[49] Essa "história da juventude" (*Jugendgeschichte*) desempenha papel fundamental na "economia" do romance, em suas duas versões. Na primeira, o narrador autorial a insere logo no capítulo 4 do livro I e volta à perspectiva em terceira pessoa cerca de 450 páginas adiante, no capítulo 4 do livro III, quando se inicia a narração da vida do herói em Munique. (No final da "história da juventude", o verde Henrique diz ter empreendido a sua redação para passar o tempo durante a demorada viagem.) Na segunda versão ela se estende do início do romance até o capítulo 9 do livro III, cuja abertura assinala a transição com as seguintes palavras: "Quanto tempo se passou desde que escrevi o que se leu até agora! Mal sou a mesma pessoa, a minha letra se modificou há muito e, contudo, para mim é como se retomasse agora a narrativa no ponto em que parei somente ontem". As circunstâncias, porém, que emolduram a sua "fuga existencial" na redação dessa primeira parte de sua autobiografia são narradas mais tarde, e apenas no fecho da obra conta-se ao leitor que a história do verde Henrique — e, por extensão, o próprio romance — nasceu com a decisão do herói de complementar a "história da juventude", até o momento da morte de Judith.

te judeu, onde Henrique passa os dias pintando mastros de bandeiras para uma solenidade oficial: "Era a mais baixa categoria de trabalho, que se processa sem qualquer reflexão ou honra profissional e sem qualquer outra pretensão além da subsistência imediata".[50] Contudo, essa nova condição de "pintor" proporciona-lhe não apenas a subsistência material como também uma satisfação que não conhecera em nenhum momento de sua trajetória pelo mundo das belas-artes. Nesse contexto, realiza-se então o balanço provisório de seu projeto de formação, o qual vem revelar que o período de meia década na metrópole alemã serviu apenas para conscientizá-lo da falta de vocação para a pintura. Também na chamada "arte da vida" o seu projeto formativo pode ser considerado como fracassado, restando apenas o sentimento de culpa pelos sacrifícios impostos à mãe (por fim, a perda da casa), com a qual interrompera o contato epistolar, envergonhado pelo fracasso de seus planos.

Após uma série de noites povoadas por sonhos alegóricos com a pátria suíça e com momentos de seu próprio passado, cuja narração ocupa vários capítulos, o verde Henrique põe-se finalmente a caminho de casa, com provisões tão escassas que o obrigam a caminhar dia e noite. Durante a penosa viagem, sob chuva torrencial, o acaso conduz o herói ao castelo de um conde, onde se desenrolam os últimos capítulos do romance, antes do retorno definitivo à pátria suíça. Keller parece ter configurado esse espaço como espécie de *pendant* da Sociedade da Torre goethiana, pois aí se dão vivências que abrem uma nova dimensão na vida de Henrique.

Ao ser introduzido no castelo, o jovem depara-se com a coleção completa dos seus quadros pintados na "cidade das artes" (Munique) — episódio que também tem o seu correlato na trajetória de Wilhelm Meister, mais precisamente ao adentrar o círculo aristocrático da Torre e encontrar aí a coleção de pintura de seu

---

[50] A reconstituição desse período proletário de sua existência em Munique se dá no capítulo intitulado justamente "Segredos do trabalho", no qual podemos reconhecer Gottfried Keller não apenas como contemporâneo (e discípulo) de Ludwig Feuerbach, mas também de Marx.

avô, que lhe foi sempre tão cara na infância. Graças à intervenção do conde, o herói executará, durante a temporada no castelo, o seu "canto de cisne" na pintura, com dois quadros descritos, no início do capítulo "O retorno e um Ave César", com as seguintes palavras:

> "É verdade que não representavam nenhuma obra-prima, mas também não eram desprovidos de conteúdo e tanto podiam encerrar em si um progresso como a imobilidade de capacidades limitadas, o eterno repouso de um impulso único, quando aquele que tomou esse impulso acaba recolhendo-se ao seu próprio interior e se queda à margem do áureo caminho mediano, que é sempre tão trilhado."[51]

Durante o período de convivência com o conde, o verde Henrique chega também a ganhar uma considerável quantia em dinheiro, o que enseja o título de um outro capítulo que integra esse complexo narrativo: "Mudança de sorte". A expressão, contudo, não

---

[51] Num estudo que aproxima e paraleliza as trajetórias artísticas de Keller e do verde Henrique, leem-se as seguintes palavras ensejadas pelos dois últimos trabalhos realizados sob encomenda do conde: "Também o jovem Gottfried Keller acalentou a esperança de dar conclusão a uma certa sequência de experiências, mas relacionou essa esperança ao seu projeto literário. Ao contrário do herói romanesco, não foi pintando que ele levou a termo a sua carreira de pintor, mas sim escrevendo. Desse modo, não são eventuais quadros de Gottfried Keller que constituem o *pendant* às aquarelas conclusivas de Heinrich Lee, mas sim o seu romance de estreia, O verde Henrique, uma obra que, com suas qualidades excepcionais, evade-se desse *áureo caminho mediano* e não realiza um resignado balanço final, mas estabelece antes a pedra fundamental para uma proeminente *oeuvre* narrativa".
Esse estudo, intitulado "Heinrich Lee und Gottfried Keller als Maler" [Heinrich Lee e Gottfried Keller como pintores], consta do volume XIX das obras completas de Keller na edição histórico-crítica coordenada por Walter Morgenthaler (*Der grüne Heinrich — Apparat I zu Band 1 — 3, 11 und 12*, Peter Stocker, W. Morgenthaler, Thomas Binder, Karl Grob [orgs.], Stroemfeld Verlag/Neue Zürcher Zeitung, 2006).

se estende à intensa experiência amorosa que vivencia nesse ambiente, uma vez que sua paixão por Dortchen Schönfund, filha adotiva do conde (na verdade, sua sobrinha, como se revela depois), permanecerá irrealizada, pesando em seu íntimo como uma "imagem de ferro", conforme palavras do próprio narrador.

Fundamental importância nos capítulos finais do romance tem, ainda, uma experiência de caráter filosófico e consiste no contato com o materialismo antropológico de Ludwig Feuerbach, cujas preleções em Heidelberg transformaram radicalmente as concepções do estudante Gottfried Keller. Figura central de um círculo feuerbachiano, é o conde que impulsiona efetivamente a conversão do herói às ideias do filósofo que "como um pássaro mágico, pousado num arbusto solitário, com o seu canto expulsou Deus do peito de milhares de pessoas".

Também a vivência amorosa se entrelaça intimamente com o substrato filosófico desse complexo narrativo, já que Dortchen Schönfund promove com sua sensibilidade uma espécie de poetização das concepções do "nosso Ludwig Feuerbach", como diz o conde ao apontar para afinidades entre formulações do filósofo materialista e versos do místico barroco Angelus Silesius. No capítulo intitulado "O cristão enregelado", falando a Henrique sobre Dortchen, diz o nobre:

"Quem afirma que, sem a crença na imortalidade, não pode haver neste mundo nem poesia e nem sagração da vida, precisaria tê-la conhecido; não apenas a natureza e a vida ao seu redor, mas ela mesma foi como que transfigurada. A luz do sol pareceu-lhe mil vezes mais bela do que aos outros homens, a existência de todas as coisas se lhe tornou sagrada e assim também a morte, que ela considera com muita seriedade, sem contudo temê-la. Ela acostumou-se a pensar na morte a todo momento, em meio à alegria mais serena e ao sentimento de felicidade, acostumou-se a pensar também que um dia partiremos para sempre e sem nenhum prazer."

Após essa temporada decisiva no castelo do conde, o herói retoma o caminho em direção à mãe, levando consigo uma quantia que poderia atenuar o fracasso de seus anos de aprendizagem. Mas, que diferença em relação ao jovem cheio de projetos e esperanças que cruzara a montanha, no final do primeiro livro, trazendo no peito a ideia de um Deus magnânimo, generoso "patrono das artes", e a etérea e delicada imagem da amada! Agora, no lugar da transcendência divina, a imanência da condição humana, e no lugar da "imagenzinha" de Anna, o coração opresso pela "imagem de ferro" do amor irrealizado.

A última etapa do retorno, a caminhada através da pátria suíça, oferece ao narrador o ensejo para apresentar plasticamente as profundas mudanças que se processavam então no país. Enquanto a primeira versão fala diretamente em sete anos, na segunda prevalece a tendência da sugestão indireta: "Por essas transformações eu podia avaliar a duração de minha ausência". O enredo romanesco aproxima-se então de sua cidade natal e é nesse momento que as versões mais se diferenciam. Na primeira, a chegada do verde Henrique configura o "desfecho escuro como cipreste" a que se referia o esboço inicial do romancista: o herói chega a tempo apenas de presenciar o sepultamento da mãe, consumida pelos sacrifícios materiais em prol do sustento do filho e, sobretudo, pela aflição com o longo silêncio deste. Pouco depois, é o próprio Henrique que vai se juntar à mãe e ao pai para consumar o final acima mencionado, em que tudo, inclusive a ideia de *Bildungsroman*, seria sepultado: "Assim o verde Henrique percorreu morto o caminho acima rumo ao velho cemitério, onde jaziam seu pai e sua mãe. Foi num belo e aprazível entardecer de verão que as pessoas o sepultaram com espanto e comoção, e sobre o seu túmulo cresceu uma relva bastante viçosa e verde".

Na segunda versão o naufrágio do projeto formativo do herói não é mais caracterizado de modo tão drástico, já que o desfecho se processa sob a tênue luz da reconciliação com a realidade — ou antes com a "marcha do mundo", como se formula na carta que o conde envia a Henrique cerca de um ano após os acontecimentos ambientados no castelo. É a resposta do nobre às tristes notícias enviadas pelo "discípulo": a morte da mãe, que nessa segunda versão ainda encontra tempo de dirigir ao filho que finalmente regressa um longo e interrogativo olhar, e o sentimento de culpa que oprime com muito mais violência do que a "imagem de ferro" de Dortchen Schönfund.

A resignação estoica com a "marcha do mundo" permitirá ao herói uma modesta e solitária existência como escrevente de um cantão suíço,[52] mas acompanhada também de uma melancolia inarredável, "pois o desvio pelo castelo do conde custou-me não apenas a mãe como também a fé num reencontro e no próprio bom Deus, coisas cujo valor não se elimina tão facilmente assim do mundo". Desse modo, Keller não deixou de projetar sobre o final da segunda versão um reflexo da tonalidade lutuosa da primeira, já que mesmo o exercício consciencioso do dever não evita o desejo crescente de não mais existir — desejo a que o herói se entrega durante passeios solitários pelos campos circundantes: "'O melhor de tudo', pensava eu, 'seria se estivesses sob o suave seio desta terra e não soubesses de nada! Quão suave e calmo não seria estar descansando aqui!'".

Em vez, contudo, do repouso no suave seio da natureza suíça, o velho Keller proporciona ao herói o retorno de Judith, cuja aparição no romance é descrita como que brotando de uma montanha e, portanto, dessa mesma natureza que lhe desperta o desejo de pacificação. Absolvido de seus remorsos e culpas pela voz de Judith, abre-se ao fracassado pintor um período de serenidade madura, mas também envolta por uma última aura de renúncia e melancolia, o que se exprime na recusa de ambos à vida conjugal:

"Quando tive de me mudar, uma vez ela me acompanhou, outra vez não, mas nós nos víamos sempre que

---

[52] Também neste ponto o romancista incorporou à história do herói, "ressuscitado" da primeira versão, um novo elemento autobiográfico, isto é, uma variante da função de primeiro escrevente (*erster Staatsschreiber*) do cantão de Zurique, que desempenhou entre os anos de 1861 e 1875.

queríamos. Por vezes víamo-nos diariamente, por vezes semanalmente, por vezes apenas uma vez por ano, tal como o trazia consigo a marcha do mundo; mas sempre que nos víamos, diariamente ou apenas uma vez ao ano, era para nós uma festa. E sempre que eu era acometido por dúvidas e dilaceramentos, só precisava ouvir a sua voz para captar a voz da própria natureza."

Contudo, desse "verão tardio" em sua vida sentimental chegam ao leitor somente as poucas linhas citadas, em consonância talvez com aquela velha lei da forma romanesca explicitada por Walter Benjamin: "no momento em que o herói se ajuda a si mesmo, sua existência deixa de nos ajudar".[53] Ficamos sabendo ainda, antes da ascensão definitiva de Henrique ao "céu das personagens romanescas", que a convivência com Judith durou vinte anos, até a morte decorrente de seu trabalho abnegado como enfermeira durante uma epidemia infantil. Em seguida, o herói decide lançar-se à continuação de sua "História de juventude", para assim caminhar mais uma vez pelas "velhas e verdes trilhas da recordação" (segundo as derradeiras palavras da segunda versão) e, consequentemente, conferir ao romance que acabamos de ler a configuração cíclica em que o desfecho remete ao início da obra, graças à conversão do protagonista no eu narrador que se dispõe a reconstituir a sua história de vida.

---

[53] Walter Benjamin, "Crise do romance", resenha de 1930 sobre o romance de Alfred Döblin *Berlin Alexanderplatz*, publicado no ano anterior. Esse texto consta do volume *Documentos de cultura, documentos de barbárie*, organizado por Willi Bolle (São Paulo, Cultrix/Edusp, 1986, pp. 126-9).

A MARCHA DO MUNDO E O ESPELHO PARTIDO

> "Uma vez que, desde o Wilhelm Meister até os Buddenbrooks, o mundo que deu o tom na literatura foi sempre visto pelos olhos daqueles que o possuíam, a vida doméstica pôde ser apreendida com tamanho amor pelo detalhe, do mesmo modo como a personalidade pôde ser apreendida na riqueza de todos os estágios do desenvolvimento."
>
> Peter Weiss, em seu romance *A estética da resistência*

Após a publicação do terceiro livro do *Verde Henrique*, o crítico Hermann Hettner, de formação hegeliana, enfatizava numa resenha de 1854 as suas estreitas "afinidades" com os *Anos de aprendizado de Wilhelm Meister* e, com isso, inseria o romance ainda inconcluso na tradição narrativa, concebida como otimista e afirmativa, inaugurada pela obra goethiana. O juízo foi evidentemente apressado, e surpreende tanto mais ao se considerar que Hettner, como amigo de Keller, deveria estar informado sobre o planejado final "escuro como cipreste". De qualquer modo, a precipitação do crítico torna-se patente no ano seguinte, quando vem à luz o quarto e último livro, o que leva Hettner a falar então, numa carta de junho de 1855 endereçada ao romancista, em "tragédia de formação".

Se, portanto, a perspectiva mais segura para a avaliação definitiva de uma obra literária não deve prescindir do seu desfecho, então pode-se perguntar aqui se o final reconciliado da segunda versão do *Verde Henrique* permitiria inseri-lo com maior segurança nessa tradição narrativa fundada no final do século XVIII pelos *Anos de aprendizado*, como aliás argumenta Lukács — mas, como sempre, evitando o termo *Bildungsroman* — em seu alentado estudo sobre o "clássico da democracia" Gottfried Keller: "Apenas mediante essa versão [a segunda], *O verde Henrique* tornou-se verdadeiramente um romance de educação, como apenas *Os anos de aprendizado*, de Goethe, antes dele". À continuação, o teórico húngaro expõe a sua concepção, inteiramente tributária da *Estética* hegeliana, do que vem a ser um "romance de educação":

"Tomamos aqui o romance de educação em seu sentido restrito e autêntico. Considerado de maneira mais ampla e abstrata, quase todo romance burguês moderno e significativo contém a história de uma educação. Uma vez que os choques entre indivíduo e sociedade, uma vez que a vitória final desta (pelo menos exteriormente) constituem o conteúdo do autêntico romance, então o indivíduo tem de ser conduzido sempre à compreensão da realidade social. [...] As obras de Balzac e Stendhal são romances de educação nesse sentido mais amplo e geral. [...] Um romance de educação no sentido de Goethe ou de Keller só pode surgir quando indivíduo e sociedade ainda não se chocam de maneira irreconciliável."[54]

Sob o ensejo do paralelo delineado pelo teórico húngaro lembremos mais uma vez que Goethe coloca na boca do seu Wilhelm Meister, o "pobre cachorro" a que se referiu em outro contexto, as palavras que fecham o romance: "Não sei o valor de um reino, mas sei que alcancei uma felicidade que não mereço e que não trocaria por nada do mundo". É desse modo altamente simbólico que o herói reage à perspectiva da união com a nobre Natalie, ensejando o final "incalculável", para o qual o velho poeta de Weimar dizia que quase chegava a faltar-lhe a chave.

Contudo, além da felicidade amorosa, esse matrimônio (uma das *mésalliances* que se tramam no final da história) significou ainda o estreitamento dos vínculos de Wilhelm Meister com a Socie-

---

[54] Esse amplo ensaio de Lukács, que em seus sete capítulos procura dar conta das várias facetas da obra do escritor suíço, intitula-se apenas "Gottfried Keller" e foi redigido em 1939. O estudo consta do volume VII das *Obras* [*Werke*] publicadas pela editora Luchterhand: *Deutsche Literatur in zwei Jahrhunderten*, Berlim/Neuwied, 1964, pp. 334-419.

Lembremos que já na *Teoria do romance*, ao apontar para os limites lábeis entre o romance de educação pós-goethiano e o tipo "romantismo da desilusão", Lukács havia observado: "A primeira versão de *Der Grüne Heinrich* talvez mostre isso com máxima nitidez, ao passo que a versão definitiva trilha com clareza e determinação esse caminho exigido pela forma", *op. cit.*, p. 143.

dade da Torre, cujos membros, como se revela nos capítulos finais, vinham acompanhando desde o início — e de modo oculto mesmo para o leitor — os passos daquele, atuando pedagogicamente segundo os princípios de uma concepção de mundo que parece ter no binômio "necessidade" e "acaso" o seu eixo principal. Pois logo no primeiro momento em que um membro da ainda incógnita Torre cruza, de maneira aparentemente acidental, o caminho de Wilhelm, já afloram posições fundamentais de uma filosofia de vida que terá influência decisiva (embora sub-reptícia) sobre as várias etapas da trajetória do herói. À crença que este manifesta na ideia de "destino", um "poder que nos governe e tudo conduza para o nosso bem", o desconhecido se contrapõe com as palavras:

> "A trama deste mundo é tecida pela necessidade e pelo acaso; a razão do homem se situa entre os dois e sabe dominá-los; ela trata o necessário como a base de sua existência; sabe desviar, conduzir e aproveitar o acaso, e só enquanto se mantém firme e inquebrantável é que o homem merece ser chamado um deus na Terra. Infeliz aquele que, desde sua juventude, habitua-se a querer encontrar no necessário alguma coisa de arbitrário, a querer atribuir ao acaso uma espécie de razão, tornando-se mesmo uma espécie de religião segui-lo! Que seria isso senão renunciar à própria razão e dar ampla margem a suas inclinações? Imaginamo-nos piedosos, enquanto avançamos, vagando sem refletir, deixando-nos determinar por contingências agradáveis, e acabamos por dar ao resultado de uma tal vida vacilante o nome de uma direção divina. [...] Só me anima o homem que sabe o que é útil a si e aos outros, e trabalha para limitar o arbitrário. Cada um tem a felicidade em suas mãos, assim como o artista tem a matéria bruta, com a qual ele há de modelar uma figura. Mas ocorre com essa arte como com todas: só a capacidade nos é inata; faz-se necessário, pois, aprendê-la e exercitá-la cuidadosamente."

Sob o influxo de tais concepções, a uma primeira leitura invisíveis na trama romanesca, o herói chegará por fim à felicidade que o narrador apenas delineia no fecho da história — felicidade "imerecida" na perspectiva de Wilhelm, mas na verdade longamente preparada pelos seus mentores ocultos. Como já observado, o *pendant* kelleriano da Sociedade da Torre constitui-se no castelo do conde, onde o herói passa igualmente por vivências de importância crucial em sua formação. Essa correspondência reforça-se ainda pelo fato de que tanto Wilhelm Meister como Heinrich Lee só conseguem de fato superar em definitivo o diletantismo artístico (respectivamente no teatro e na pintura) por intermédio do contato com o meio aristocrático da Torre, de inspiração maçônica, e o círculo materialista-feuerbachiano do conde.

Ao contrário, porém, da postura dinâmica e interventiva da Torre goethiana, que faz da razão uma *virtù* constantemente empenhada em antecipar-se às vicissitudes da *fortuna*, as concepções do conde em torno da "marcha do mundo" têm para o herói de Keller o efeito de um consolo *a posteriori* (comparável, de certo modo, à influência de Quelemém sobre Riobaldo), capaz apenas de mitigar o sentimento de culpa individual ao apontar para os limites e insuficiências da ação humana. No capítulo 15 do último livro, o eu narrador reproduz largos trechos da carta com que o conde responde às tristes notícias do discípulo, enviadas quase um ano após o regresso à pátria suíça — uma extensa passagem introduzida com as seguintes palavras:

> "Não me retribuiu essa negligência com a mesma moeda; logo recebi uma longa carta sua em que comentava a minha situação, até onde a compreendia, com palavras generosas, e apresentava tudo como a marcha do mundo, tal como esta passa por castelos e choupanas, atinge justos e injustos e, conforme a sua natureza, modifica-se incessantemente."

Nos resultados concretos do influxo de ambos os círculos aristocráticos sobre as trajetórias de Wilhelm Meister e Heinrich

Lee se poderiam vislumbrar os elementos que estremam mesmo a segunda versão do romance de Keller da obra paradigmática de Goethe. No âmbito dessa diferença evidencia-se que, para uma personagem marcada indelevelmente pelo olhar "longo e interrogativo" que a mãe lhe dirige no momento da morte, a sentença com que o Abbé anuncia ao pupilo, recém-iniciado nos segredos da Torre, o término de seus anos de aprendizagem só poderia ser válida no tocante à rejeição pelas "loucuras" do passado: "Você não se arrependerá de nenhuma de suas loucuras e não desejará nenhuma de volta. Um homem não pode ter destino mais feliz".

Retomando-se dessa perspectiva aquela observação anterior sobre a importância do desfecho de uma obra para a avaliação mais consistente da mesma, caberia perguntar agora em que medida O verde Henrique, à luz de uma comparação de seus últimos capítulos com o final "incalculável" dos Anos de aprendizado, pode ser considerado efetivamente enquanto representante paradigmático da tradição goethiana do Bildungsroman.

Se os critérios para recorrer com legitimidade a esse gênero forem extraídos exclusiva e rigorosamente dos Anos de aprendizado, então torna-se forçoso admitir que não só o Verde Henrique como também nenhum outro dos romances que costumam ser inseridos nessa tradição narrativa satisfazem às premissas e concepções otimistas que subjazem à obra goethiana, com o seu aceno final de uma felicidade mais valiosa do que todo um reino. E se nesse desfecho incomensurável no "alvorecer" do Bildungsroman, o noivo de Natalie vem comparado ao jovem e inexperiente Saul que sai à procura de algumas jumentas desgarradas e acaba ungido o primeiro rei de seu povo, o verde Henrique e demais protagonistas pós-goethianos de histórias de formação poderiam ser relacionados antes, para explorar a metáfora bíblica, à trajetória posterior do rei Saul, quando perde a bênção divina, entra em decadência e acaba encontrando a morte pelas próprias mãos.

Contemplando a história do Bildungsroman a partir desse ângulo, patenteia-se que o princípio do equilíbrio fecundo entre indivíduo e sociedade só foi possível uma única vez e, mesmo assim, graças à irrupção, na trama romanesca, de uma dimensão (representada pela Sociedade da Torre) de certo modo utópica, e que o próprio romancista envolveu em leve ironia. Em acepção estrita só haveria então um único *Bildungsroman*, em correspondência talvez com uma observação feita pelo jovem Lukács a respeito do *Dom Quixote*, isto é, que todo romance dessa envergadura permanece como a "única objetivação realmente significativa de seu tipo".[55]

Concepção semelhante expressou Walter Benjamin, em seu ensaio sobre Marcel Proust, ao dizer que "todos os grandes livros são casos singulares, que constituem ou dissolvem um gênero". No entanto, o mesmo Walter Benjamin encarregou-se, em seu antológico ensaio de 1936 sobre o "Narrador", de neutralizar as eventuais especificidades do *Bildungsroman*, observando que este — e, pelo visto, sem excluir o paradigmático representante goethiano — não se afasta em nada da estrutura fundamental que rege o romance: "Ao integrar o processo de vida social no desenvolvimento de uma personagem, ele [o romance de formação] dispensa às regras que o determinam a justificativa mais frágil que se possa imaginar". Se as "regras" ou "ordenações" (*Ordnungen*, no original) que determinam o *Bildungsroman* dizem respeito, em primeiro lugar, à interação harmoniosa entre a personagem e o seu respectivo meio social, não se afastar da lei fundamental do "romance" significaria então, na argumentação de Benjamin, a impossibilidade de realização de tais regras, de interação plena entre indivíduo e sociedade e, por conseguinte, significaria a vigência da "justificativa mais frágil que se possa imaginar": desse modo, a "forma do desabrigo transcendental do homem", como se lê na passagem da *Teoria do romance* encampada por Benjamin, não teria sido superada pelo *Wilhelm Meister* ou qualquer das narrativas que surgem na sua descendência.[56] A tentativa de dispensar legitimação àque-

---

[55] "*Dom Quixote*, aliás, como quase todo romance verdadeiramente grande, teve de permanecer a única objetivação realmente significativa de seu tipo", in *A teoria do romance, op. cit.*, p. 107.

[56] As formulações finais no segmento V do "Narrador" colocam delicados problemas de tradução, pelo uso que faz Benjamin de pronomes cujos referenciais não são inequívocos. Sérgio Paulo Rouanet (em *Obras escolhidas*, São

las regras que determinam o *Bildungsroman* estaria em desaprumo (*windschief*, escreve Benjamin) com a realidade dessas mesmas regras e assim, como conclui o segmento V do "Narrador" em alusão aos versos finais do *Fausto II* de Goethe, é justamente no romance de formação que "o insuficiente torna-se acontecimento".[57]

Se o romance de formação não se distingue propriamente por conduzir o seu herói a uma superação da "insuficiência" ou "carência" da existência humana, levá-lo a uma nova unidade entre "sentido" e "vida" — e, portanto, ao encontro com a "pátria transcendental" que abrigava os antigos heróis épicos —, então por que razão se deveria fechar essa filiação a romances como o *Tom Jones*, de Fielding, *Le rouge et le noir*, de Stendhal, *Les illusions perdues*, de Balzac, *Crime e castigo*, de Dostoiévski, entre tantos outros? Sem ir aqui tão longe como Morgenstern (o criador do termo *Bildungsroman*), que na última de suas conferências pioneiras afirmava que todo bom romance já seria no fundo um *Bildungsroman*, a perspectiva sugerida por Benjamin permitiria considerar como romance de formação, *lato sensu*, não apenas *Os*

Paulo, Brasiliense, 1985, vol. I) interpreta o pronome pessoal *ihn* (acusativo masculino) como referente ao "processo de vida social" e não, como visado por Benjamin, ao próprio "romance de formação": "Ao integrar o processo da vida social na vida de uma pessoa [a palavra alemã não é "vida", mas *Entwicklung*, "desenvolvimento"], ele justifica de modo extremamente frágil as leis que determinam tal processo". A tradução de Modesto Carone (coleção Os Pensadores, São Paulo, Abril Cultural, 1980) diz: "Na medida em que integra o processo social de vida no desenvolvimento de uma personagem, ele oferece a justificativa mais frágil que se possa imaginar às regras que o [i. e., o próprio "romance de formação" — grifos meus] determinam". Na sequência lê-se na tradução de Carone: "Sua legitimação vai a contrapelo de sua realidade." O original apresenta a mesma estrutura sintática (*"Ihre Legitimierung steht windschief zu ihrer Wirklichkeit"*), e vale lembrar que o pronome "sua" (*ihre* em alemão) refere-se às "regras que o determinam" e não mais ao "romance de formação".

[57] Benjamin alude aqui aos versos *"Das Unzulängliche,/ Hier wird's Ereignis"* pronunciados pelo *Chorus Mysticus* no final do *Fausto II*: "O insuficiente,/ torna-se aqui acontecimento", em tradução literal. Como a alusão visa tão somente a iluminar o "estatuto histórico" do romance (e aqui, em especial, do *Bildungsroman*), tanto "insuficiência" (Rouanet) como "carência" (Carone) traduz adequadamente o adjetivo substantivado *das Unzulängliche*.

anos de aprendizado e *O verde Henrique*, mas também os acima mencionados, também *L'éducation sentimentale*, *Guerra e paz* e muitíssimos outros, inclusive romances de nossa literatura — todos aqueles, enfim, que expõem a "insuficiência" insuperável da existência humana no moderno mundo burguês, que tematizam assim, de uma forma ou de outra, o confronto educativo do indivíduo com a realidade, mesmo quando o seu desfecho esteja inteiramente envolto pela desilusão que se manifesta nas últimas linhas da *Educação sentimental* e que, poucos anos antes do *Wilhelm Meister*, já ressoara no *Anton Reiser* de Karl Philipp Moritz.

Contudo, entre a concepção que vê nos *Anos de aprendizado* a realização paradigmática e *única* do *Bildungsroman* e, no outro extremo, a concepção acima exposta, que leva ao mais amplo franqueamento do gênero, seria possível escolher um caminho intermediário e considerar como "romance de formação" um tipo narrativo que se cristaliza e já atinge o apogeu na constelação histórica da era de Goethe e que, sobretudo, tem como temática central a *formação* do protagonista — a questão de sua *Bildung*, para pronunciar a palavra que desponta dezenas e dezenas de vezes nos *Anos de aprendizado* e que ocupava posição central no pensamento de contemporâneos como Wilhelm von Humboldt, Herder, Schiller, Hegel e outros. "Buscar a minha plena formação, tomando-me tal como existo" seria, portanto, o elemento distintivo do romance de formação, não importando se essa aspiração, nos desdobramentos posteriores da história narrada, encaminha-se para um desfecho relativamente harmônico e reconciliado, como se dá com Wilhelm Meister, se desemboca em resignado isolamento, como no *Hipérion*, de Hölderlin, ou mesmo em fracasso total, em "tragédia de formação", como na primeira versão do *Verde Henrique*. Desse ângulo crítico, o romance de Keller pode ser considerado ainda como legítimo *Bildungsroman* — tanto em seu primeiro desfecho, "escuro como cipreste", como no segundo, envolto numa atmosfera de renúncia e melancolia — e seu significado histórico consiste em demonstrar, com a força inédita advinda de seu realismo atento às transformações processadas no século XIX, a impossibilidade de formação nos moldes goethianos.

O vigoroso realismo kelleriano não só constitui expressivo contraponto aos momentos mais individualistas dos *Anos de aprendizado*, que Auerbach associara à recusa do romancista em abrir-se às forças históricas em gestação na Alemanha de seu tempo, como também obriga a uma relativização da assertiva que faz Peter Weiss no tocante ao romance de formação alemão, na passagem que figura acima como epígrafe.

No *Verde Henrique*, esse realismo aflora com toda a sua força na narração da caminhada do herói que retorna para casa, ensejando uma apresentação detalhada das profundas transformações que convertiam a Suíça de sua infância, ainda com traços idílicos e patriarcais, num moderno Estado capitalista e burocratizado, em que se implantava densa rede de estradas de ferro. A história da formação do *vert Henri* parece confundir-se então com o *Bildungsroman* de uma nação, e a perspectiva crítica que opera essa imbricação aprofunda-se sobremaneira com o ingresso do protagonista (e eu narrador da segunda versão) no serviço público:

> "Via como na minha querida República havia pessoas que convertiam essa palavra em uma frase oca e andavam com ela de um lado para o outro, como as meretrizes que vão às quermesses com um cesto vazio pendurado no braço. Outros contemplavam os conceitos de República, Liberdade e Pátria como três cabras que ordenhavam incessantemente para fazer do leite toda espécie de pequenos queijos caprinos, enquanto utilizavam hipocritamente aquelas palavras, à maneira dos fariseus e tartufos. Outros, escravos por seu turno das próprias paixões, farejavam por todo lado apenas escravidão e traição, como um pobre cachorro que tem o focinho untado de queijo cremoso e, por isso, acha que o mundo inteiro tem esse cheiro."

Se, na sequência, o eu narrador atenua essa crítica social observando que a maioria do povo ainda não se contaminara com tais tendências, a possibilidade de integração harmoniosa na ordem social de seu país parece-lhe definitivamente vedada em virtude de seus erros e omissões, sobretudo na relação com a mãe:

> "Desse modo, estava partido o espelho que deveria refletir a vida do povo, e o indivíduo que, tão pleno de esperanças, queria crescer junto à maioria popular, perdera todos os seus direitos. Pois, uma vez que havia destruído a imediata fonte de vida que me unia ao povo, eu não possuía mais nenhum direito de atuar em meio a esse povo, em consonância com a expressão: 'Quem deseja ajudar a melhorar o mundo, deve primeiro varrer a frente de sua própria casa'."[58]

Marco do realismo europeu na segunda metade do século XIX e, ao mesmo tempo, romance materialista que em seus capítulos finais levanta um monumento à filosofia de Ludwig Feuerbach, *O verde Henrique* faz o herói encetar a sua viagem de aprendizagem com a mesma aspiração que movera Wilhelm Meister. Todavia, se os percursos de ambas as personagens compartilham dos mesmos pressupostos em seu ponto de partida, os desdobramentos posteriores vão trazendo à tona diferenças cada vez mais drásticas, sintetizadas por um crítico nos seguintes termos:

> "Enquanto Wilhelm Meister reconhece um filho e constitui uma família, Henrique retorna para casa com

---

[58] Keller transplantou esse balanço final da trajetória do verde Henrique, com alterações mínimas, da primeira para a segunda versão. No texto narrado em terceira pessoa, tal passagem com a imagem do espelho partido metaforizando a impossibilidade de integração na vida social encontra-se no capítulo 15, o último do quarto livro (e do romance), pouco antes da morte do herói: "Desse modo, estava partido o belo espelho que deveria refletir o seu povo, e o indivíduo, que queria crescer junto à maioria popular, estava alquebrado. Pois, uma vez que havia destruído a imediata fonte de vida que o unia ao seu povo, ele não possuía mais nenhum direito e nenhuma honra para querer atuar em meio a esse povo, em consonância com a expressão: Quem deseja ajudar a melhorar o mundo, deve primeiro varrer a frente de sua casa".

os braços pensos, afasta-se da amada, afasta-se do pai [isto é, o conde] e ruma para o lar ao encontro da morte da mãe. O projeto histórico do romance de desenvolvimento e formação está revogado."[59]

Tratando-se, conforme se evidencia, de uma revogação que se processa intrinsecamente aos princípios e às regras do *Bildungsroman*,[60] pode-se dizer então que no final do grandioso romance de Gottfried Keller se delineia o encerramento definitivo de um período histórico que ainda permitiu ao herói de Goethe — todavia num desfecho vincado pela ironia do narrador — atingir uma meta incomensurável: alcançar, nas palavras do próprio Wilhelm Meister, uma felicidade mais valiosa "do que todo um reino". Com *O verde Henrique* a experiência do fracasso, da derrelição, do "insuficiente" (para voltar ao termo usado por Walter Benjamin em seu ensaio "O narrador") inscreve-se definitivamente nessa tradição narrativa, de tal modo que um *Bildungsroman* da proeminência da *Montanha mágica*, desembocando na irrupção da guerra (1914) que engole o "singelo" protagonista Hans Castorp e revoga a aprendizagem elaborada ao longo dos sete anos que passa no sanatório de Davos, encontra-se mais próximo do modelo kelleriano do que dos *Anos de aprendizado de Wilhelm Meister*.

Como se procurou mostrar ao longo deste estudo, no período posterior a Gottfried Keller o romance de formação e desenvolvimento continuou a reverberar não só na literatura alemã, mas também no conjunto da literatura ocidental. Com o fracasso de seu herói consuma-se, porém, uma mudança de paradigma na "descendência" de Wilhelm Meister, e é também sob esse prisma que se deve entender a observação que faz Otto Maria Carpeaux a certa

---

[59] Gerhard Kaiser, *Gottfried Keller: das gedichtete Leben* [Gottfried Keller: a vida poetizada], Frankfurt a.M., Insel, 1981, p. 137.

[60] Lembrando as palavras de Adolf Muschg que figuram como epígrafe ao capítulo 4, Keller teria desenvolvido "as premissas otimistas do romance de formação levando-as até à morte — sem o desejar, mas sob a pressão de necessidade moral e economia estética".

altura de sua *História da literatura ocidental*, complementando-se assim as citações que figuram no início deste ensaio: "*Der grüne Heinrich* é a *Éducation sentimentale* alemã: a história da derrota do romantismo. Mas pertence à literatura alemã: é o último dos grandes *Bildungsromane*, 'romances de formação', gênero tipicamente alemão, que começara com o *Simplicissimus*, de Grimmelshausen, culminou no *Wilhelm Meister*, de Goethe, e acabou com o *Grüner Heinrich*".[61]

---

[61] Otto Maria Carpeaux, *História da literatura ocidental*, Rio de Janeiro, Edições O Cruzeiro, 1959, vol. V, p. 2.266.

3.

"Um ABC do terror":
representações literárias da escola

> "Mas na realidade disso só entendo que a maior e mais importante dificuldade da ciência humana parece residir no que concerne à instrução e à educação da criança."
>
> Montaigne, "Da educação das crianças"
>
> "A educação tem sentido unicamente como educação dirigida a uma autorreflexão crítica."
>
> Adorno, "Educação depois de Auschwitz"

No final do segundo capítulo do romance O *Ateneu*, de Raul Pompéia, o eu narrador Sérgio condensa as impressões de seu primeiro dia como aluno interno num sonho que parece constituir-se, ao mesmo tempo, em premonição da realidade em que acaba de ingressar:

> "A minha aula, o colégio inteiro, mil colégios, arrebatados, num pé de vento, voavam léguas afora por uma planície sem termo. Gritavam todos, urravam a sabatina de tabuadas, com um entusiasmo de turbilhão. O pó crescia em nuvens do solo; a massa confusa ouriçava-se de gestos, gestos de galho sem folhas em tormenta agoniada de inverno."

Um sonho, portanto, de esmagamento, como se patenteia nos trechos finais:

> "E eu caía, único vencido! E o tropel, de volta, vinha sobre mim, todos sobre mim! sopeavam-me, calcavam-me, pesados, carregando prêmios, prêmios aos cestos!"

Delineando-se assim, nas palavras do próprio narrador, a possibilidade de extrapolação para uma dimensão mais geral de "mil colégios", não seria fora de propósito tomar as imagens crispadas e expressionistas desse pesadelo como emblemáticas para uma série de obras que, direta ou indiretamente, tratam do embate do adolescente ou pré-adolescente com o meio fechado e adverso da escola. "O tempo da adolescência colegial é por certo um dos grandes dramas da formação do indivíduo e isso atrai os romancistas", observa Mário de Andrade em seu ensaio de 1941 sobre *O Ateneu*,[1] e exemplifica a observação citando José Lins do Rego, Otávio de Faria, assim como os franceses Jules Vallès e Gabriel Chevallier. Considerações específicas sobre os vínculos de Pompéia com a cultura francesa faz Leyla Perrone-Moisés num ensaio de aproximação pontual entre *O Ateneu* e *Os cantos de Maldoror*, de Lautréamont. A fixação narrativa de um *trauma cultural* estaria na base de ambas as obras, e embora ressaltando a diferença de tom entre a "crônica de saudades" de Pompéia e o febril extravasamento de ódio no livro de Lautréamont, em que o tema do internato desponta apenas perifericamente, a autora não deixa de registrar "um clima nitidamente maldoriano" nas imagens pesadelares de Sérgio.[2]

---

[1] "O Ateneu", in *Aspectos da literatura brasileira*, São Paulo, Martins Fontes, 1978, 6ª ed., pp. 173-84.

[2] "Lautréamont e Raul Pompéia", in *"O Ateneu": retórica e paixão* (direção e organização de Leyla Perrone-Moisés, São Paulo, Brasiliense/Edusp, 1988, pp. 15-40). No final do ensaio — mas antes de uma referência à "função específica da literatura como trabalho de linguagem" — levanta-se a hipótese de que um certo distanciamento em relação a valores então vigentes na Europa estaria na base do posicionamento violentamente antirretórico comum tanto ao uruguaio-francês Lautréamont (Isadore Ducasse) como ao brasileiro Pompéia. Mas como entender, à luz dessa hipótese, que autores tão mais entranhados na cultura ocidental, como Rousseau, tenham desenvolvido resistência tanto mais expressiva aos "valores então vigentes na Europa"?
Lembremos que também Álvaro Lins encontra para Pompéia um referencial comparativo na cultura francesa: no breve texto "Dois adolescentes: Cocteau e Pompéia" esboça-se uma aproximação das obras *O Ateneu* e *Les enfants terribles* e, por extensão, das personalidades "adolescentes" de seus au-

Mas talvez seja na prosa alemã por volta de 1900 que o tema da escola se configura, com intensidade exemplar, sob as formas "ouriçadas" — valendo-nos da imagem pompeiana — de pesadelo esmagador. "Histórias de escola", lê-se num ensaio sobre a narrativa de Alfred Andersch *O pai de um assassino*, "são, ao que parece, uma especialidade alemã. De Frank Wedekind, passando por Ludwig Thoma e Gerhard Hauptmann e chegando até Hermann Hesse, estende-se o arco da sátira alemã à escola. Esta aparece como um espaço de sofrimento e horror, em que consciência do dever, disciplina e obediência valem como os valores mais elevados".[3] Por conseguinte, não surpreende ser com significativo acúmulo de mortes de colegiais que se manifesta na literatura o advento do que a ideologia oficial chamou então "o século da criança", conforme figura no décimo quarto capítulo do *Doutor Fausto*, em que se reconstitui o período de Adrian Leverkühn como membro de uma liga da juventude.[4]

---

tores (in *O relógio e o quadrante*, Rio de Janeiro, Civilização Brasileira, 1964, pp. 131-9).

[3] Hanjo Kesting, "Ein autoritärer Anarchist" [Um anarquista autoritário], in *Dichter ohne Vaterland* [Poetas sem pátria], Bonn, Dietz Nachf, 1982, p. 138.
A "história escolar" *Der Vater eines Mörders*, que Andersch escreve pouco antes da morte, foi publicada postumamente em 1980. Como o próprio autor comenta num posfácio ao texto, trata-se da reconstituição, sob a máscara da ficção, de uma experiência biográfica: sua expulsão de um ginásio humanista em 1928, decretada pelo diretor da instituição durante uma aula de grego. Himmler chamava-se esse diretor (também professor de latim e grego), e os alunos acrescentavam-lhe o epíteto "velho", para distingui-lo do filho, o futuro comandante da SS nazista Heinrich Himmler — e daí o título da narrativa, que destoa de seu tom sóbrio e imparcial.
No posfácio, Andersch reflete com especial interesse sobre um fato aparentemente paradoxal: que um dos maiores assassinos de todos os tempos tenha crescido num lar de antigas tradições humanistas e não, por exemplo, em meio ao lumpemproletariado, como o homem a cujo fascínio o jovem Himmler sucumbiu: "Será que o humanismo não protege então de absolutamente nada? É uma pergunta apropriada para levar a pessoa ao desespero".

[4] Também Robert Minder, em seu ensaio dedicado à representação literária da escola de cadetes, comenta essa proclamação oficial do "século da

Como que preludiando essa tendência, o escritor suíço Conrad Ferdinand Meyer publica, em 1883, uma novela com o simples e inequívoco título *Das Leiden eines Knaben* [O sofrimento de um menino]: o substrato autobiográfico característico das narrativas desse tipo recebe aqui uma camuflagem histórica na medida em que Meyer situa na França de Luís XIV, em instituição jesuítica militarmente organizada, o drama do menino Julian Boufflers, submetido a torturas sutis que o levam à morte.

E na virada do século, o jovem Thomas Mann estreia no romance com a obra-prima *Os Buddenbrooks*, amplo painel do esplendor e decadência de uma família hanseática que se extingue com o destino do menino Hanno, cuja sensibilidade musical não resiste à realidade da escola: enfraquecida a vontade de viver, ele como que trilha o caminho da morte voluntária, deixando-se levar pelo tifo após derradeiras humilhações em sala de aula. "Eu queria dormir e não saber de mais nada. Eu queria morrer, Kai", diz Hanno ao seu único amigo nesse desfecho narrado no décimo primeiro (e último) livro, composto por apenas quatro capítulos: três extremamente breves em meio ao mais extenso de todo o romance, no qual se desdobra em quase meia centena de páginas a última manhã de Hanno no Ginásio Katharineum. Num enredo que se estende por 42 anos ao longo de 750 páginas, a desproporção que se observa no final do romance deixa entrever a importância que Thomas Mann dispensou ao tema da escola.[5]

---

criança": "Kadettenhaus, Gruppendynamik und Stilwandel von Wildenbruch bis Rilke und Musil" [Academia de cadetes, dinâmica de grupo e transformações estilísticas de Wildenbruch até Rilke e Musil], in *Kultur und Literatur in Deutschland und Frankreich* [Cultura e literatura na Alemanha e na França], Frankfurt a.M., Suhrkamp, 1977.

[5] O tema da escola desempenha igualmente um papel fulcral no extraordinário romance que Heinrich Mann, irmão mais velho do autor dos *Buddenbrooks*, publica em 1905 — também um expressivo "acerto de contas" com o seu período escolar em Lübeck: *Professor Unrat ou O fim de um tirano* (filmado em 1930 como *O anjo azul*).

Remontando ao ano de 1891, pode-se mencionar ainda a "tragédia infantil" de Frank Wedekind *Frühlings Erwachen* [O despertar da primavera].

Cinco anos após a publicação dos *Buddenbrooks* surge o romance *Debaixo das rodas*, em que Hermann Hesse narra a pungente história do ginasiano Hans Giebenrath, que deliberadamente busca a morte nas águas de um rio, após noite de bebedeira, para subtrair-se à pressão do meio escolar.[6] Recurso ao suicídio por meio direto — arma de fogo e enforcamento — verifica-se ainda em duas outras histórias de escolares: os romances *Freund Hein* (1902), de Emil Strauss, e *Mao* (1907), de Friedrich Huch.

Assim se mostra a linguagem com que a literatura — "historiografia não-consciente de sua época", para lembrar a formulação de Adorno[7] — reage à proclamação oficial do "século da

---

Essa peça é citada por Otto Maria Carpeaux ao comentar as "revoltas modernistas" a partir do final do século XIX: "a revolta geral da juventude contra a família e os pais, a escola e os professores. Lembra-se *Frühlings Erwachen*, de Wedekind, e a fuga de Hesse, o ódio de Gide contra as famílias e as amargas recordações escolares de Kipling, em *Stalky & Co.*, os casos paralelos de Pérez de Ayala, em *A.M.D.G.*, e Joyce, no *Portrait of the Artist as a Young Man*. A revolta da mocidade contra a escola serve de símbolo para aludir à revolta das novas gerações contra a civilização tradicional" (in *História da literatura ocidental*, vol. VII, Rio de Janeiro, Edições O Cruzeiro, p. 3.050).

A aproximação entre os romances de Pérez de Ayala e de Joyce já fora feita por Ernst Robert Curtius em um ensaio de 1931: "Semelhanças ainda maiores do que com os nossos romances alemães de escola, a obra [*A.M.D.G.*] tem com o *Retrato do artista* de Joyce, que faz igualmente um relatório sobre a educação jesuítica". Em seguida, Curtius discute as diferenças que Joyce e Ayala dispensam ao tema ("Ramón Pérez de Ayala", in *Kritische Essays zur europäischen Literatur*, Berna, A. Francke A. G., 1950).

[6] Do romance de Hermann Hesse (*Unterm Rad*, 1906), há tradução brasileira de Álvaro Cabral (*Debaixo das rodas*, Rio de Janeiro, Civilização Brasileira, 1971; há ainda outra edição desta tradução com o título livre de *Menino prodígio*, Rio de Janeiro, Record, s.d.). A tendência acima constatada reflete-se no início do capítulo 4 — como que preludiando o fim trágico do herói Hans Giebenrath, Hesse refere-se aos casos de suicídios (menos frequentes, porém, do que de fugas) registrados em instituições como o seminário protestante de Maulbronn: "Ocasionalmente [...] havia algum desesperado que encontrava rápida e sinistra solução para os seus dramas juvenis lançando-se de uma janela para o claustro ou para o rio, quando não com um tiro no meio do peito".

[7] A expressão "historiografia não-consciente" é associada com o complexo conceito de "conteúdo" ou "teor de verdade" (*Wahrheitsgehalt*), que deve

criança".Também no período compreendido pelas publicações acima mencionadas, vem a lume *Die Verwirrungen des Zöglings Törless*, obra de estreia do austríaco Robert Musil (1880-1942).[8] O pequeno romance é amplamente baseado em vivências do autor como aluno interno em Eisenstadt e, sobretudo, Mährisch-Weisskirchen, onde ingressa em 1894, dois anos após Rainer Maria Rilke (1875-1926) ter encerrado nesta mesma instituição sua experiência traumática de internato.[9]

Em apontamentos autobiográficos sobre a gênese do *Törless*, Musil refere-se a uma intenção inicial de passar o respectivo "assunto" a dois autores naturalistas de seu círculo de relações. Julgava carecer dos meios estéticos adequados para retratar acontecimentos escabrosos num internato masculino, demolidores de to-

---

ser desentranhado das obras de arte mediante reflexão filosófica, mesmo que esta seja concebida por Adorno como diversa (mas também complementar) da experiência estética: "Enquanto materialização da consciência mais avançada, que engloba a crítica produtiva da situação estética e extraestética a cada vez dada, o teor de verdade das obras de arte é historiografia não-consciente, associada com o que até hoje sempre ficou por baixo" (*Als Materialisation fortgeschrittensten Bewusstseins, welche die produktive Kritik des je gegebenen ästhetischen und ausserästhetischen Zustands einschliesst, ist der Wahrheitsgehalt der Kunstwerke bewusstlose Geschichtsschreibung, verbündet mit dem bis heute stets wieder Unterlegenen, in Ästhetische Theorie*, Frankfurt a.M., Suhrkamp, 2003, p. 286).

[8] Escrito em 1903 e publicado em 1906, o romance *As atribulações do pupilo Törless* — como poderia ser intitulado em português e como será doravante referido — foi publicado no Brasil em 1981, em tradução de Lya Luft, sob o título *O jovem Törless* (Rio de Janeiro, Nova Fronteira). A segunda edição, acrescida do ensaio "Törless ignotus", de Karl Corino, e de material iconográfico, é de 1996. O texto de Musil será citado aqui de acordo com esta edição, mas se procedendo em alguns trechos a pequenas alterações.

[9] Em carta de 9 de dezembro de 1920, dirigida a um ex-professor de alemão que se recomendava sentimentalmente à lembrança do "grande poeta", Rilke caracteriza as experiências de interno em termos como: "uma provação descomunal", "um abismo de carências imerecidas", "sofrimento intrincado", "uma única maldição terrível". Os horrores suportados pela criança — "um ABC do terror" — são comparados em determinado momento com os descritos por Dostoiévski nas *Recordações da casa dos mortos*, in *Briefe*, vol. II (1914--26), Frankfurt a.M., Insel, 1950, pp. 200-6.

da concepção fundada na "pureza da juventude". Porém, não se concretizando a "doação", o próprio ex-interno, durante estudos de ciências exatas na Universidade de Stuttgart, põe-se a redigir o romance — para fugir ao "tédio" dos momentos de folga, acrescenta Musil. A alegada inaptidão naturalista do jovem escritor é contornada na medida em que faz a estrutura coercitiva experimentada em Weisskirchen deslocar-se sistematicamente das circunstâncias exteriores para a interioridade das personagens. Decorre daí que o instituto educacional caracterizado no romance pouco corresponde àquele que Musil, décadas depois, irá registrar em seu diário como "diabólico", em que os internos eram tratados como penitenciários.[10] Em compensação, no exclusivo e famoso "internato em W.", com o seu aspecto feudal propício "para proteger a juventude das influências corruptoras de uma grande cidade", existe a "câmara vermelha" que, enquanto cenário de torturas sádicas, excederá em muito a sombria "cafua" do Ateneu. É o espaço dominado por Reiting e Beineberg, nos quais seu criador, fugindo então do nacional-socialismo, reconhecerá os precursores dos "ditadores atuais".[11]

Mesmo que o leitor não queira partilhar da avaliação do *Törless* (certamente algo exagerada) como "o livro mais premonitório escrito antes da Primeira Guerra Mundial",[12] a retrospectiva

---

[10] Ver nota 95 do "Diário" (caderno 33, que vai do verão de 1937 ao final de 1941). Nesta mesma nota em que relembra o sistema de "adestramento" a que eram submetidos os alunos, Musil se pergunta se a sua obsessão por limpeza não seria uma espécie de "supercompensação" das vivências de internato. E ao final da nota: "Por que meus pais não protestaram? Ainda hoje incompreensível. Deus!", in *Tagebücher, Aphorismen, Essays und Reden*, Hamburgo, Rowohlt, 1955.

[11] Ver nota 10 no diário acima mencionado: "Reiting, Beineberg: os ditadores atuais *in nucleo*. Também a concepção de 'massa' como algo a ser submetido".

[12] Em sua monografia *Robert Musil* (Hamburgo, Rowohlt, 1963), Wilfried Berghahn faz, no capítulo dedicado ao *Törless*, a seguinte observação: "O olhar de Musil, nessa obra escrita em 1903, vai até o fundo da decência ilusória, da crença otimista de que as pulsões estavam domesticadas e que só em tem-

histórica poderá demonstrar-lhe à luz desse pequeno romance, de maneira exemplar, que o tema em questão não se esgota de forma alguma na mera representação de "um dos grandes dramas da formação do indivíduo" (Mário de Andrade), por mais graves e significativos que estes possam ser.

Entre a publicação dos romances O *Ateneu* e *As atribulações do pupilo Törless* medeiam dezoito anos, um intervalo que, em termos de "história cultural", como já assinalou Leyla Perrone-Moisés no ensaio mencionado, pouco significa. Do mesmo modo, as várias diferenças estilísticas, ideológicas, culturais que se possam detectar entre essas duas obras contemporâneas revelar-se-ão insuficientes para inviabilizar a abordagem comparativa. Antes, pelo contrário: uma vez que o tema do internato oferece fundamentos efetivos para a aproximação, espera-se que as diferenças constituam planos de contraste ensejando que características específicas de cada obra se ressaltem, sob a base temática comum, com nitidez tanto maior. Dessa forma, a perspectiva comparativa e ao mesmo tempo diferencial poderá propiciar compreensão mais aprofundada e matizada da representação literária do embate do adolescente ou pré-adolescente com o mundo da escola.

O Ateneu e As atribulações do pupilo Törless

"Histórias de internos ou alunos" — em nossa literatura, encontraremos outro representante desse "gênero" narrativo no *Doidinho*, de José Lins do Rego[13] — gravitam em torno de uma cons-

---

pos imemoriais a embriaguez de sangue tivera uma chance de subjugar a razão; e Musil descobre quão iminente estava a próxima irrupção. O *Törless* talvez seja o livro mais premonitório escrito antes da Primeira Guerra Mundial".

[13] Também na literatura brasileira o tema da escola, evidentemente, não está restrito à forma romanesca. Os exemplos são inúmeros: lembremos apenas que, no "Conto de escola" de Machado de Assis, o eu narrador apresenta uma experiência escolar como momento fundamental de sua formação. Em largos trechos dos volumes *Balão cativo* e *Chão de ferro* o memorialismo de Pedro Nava estabelece, conforme observou Davi Arrigucci Jr., uma "relação

telação cujos contornos podem ser mapeados a partir de alguns pontos fundamentais:

1. Perda da proteção familiar e ingresso num cotidiano de lutas e desafios acirrados;
2. Contato com amplo espectro de tipos humanos, que vai do tirano mais implacável ao inevitável "bode expiatório";
3. Intensificação da crise da puberdade num meio que impossibilita uma orientação mais segura;
4. Relação conflituosa da sensibilidade artística e consciência crítica emergentes com formas autoritárias de transmissão do saber.

O Ateneu e *As atribulações do pupilo Törless* não divergem substancialmente dessa constelação temática, embora traços básicos do gênero recebam tratamento diferenciado na "crônica de saudades" pompeiana, articulada em primeira pessoa, e na narrativa onisciente, em terceira pessoa, do romance musiliano. Contudo, as posições dos narradores não se distinguem apenas no tocante ao ponto de vista que assumem em suas ficções: enquanto o Sérgio adulto se revela traumaticamente afetado pelas vivências do menino interno no Ateneu (o que engendra, na visão dos críticos, o desejo de "vingança pessoal" ou a disposição de "nada perdoar"), o narrador de Musil assume por vezes, saltando para um plano futuro, a perspectiva do Törless adulto, apresentado como artista amadurecido que soube superar de maneira fecunda as atribulações da adolescência.

A agressão à cultura retórica, encarnada magistralmente por Aristarco, representa um fulcro central do *Ateneu*, constituindo-se não raro em crítica ideológica explícita, embora não livre de assomos retóricos que por vezes parecem aproximar o discurso do narrador Sérgio às alocuções proferidas pelo grandiloquente diretor, alvo dos procedimentos de sátira e caricatura mobilizados por aquele. Pelo lado do romance austríaco, abre-se largo espaço a indagações matemático-filosóficas, as quais remetem a uma forma-

---

oblíqua" com o romance de Pompéia (cf. "Móbile da memória", in *Enigma e comentário*, São Paulo, Companhia das Letras, 1987).

ção intelectual que, por ocasião da redação do romance, encontrava-se sob o influxo da teoria de Ernst Mach (1838-1916) sobre o significado dos sentimentos como fonte e base primeira do processo cognitivo. As atribulações de Törless — em muitos aspectos, legítimo precursor do matemático Ulrich, o *homem sem qualidades*[14] — agudizam-se sobremaneira após as tentativas frustradas de compreender sensorialmente noções de infinito e de números imaginários, inculcadas nos alunos como dogmas científicos, e a subsequente destruição das expectativas que depositara no estudo da obra kantiana.

O TRAUMA INICIAL

Para além das especificidades de cada obra, os enredos tocam-se em vários pontos, sendo que o primeiro deles é aquele que costuma assinalar o início das histórias desse tipo: a permuta do aconchego familiar por um meio que, sedutor à imaginação ingênua, muito depressa revela-se como realidade opressora. Alfredo Bosi fala do ingresso de Sérgio no internato como "trauma da socialização", que talvez em nenhum outro romance em língua portuguesa "se haja intuído com tanta agudeza e ressentido com tanta força" como no *Ateneu* de Pompéia.[15] Com Theodor W. Adorno seria possível avançar um pouco mais e enxergar no ingresso

---

[14] Vale lembrar aqui a presença do tema da escola também na "obra de vida" de Musil. No quinto capítulo do primeiro volume do romance, reconstituindo a história da formação de Ulrich, o narrador fala das inconveniências acarretadas por uma redação do ginasiano sobre o amor à pátria. A relativização do patriotismo em geral, estendida em seguida ao plano teológico — "provavelmente Deus também prefira falar do seu mundo no *Conjunctivus potencialis* (*hic dixerit quispiam* = aqui se poderia objetar)", vale ao jovem especulativo, já tateando pelo "sentido de possibilidade", a transferência de exclusiva instituição educacional vienense, "que fornecia os mais nobres alicerces do Estado", para um inexpressivo internato belga.

[15] "O *Ateneu*, opacidade e destruição", in *Céu, inferno*, São Paulo, Editora 34/Duas Cidades, 2003, pp. 51-86.

de Sérgio no internato o momento em que a criança sai das relações imediatas e protetoras da *primary community* para experimentar de chofre o que seria quase "o protótipo da própria alienação social".[16]

A magnitude desse corte existencial explicita-se de modo pungente no quinto capítulo do romance, quando o narrador descreve os sentimentos que o acompanharam em seu primeiro retorno ao lar:

> "Quando tornei a ver os meus, foi como se os houvesse adquirido de uma ressurreição milagrosa. Entrei em casa desfeito em pranto, dominado pela exuberância de uma alegria mortal. Surpreendia-me a ventura incrível de mirar-me ainda nos olhos queridos, depois da eternidade cruel de duas semanas."[17]

Mas já no início da "crônica de saudades", imediatamente após a fatídica advertência do pai, Sérgio, em amarga antecipação narrativa, atribui ao "regime do amor doméstico", ao "poema dos cuidados maternais", a função única e paradoxal de tornar mais doloroso esse primeiro contato com a instituição social da escola.

Também Musil vale-se de antecipação narrativa para falar de chofre nas "muitas lágrimas" que custara a decisão dos pais de ceder à ambição de Törless e enviá-lo ao afamado internato em W., "onde se educavam os filhos das melhores famílias do país". É uma "terrível e apaixonada saudade de casa" que marca os primeiros momentos do menino na nova realidade: "Via tudo como por trás de um véu; mesmo durante o dia, não poucas vezes custava-lhe conter os soluços; à noite, só adormecia chorando". Törless passa a viver apenas nas cartas que escreve diariamente aos pais e o des-

---

[16] Cf. o ensaio "Tabus acerca do magistério", in *Educação e emancipação*, tradução de Wolfgang Leo Maar, São Paulo, Paz e Terra, 1995, citação à p. 112.

[17] *O Ateneu*, São Paulo, Ática (Série Bom Livro, 14ª ed., 1991). As citações do romance de Pompéia seguem todas essa edição.

dobramento narrativo desse estado emocional enseja o esboço de uma "psicologia da nostalgia": refluindo aos poucos a imagem dos pais, em seu lugar vai se insinuando, difusa e indistintamente, uma segunda realidade. Desamparo e vazio interior tornam-se os sentimentos característicos dessa fase que talvez encontre certa correspondência na trajetória de Sérgio: "Depois que sacudi fora a tranca dos ideais ingênuos, sentia-me vazio de ânimo; nunca percebi tanto a espiritualidade imponderável da alma: o vácuo habitava-me dentro". Mas quanto a Törless, se ele não adquire clareza sobre esse intrincado processo psíquico, conseguirá ao menos compreender a saudade como algo positivo, uma força espiritual que se manifesta sob a forma de "sofrimento". Mas tal compreensão só será alcançada após a extinção em seu íntimo desse sentimento, e ver-se ele, subitamente, "empobrecido e nu, como uma arvorezinha que experimenta o primeiro inverno após uma floração ainda sem frutos".

A arena do colégio

Se de início o desamparo não pode ser superado senão pela aceitação de um "protetor", torna-se imperioso o reconhecimento preciso do terreno onde um único passo em falso pode ser fatal. Mais depressa e decididamente do que Sérgio, Törless desenvolve um sentido para o despropósito de veleidades num meio que constrange a "prontidão permanente para disputas e lutas corporais". Integrar-se à vida do colégio interno significa, pois, submeter-se a leis implacáveis de um microcosmo em que — como formula um professor de Sérgio em conferência proferida no Ateneu — "a razão da maior força é a dialética geral". Curiosamente, porém, a primeira relação que Sérgio e Törless estabelecem se dá ainda no limiar do jogo de forças que irão depois conhecer até a borra.

Logo no segundo capítulo do *Ateneu*, dedicado aos acontecimentos de seu primeiro dia no colégio, Sérgio narra o contato com Rebelo, o mais velho de todos, de aspecto respeitável, olhos escondidos atrás de grossas lentes escuras, arguto e circunspecto observador da ciranda dos internos. É Rebelo que acode Sérgio, em seu primeiro momento de fraqueza, "com um esforço de bondade sincero e comovedor", e o adverte em seguida da verdadeira realidade do colégio, em flagrante contraste com as palavras de moralismo grandiloquente pronunciadas pouco antes pelo diretor. Mas o contato não vinga em amizade e, alguns meses depois, Rebelo estará se afastando do Ateneu — "por causa dos olhos", acrescenta ambiguamente o narrador.

No colégio austro-húngaro, o primeiro relacionamento de Törless acontece com uma personagem também situada fora dos padrões normais: trata-se do jovem príncipe H., rebento de exclusiva família aristocrática. Se para os outros internos esse príncipe logo se converte em objeto de escárnio e zombarias, em sua companhia Törless sente-se envolvido por uma espécie de atmosfera aurática, de extinto mundo feudal. Vivencia assim um período idílico, excêntrico posto que isento de toda brutalidade, que parece transcorrer como "numa capela situada fora do caminho". Mas o relacionamento é de curta duração, e a Törless não restará senão o remorso, acompanhado da intuição obscura de que "o bastão do racionalismo destruíra na hora errada algo delicado e fascinante". Pouco depois da ruptura com Törless, o jovem príncipe retira-se do internato.

Chamando ao *Ateneu* "romance pedagógico, ou de terror", Alfredo Bosi observa, em notável capacidade de síntese, que nele "cada momento narrado esconde um risco iminente ou recorrente". Sendo assim, pode-se acrescentar que o batismo de Sérgio na funesta dinâmica do colégio acontece no episódio do quase afogamento nas águas sujas da piscina. Entra em ação pela primeira vez, conforme reconstitui o narrador adulto, a perfídia do forte Sanches, que tenta enredar o recém-ingresso numa relação de favores e obrigações, não muito diferente daquela que, no romance austríaco, Reiting e Beineberg levarão às últimas consequências com Basini. Neste, em consonância com a tendência narrativa já apontada de amplificar os acontecimentos na interioridade de Törless, o momento deflagrador das atribulações é a cena em que Reiting lhe comunica que descobrira o "ladrão de armários". É a notícia do delito que faz Törless sentir pela primeira vez, e de maneira obscura, a presença de um mundo desconhecido, noturno, que espreita por trás da fachada luminosa e organizada que parecia até então envolver a vida dos pais e de toda a "boa sociedade". Irrompe nesse momento a profunda crise que pouco antes já dera sinais durante a visita, ao lado de Beineberg, à prostituta Bozena.

Rastrear a trajetória dos pequenos heróis pela arena dos colégios brasileiro e austríaco implica proceder a um levantamento de particularidades relativas ao enredo. Salta aos olhos, primeiramente, a diversidade dos contatos e relações de Sérgio no Ateneu, o que de certo modo se prenuncia na ferina descrição dos companheiros de classe que se encontra no segundo capítulo — espécie de caracterização concentrada do coletivo, amplamente calcada em procedimentos zoomórficos, e que Alfredo Bosi analisa em seu estudo sobre o *Ateneu* à luz da fenomenologia sartriana do olhar.

Rebelo, Sanches, Franco, Bento Alves, Egbert; em plano secundário, Malheiro, Barbalho, Ribas, Maurílio, Barreto, Rômulo e alguns outros... Extensa é a gama de personagens em cuja convivência irá cristalizar-se definitivamente a amarga aprendizagem de Sérgio. Sobre todos esses — porém, também sobre os professores e sobre todo o Ateneu — paira o vulto terrífico de Aristarco, na visão de Mário de Andrade "tipo heroico e sarcástico de diretor de colégio de uma unidade e um poder de convicção como não conheço outro congênere na literatura universal".

Ao contrário de Pompéia, Musil não individualiza outros internos além dos poucos já mencionados. Refere-se eventualmente a certos nomes: Hofmeier, Moté, um polonês apelidado Dschjusch; mas também estes mal se distinguem da massa anônima que, na retrospectiva tardia de Musil, aparece como "algo a ser submetido". Descontando-se o breve relacionamento com o príncipe H. e o envolvimento com Basini, Törless irá gravitar a maior parte do tempo em torno de Reiting e Beineberg, aliados eventuais, mas no fundo travando sempre encarniçada disputa pelo domínio irrestrito. Assim, se no *Törless* as atribulações do ginasiano não necessitam da diversidade dos contatos para se intensificarem e as autoridades pedagógicas não caem sob o fogo cerrado do sarcasmo e da caricatura, Musil, em contrapartida, faz Reiting e Beineberg encarnarem uma vontade de poder que não tem paralelo em Sanches e em nenhuma outra personagem do *Ateneu*, como aqueles "vigilantes", aos quais o narrador chama "tiranetes por delegação da suprema ditadura".

Valeria a pena observar mais de perto como se anunciam, no romance austríaco, os precursores dos "ditadores" do nacional-socialismo. É primeiramente através de longa passagem em discurso indireto que o narrador apresenta traços centrais da personalidade de Reiting, que não conhecia prazer maior "do que atiçar pessoas umas contra as outras, submeter umas com ajuda das outras, alimentando-se dos agrados e das adulações forçados que extraía delas, por trás dos quais sentia a resistência do ódio de suas vítimas". Entretanto, esse sadismo altamente refinado não constitui um fim em si mesmo, mas se articula com muito cálculo numa estratégia que concebe o internato como laboratório onde se devem exercitar habilidades que se farão necessárias no futuro — Reiting "sonhava com golpes de estado e altas políticas e em consequência queria tornar-se oficial. [...] Contudo, Reiting sabia impor-se. Por enquanto, é verdade, só em pequena escala. Era um tirano, e mostrava-se impiedoso com quem lhe resistisse".

A consideração de passagens posteriores do romance ajuda certamente a precisar um pouco mais a observação retrospectiva registrada por Musil na mencionada nota 10 em seu diário. Apresentando a Törless a tática empregada para enlaçar Basini, as palavras de Reiting trazem à lembrança a imagem de um político nacional-socialista que tinha como prática das mais básicas repetir uma mentira tantas vezes fosse necessário até sua transformação em verdade: Joseph Goebbels. É através de obstinado sorriso irônico que o aprendiz Reiting, como ele mesmo relata a Törless, submete sua vítima: "Tinha a impressão de que, sorrindo assim, seria capaz de transformá-lo num ladrão, ainda que até então ele não o fosse". E se o ministro para a Propaganda de Hitler foi sobretudo um exímio manipulador das massas, Reiting, numa das cenas finais do romance, arquitetando o linchamento de Basini pela classe, continua digno do paralelo histórico:

"Se cada um de nós contribuir com um pouco, poderemos fazê-lo em pedacinhos. Aliás, gosto desses movimentos de massa. Ninguém faz nada de especial, e ainda assim as ondas se erguem cada vez mais alto, até se abaterem sobre as cabeças de todos. Vocês vão ver, ninguém se moverá e ainda assim haverá uma tempestade gigantesca. Para mim será uma diversão extraordinária promover uma coisa dessas."

Já Beineberg marca sua oposição a Reiting expondo sempre que possível total desprezo pela política e por tudo o que se refira à mera "realidade exterior". Adepto de um misticismo hostil a qualquer ideia de humanismo, Beineberg não é, porém, menos eficiente em racionalizar a violência empregada contra os que são classificados como "mais fracos", pessoas que nada significam no "maravilhoso mecanismo do mundo" e cuja existência, por isso mesmo, não teria outro sentido senão servir ao aperfeiçoamento dos seres "superiores". Nas conversas que tem com Törless, recorre sempre a um mistifório de sacrifício e purificação para justificar as experimentações sádicas a que submete Basini:

"Exatamente porque me custa torturar Basini — quero dizer, degradá-lo, rejeitá-lo —, exatamente por isso é bom. Pois exige sacrifício. Surtirá efeito purificador. Devo isso a mim mesmo; e preciso aprender com Basini, diariamente, que ser apenas humano nada significa, é mera aparência, uma macaquice..."

Regida, portanto, pela "lei do mais forte", a dinâmica do colégio, assim como propicia por um lado o surgimento de déspotas implacáveis, não prescinde por outro lado da figura do "bode expiatório". Franco, no Ateneu, e Basini, no internato em W., parecem equivaler-se à medida que encarnam figuras sobre as quais a violência é exercida sem peias, em todas as variantes. Mas também essa equivalência guarda nuances: Franco é, por assim dizer, o bode expiatório institucionalizado do estabelecimento, oprimido não só pelos outros internos, mas principalmente por Aristarco, que sobre ele canaliza e descarrega tensões que de outro modo não se resolveriam senão através da desmoralização ou, muito pior para o diretor-empresário, prejuízos financeiros — exemplar nesse sentido é o episódio da "revolução da goiabada", em que o dilema vivido por Aristarco gera uma alusão paródica ao *Hamlet*: "Expulsar... expulsar... falir talvez". Franco, nas palavras do próprio narrador, funciona na economia do colégio como "bibelô do ensino intuitivo", papel a que só consegue subtrair-se pela morte voluntária.

O aspecto da opressão é reforçado ainda por outro traço comum à caracterização das personagens Franco e Basini: trata-se das referências, feitas através de cartas que chegam ao internato e são logo interceptadas, à difícil situação financeira das respectivas famílias. É, porém, plenamente consequente que Pompéia e Musil encaminhem essa questão também de forma diferenciada, enfatizando-a o primeiro em consonância com a mentalidade empresarial de Aristarco, e o segundo subordinando-a ao plano da sexualidade,[18] o qual, com maior ou menor intensidade, constitui uma outra dimensão característica dessas histórias de alunos ou internos.

A CRISE DA PUBERDADE

Sendo o internato o espaço em que se processa a puberdade, o jogo de forças aí vigente tende, via de regra, a engendrar a submissão sexual do mais fraco ao mais forte. É o que se delineia logo nos primeiros momentos de Sérgio no Ateneu, submetido às investidas astutas do forte Sanches. Se, porém, quanto a esse primeiro embate o narrador deixa claro que se tratava tão somente de es-

---

[18] Cabe recordar que Basini é degradado efetivamente a objeto das experimentações sádico-sexuais de Reiting e Beineberg a partir da descoberta de que roubara dinheiro do segundo para saldar uma dívida junto a Reiting, cujas chantagens se tornavam cada vez mais implacáveis.

quivar-se das investidas do "pegajoso" colega, o relacionamento posterior de Sérgio com o robusto Bento Alves e o lânguido Egbert não é isento de ambiguidades que, como ilustra o episódio do violento rompimento com o primeiro, permanecem enigmáticas para o leitor. Como é sabido, isto valeu a Pompéia, por parte de Mário de Andrade, a acusação de ter desconhecido e sido incapaz, mesmo quando adulto (e, portanto, enquanto narrador), do sentimento da amizade. Mas o crítico não estaria atribuindo à personalidade do escritor, sem dúvida apaixonada e atribulada ao extremo, componente que resulta forçosamente do ambiente representado, que levanta obstáculos de toda espécie ao cultivo da amizade? Também no *Törless* — tanto quanto no *Doidinho* ou no já citado *Debaixo das rodas*, e ainda em manifestações posteriores do gênero, como *Los ríos profundos* (1958), de José María Arguedas, na novela *Katz und Maus* (*Gato e rato*, 1961), de Günter Grass ou na narrativa autobiográfica *Die Ursache* (*A causa*, 1975), de Thomas Bernhard — a amizade não existe de forma alguma ou só efemeramente consegue sobreviver no meio adverso. Em todos esses casos, a impossibilidade de até mesmo se vislumbrarem alternativas para suprir as carências emocionais leva ao adensamento da opacidade, conceito que ocupa posição central no estudo de Alfredo Bosi sobre o *Ateneu*.[19] Por essa mesma via da impossibilidade, recrudescem as atribulações que, já sob condições normais, são próprias dessa fase de profundas transformações fisiológicas e psíquicas, na qual — recorrendo a uma formulação musiliana do romance *O homem sem qualidades* — "uma campina de delicadeza, em que até então se brincara, é ceifada a fim de se extrair ração para um instinto determinado".[20]

---

[19] O termo mencionado manifesta-se já no expressivo título "Opacidade e destruição". A meu ver, o intérprete tocou assim num ponto nodal das várias histórias do gênero. *As atribulações do pupilo Törless* refere-se por vezes de forma explícita a um mundo "opaco", em que as palavras ricocheteiam e os olhares executam "um trajeto cada vez mais curto".

[20] Cf., no segundo volume do romance, o capítulo 25, intitulado "Os gêmeos siameses".

Nas condições específicas do colégio interno, portanto, vemos exacerbarem-se sobremaneira os conflitos da puberdade, e a esse respeito devemos a Araripe Jr., o primeiro crítico do *Ateneu*, observação das mais agudas:

> "Em tese — e é o que pretende provar o livro de Raul Pompéia — o internato é o horror da sequestração sexual; quero dizer: — o internato tem como função geral fazer esquecer o sexo, provocando um desequilíbrio que nem ao menos encontra o sedativo da contemplação do elemento adverso, como nos estabelecimentos mistos."[21]

Mas se o crítico explicita aqui um fato básico da vida nos internatos, isto não implica em ausência total do elemento feminino. Pois o Ateneu é também o palco em que Ângela, a camareira de dona Ema, esposa de Aristarco, exercendo suas artes de sedução, "fendia-se em dois batentes de porta mágica e rodava em explosão o *sabbat* das lascívias". Sintomaticamente, é no contexto da confusa e atormentada sexualidade do adolescente, referindo-se à influência "dissolvente" de Ângela e aludindo de forma velada à masturbação, que Raul Pompéia emprega aquela que talvez seja a metáfora mais expressiva do romance: "O meio, filosofemos, é um ouriço invertido: em vez de explosão divergente dos dardos — uma convergência de pontas ao redor".

Törless vivencia igualmente o internato austríaco como meio dos mais espinhosos. Musil, no entanto, movido também aqui por seus princípios antinaturalistas, evita polemizar abertamente com as circunstâncias exteriores. Limita-se a referi-las de forma sucinta e contida, como nas passagens iniciais que falam da solidão do recém-ingresso, ou ainda numa passagem posterior, que ilustra

---

[21] Tristão de Alencar Araripe Jr., "Raul Pompéia: *O Ateneu* e o romance psicológico", in *Teoria, crítica e história literária*, Rio de Janeiro/São Paulo, LTC/Edusp, 1978.

exemplarmente a observação citada de Araripe Jr., já que o contexto em que se insere retrata a intensificação dos sofrimentos do adolescente em virtude do impacto de sensualidade tão poderosa quanto desconhecida:

> "Eram as condições específicas do instituto que produziam isso. Num lugar em que as forças jovens e impetuosas ficavam aprisionadas atrás de muros cinzentos, elas represavam a fantasia formada por imagens voluptuosas, inteiramente arbitrárias, que punham mais de um interno fora de si."

No mundo de Törless, tanto quanto no Ateneu, o aprisionamento das "forças jovens e impetuosas", o "horror da sequestração sexual", não exclui — antes parece suscitar — a presença de figura feminina reduzida a uma sexualidade inteiramente instintiva. Trata-se da prostituta Bozena, que desperta em Törless pela primeira vez, no início de sua estadia no internato, a intuição de afinidades obscuras entre as formas de vida burguesa que conhecia de casa e uma "outra" realidade de fantasias e transgressões sexuais. Também aqui, portanto, faz-se ouvir o convite irresistível ao "*sabbat* das lascívias", com a promessa de dissolução, de aniquilamento da personalidade atribulada numa sensualidade animalesca. Por mais fortes — e até mesmo patéticas — que sejam expressões do naturalismo pompeiano, tais como "apetite de cupim pela demolição invisível do que está constituído", "vivescência vermicular dos estímulos torpes", "propaganda obscura da lama", em seu teor elas não estariam deslocadas na caracterização da fase do desenvolvimento de Törless marcada pelo impulso violento, desesperado, de auto-humilhação:

> "Bozena aparecia-lhe como uma criatura de inacreditável baixeza, e sua relação com ela, a sensação que era obrigado a suportar, parecia-lhe um cruel culto de autossacrifício. Excitava-o ter de abandonar tudo aquilo em que normalmente estava encerrado, sua posição pri-

vilegiada, as ideias e os sentimentos que lhe foram incutidos, tudo aquilo que nada lhe dava e o oprimia. Excitava-o fugir em desabalada carreira rumo àquela mulher, nu, despojado de tudo."

É bem verdade que, na representação da vivência erótico-afetiva do adolescente, Raul Pompéia e Robert Musil não deixam faltar o polo oposto àquele em que se situam Ângela e Bozena.[22] Acontece, porém, que o encontro com o lado sublimado do feminino leva significativamente para fora do espaço e da dinâmica do internato, no final das trajetórias dos heróis. Na primeira parte do décimo segundo e último capítulo do *Ateneu*, Sérgio narra sua convalescença sob os cuidados de Ema, período da mais límpida felicidade, envolto em atmosfera musical e marcado por uma percepção virginal, próxima à experiência da revelação, do mundo e da natureza:

"Tudo me parecia desconhecido, renovado. Curioso resplendor revestia aquele espetáculo. Era a primeira vez que me encantavam assim aquelas gradações de verde [...] Tetos de casas, que novidade! que novidade o perfil de uma chaminé riscando o espaço! Ema entregava-se, como eu, ao prazer dos olhos."

A relação da subjetividade com a realidade exterior é balizada agora, como se vê, pela transparência,[23] o que gera passagens de

---

[22] Sobre o papel de Ângela no mundo masculino do Ateneu, observa Mário de Andrade no ensaio citado: "Também a moçoila canarina que é criada na casa de Aristarco, se viva e sensualmente descrita (numa sensualidade talvez um bocado preocupada demais em se manifestar sensual), Ângela não passa de uma verdadeira prostituta, uma carmem de *cavallerias rusticanas*, que Raul Pompéia nem se esquece de reduzir a portadora de assassínios, em pleno Verismo" (p. 175).

[23] O jogo antitético de "opacidade" e "transparência" constitui-se em recurso fundamental da consciência artística de Pompéia para contar a histó-

um lirismo delicado e etéreo, momentos de exceção nessa crônica de sofrimentos.

Mas como resolver as ambivalências no relacionamento com uma mulher que até no anagrama do nome parece representar a *imago* da mãe? Pompéia simplesmente as potencializa, com uma sugestão de incesto: "E fora preciso que soubesse ferir o coração e escrever com a própria vida uma página de sangue para fazer a história dos dias que vieram, os últimos dias...".

Já no romance austríaco, podando nesse aspecto o movimento da sublimação, é a presença amorosa da própria Frau Törless que vem selar a superação dos conflitos e atribulações do filho. Ao lado da mãe na cena final, passando a caminho da estação de trem pela casa de Bozena em meio a um pequeno bosque, este lugar vivenciado outrora como demoníaco surge a Törless agora em dimensões insignificantes: "E aspirou o odor levemente perfumado que se evolava do regaço de sua mãe".

Como em relação à tese da "sequestração sexual", também quanto à libertação, por mão feminina, das agruras e angústias da vida no internato, a aproximação entre os romances de Pompéia e Musil pode ser complementada por outra arguta constatação de Araripe Jr.: "A conclusão única a tirar de tudo isto é que os ateneus podem ser fatais aos meninos que, ainda aos dezesseis anos, não prescindem de socorro das mães e que arriscam-se a morrer inanidos se não encontram mulher para aquecê-los no regaço".[24]

---

ria do menino Sérgio no Ateneu. Como já observou Alfredo Bosi, isto se dá sobretudo através de imagens referentes ao elemento da "água", já nas primeiras cenas do romance; ao falar do idílio de Sérgio com D. Ema, o crítico não deixa de assinalar o retorno narrativo a imagens de luminosidade e transparência: "O horizonte diáfano e azul (a transparência, enfim) clareia os sonhos acordados do menino. A água do mar é cor de esmeralda, e vítrea a sua espessura. As nuvens cintilam, 'floresta colossal de prata'. No coradouro, entre peças de roupa irisadas de sabão, as camisas brancas, luminosas, e as saias rodadas bailando".

[24] Araripe Jr., *op. cit.*, p. 176.

A PEDAGOGIA DO AUTORITARISMO

Ao contrário do desfecho concebido pelo romancista austríaco, no *Ateneu* não é o momento da pacificação dos conflitos sob o influxo amoroso do feminino — portanto, também o momento da superação fecunda das atribulações de internato — que fica com a última palavra, mas sim o episódio do incêndio em que o narrador, como que partilhando da voluptuosidade das chamas, parece regozijar-se. Vingança "desnecessária" do eterno ressentido Raul Pompéia, como queria Mário de Andrade? Ou aqui não assistiria razão antes a Alfredo Bosi, que reconhece no sinistro final um desdobramento consequente do idílio de Sérgio com Ema?[25]

Seja como for, o caminho para uma compreensão adequada da destruição do colégio não deveria passar ao largo daquilo que constitui propriamente a especificidade das "histórias de alunos", diferenciando-as das muitas obras protagonizadas por crianças ou adolescentes (por exemplo, romances e narrativas de Charles Dickens) e também distinguindo-as do "romance de formação", gênero em que *O Ateneu* é incluído por vezes de forma pouco convincente.[26] Esse traço distintivo diz respeito ao confronto crescente

[25] O crítico observa a esse respeito que "o gozo da felicidade, que traz o adolescente de volta ao regaço materno, exige a destruição daquele outro mundo, feito para a criança tornar-se adulto".

[26] Os traços que impedem a consideração de obras como *O Ateneu* ou *As atribulações do pupilo Törless* enquanto *Bildungsroman* são inúmeros, começando com a ausência do amplo recorte temporal e espacial característico deste gênero. Se é verdade que a narração de um processo formativo costuma incorporar a etapa da infância (mas quase sempre através de breves *flashbacks*), enfocam-se sobretudo conflitos próprios da transição da juventude para a maturidade do herói (a rigor, apenas a velhice é excluída do processo formativo).

Vale lembrar ainda que no protótipo do gênero, *Os anos de aprendizagem de Wilhelm Meister*, o tema da educação escolar nem sequer é mencionado (bem ao contrário do que ocorre no *Verde Henrique* de Gottfried Keller, ver neste livro pp. 93-158). Na obra de Goethe a questão do aprendizado institucional aparece com destaque em seu romance de velhice, *Os anos de peregrinação de Wilhelm Meister*, mais precisamente no complexo narrativo em tor-

entre instituto educacional e educando, mais precisamente entre as formas institucionalizadas, via de regra autoritárias, de transmissão do saber e a sensibilidade e consciência crítica emergentes.

Quanto a este ponto, pode-se sustentar que a crise vivenciada por Törless no internato austríaco possui uma magnitude superior à narrada por Pompéia em seu romance. Como já apontado anteriormente, na obra de Musil o choque do indivíduo com a estrutura coercitiva da instituição sofre espécie de refração para a interioridade, prismatizando-se em indagações existenciais. A relação de Törless com a matemática, e com o respectivo professor, ilustra exemplarmente essa tendência: quando todo o meio circundante começa a vacilar e revestir-se de um aspecto fantasmagórico, o pupilo irá procurar apoio naquela que se apresenta como a mais segura das ciências, na tentativa de proceder a uma busca rigorosa — cartesiana, poder-se-ia dizer — do próprio "eu". Inesperadamente, porém, a reflexão sobre conceitos matemáticos — as noções de números imaginários e irracionais, assim como de infinito — converte-se em nova fonte de vertigens. Mesmo com a ênfase narrativa deslocada para a interioridade, sobrevém então o momento em que a consciência crítica do aluno irá colidir frontalmente com a pedagogia vigente, como o demonstram as palavras do professor de matemática a quem Törless recorre em busca de ajuda:

> "Você deve se contentar em pensar que tais conceitos matemáticos são apenas puras necessidades inerentes ao pensamento matemático. [...] caro amigo, você simplesmente precisa *acreditar*; quando um dia souber dez vezes mais matemática do que hoje, compreenderá; por enquanto precisa acreditar!"

Evidenciada a incapacidade do reputado professor em estabelecer um diálogo vivo com o aluno inquieto, o próximo passo de Törless, após breve e frustrada tentativa com um volume de

no da Província Pedagógica, espécie de internato utópico a que Wilhelm leva o seu filho Felix no início do segundo livro.

Kant, será desenvolver a autorreflexão num diário intitulado de forma tão ambiciosa quanto patética *De natura hominum*. Já as primeiras palavras registradas dão testemunho da magnitude de suas atribulações:

> "Devo estar doente... insano! Insano — o que mais me faz estranhar assim coisas que são normais para os outros? E por que essa estranheza me atormenta? E por que essa estranheza provoca em mim a sensualidade carnal? [...] O mundo para mim está cheio de vozes mudas: serei um visionário ou um alucinado?"

Passagens como estas ajudam a compreender por que Musil, na escolha do título, fez as "atribulações" se sobreporem à menção do colégio. E por mais abissais que estas tenham sido, no fundo o romance conta uma história de vigorosa afirmação individual, o que também facilitou ao jovem romancista a disposição de não ultrapassar um discreto desmascaramento das relações vigentes na instituição educacional. Assim, o desfecho da história de Törless é marcado por imagens de reconciliação (a cena final com a mãe) e fecundidade: ao jovem que se despede do afamado internato em W. (e que percebe já ter começado a esquecer-se dos nomes dos colegas) impõe-se a visão de um "jardineiro regando seus canteiros todas as manhãs, com uma constante, paciente bondade". E, em seguida, vem a conversão positiva da imagem inicial, já citada, da pequena árvore castigada pelo inverno: "Uma fase se encerrara, a alma formara mais um anel, como na casca de uma árvore jovem. Essa sensação poderosa, para a qual não havia palavras, desculpava tudo o que acontecera".

As últimas linhas do *Ateneu* encaminham-se numa direção inteiramente diversa, pois suspendendo a crônica dos embates do menino Sérgio com a instituição onipotente assomam imagens de combustão, de chamas devastadoras e, por fim, a entoação lúgubre do "funeral para sempre das horas". "Fim brusco de mau romance", como formula a amarga autoironia do narrador? Ou esse final apocalíptico não se justifica numa obra em que a elevada elaboração artística enforma um mundo ouriçado de pontas insofismáveis, cuja atmosfera se torna definitivamente irrespirável após a efêmera vivência da possibilidade amorosa?

Na plasmação desse "ouriço invertido" em que ao sujeito não resta senão esfolar-se, sobreleva a caracterização de Aristarco, pródiga de momentos em que a verve satírica e caricatural produz páginas que encontram poucos paralelos em nossa literatura. As aparições do "meu grande diretor" são sucessivos rompantes de uma retórica megalômana, como se este estivesse condenado a corresponder sempre à fórmula de Venâncio, o seu adulador de todas as horas: "Acima de Aristarco — Deus! Deus tão somente; abaixo de Deus — Aristarco".

Ainda que Raul Pompéia nos dispense de quaisquer comentários suplementares quanto à influência perniciosa de tal figura sobre os educandos, valeria lembrar nesse contexto uma breve passagem do *Emílio* em que Rousseau desaconselha para seu pupilo a leitura de certo historiador: "Mas ele é político, é retórico, é tudo o que não convém à idade do jovem".[27] O filósofo francês não estabelece nesta passagem nenhuma distinção entre as modalidades da retórica; simplesmente a condena *en bloc*. Contudo, se projetarmos sobre a ficção de Pompéia uma reflexão seminal sobre essa arte, talvez ganhemos alguns subsídios para operar uma distinção

---

[27] O "retórico" historiador condenado por Rousseau é Tito Lívio, comentado após o "excelente" Tucídides, mas que infelizmente só trata do assunto menos instrutivo do mundo (guerras), e o "bom" Heródoto, cujas narrativas descambam não raro em puerilidades, igualmente nocivas ao jovem em formação. As reflexões desenvolvidas por Rousseau nesse contexto (livro IV) visam preservar o educando (naturalmente imbuído da "facilidade da fé cega", para usar expressão de Pompéia) das manipulações que podem decorrer da leitura de obras historiográficas, pois "muito falta para que os fatos descritos na história sejam a pintura exata dos mesmos fatos como ocorreram: mudam de forma na cabeça do historiador, amoldam-se a seus interesses, tomam a cor de seus preconceitos". Somente após o décimo quinto ano de vida, aguçando-se a capacidade de discernimento e reflexão crítica, o pupilo fica autorizado a tomar contato com a historiografia. Ver Jean-Jacques Rousseau, *Emílio ou Da educação*, tradução de Sérgio Milliet, São Paulo, Difusão Europeia do Livro, 1973, 2ª edição.

entre a retórica de Aristarco, tal como este costuma irromper no mundo configurado no romance, e os procedimentos, que também podem ser designados como retóricos, mobilizados pelo narrador Sérgio: os brilhos, ouropéis, as filigranas e fulgurações barrocas que Mário de Andrade assinalou no ensaio citado.[28] No capítulo em que define a *Arte retórica* e sua estrutura lógica, Aristóteles postula a importância do caráter, da integridade ética do emissor do discurso como fator fundamental em sua argumentação:

> "Persuade-se pelo caráter quando o discurso é proferido de tal maneira que deixa a impressão de o orador ser digno de fé. [...] pois não se deve considerar sem importância para a persuasão a probidade do que fala, como aliás alguns autores desta arte propõem, mas quase se poderia dizer que o caráter é o principal meio de persuasão."[29]

---

[28] Para o crítico, até mesmo um detalhe do estilo de Pompéia, o emprego abundante do "como" comparativo, insere-se na tendência apontada, pois se trataria menos de "processo legítimo de pensamento e aproximação esclarecedora" do que de "mero cacoete de retórica, a volúpia da brilhação". Mário, contudo, não deixa de reconhecer: "Mas é incontestável que raramente o espírito metafórico alcançou tais lucidações, que chegam a convencer muitas vezes pelo apropositado e o raro da invenção. 'As condecorações gritavam-lhe no peito como uma couraça de grilos' [...] 'O anúncio confundia-se com ele, suprimia-o, substituía-o, e ele gozava como um cartaz que experimentasse o entusiasmo de ser vermelho'".

Com todas as críticas e ressalvas que faz ao *Ateneu*, no final do ensaio prevalece a visão do romance como "obra de arte esplêndida, filigranada, trabalhada, magnificente de graças e belezas. Não será sempre perfeito. Mas alcançou a obra-prima. A obra essencial em que a beleza imortaliza as deficiências dos atos humanos e das formas sociais".

[29] *Retórica* (tradução e notas de Manuel Alexandre Júnior, Paulo F. Alberto e Abel do Nascimento Pena, Lisboa, Imprensa Nacional/Casa da Moeda, 2006, p. 96). O ensejo para essa tentativa de recorrer à *Retórica* de Aristóteles na abordagem da obra de arte — no caso, a configuração estética da relação entre homem e palavra — adveio do belo ensaio de Franklin Leopoldo e Silva "A dimensão ética da palavra", in *Tempo Social*, Revista de Sociologia da USP, São Paulo, v. 8, nº 2, out. 1996, pp. 53-66.

À luz dessa observação não será ilícito distinguir o estilo retórico da voz narrativa — orientada, como se sabe, pela estética contemporânea da *écriture artistique* — e a retórica da personagem construída por Raul Pompéia como representante supremo do microcosmo da escola e também, num outro plano de significado, enquanto alegoria de Pedro II, "tirano de sebo" sobre um país caracterizado como "charco de vinte províncias estagnadas". Pois o teor de verdade que possa existir nos arroubos inflamados (e mesmo patéticos) em que incorre com frequência o fluxo narrativo se contrapõe, de fato e sistematicamente, às pomposas alocuções do diretor, tal como assomam em discurso direto ou na reconstituição indireta do ex-aluno.

Além de revestir um caráter megalômano e autoritário, a retórica de Aristarco cumpre função marcadamente ideológica, na medida em que confere aparência de sacrifício e abnegação às manobras de um mestre consumado do *marketing*. Como a perspectiva *post eventum* se impõe já na abertura do romance, "desmascaramento" converte-se na principal palavra de ordem do projeto narrativo a que se lança o Sérgio adulto, e isto logo à primeira menção do colégio:

> "*Ateneu* era o grande colégio da época. Afamado por um sistema de nutrido reclame, mantido por um diretor que de tempos a tempos reformava o estabelecimento, pintando-o jeitosamente de novidade, como os negociantes que liquidam para recomeçar com artigos de última remessa; o *Ateneu* desde muito tinha consolidado crédito na preferência dos pais, sem levar em conta a simpatia da meninada, a cercar de aclamações o bombo vistoso dos anúncios."

Por um lado, ensino enquanto mercadoria e veículo de prestígio social em correspondência velada com o rosto empresarial de Aristarco; por outro, ensino como missão nobre e abnegada em correspondência ostensiva com a máscara de educador e "levita": desta contradição de base, que perverte qualquer possibilidade de uma aprendizagem autêntica e contamina todos os demais aspectos da vida no colégio, o narrador extrai os mais variados efeitos, num esforço febril de desmascaramento que culmina no episódio do descerramento do busto de bronze do diretor. A "obsessão da própria estátua", cujo diagnóstico aparece logo no primeiro capítulo, está prestes a apaziguar-se. Mas, junto com a ovação, os louros e o bronze, vem também a caricatura mais genial, que com requintes de sutileza desvenda ao leitor a alternância de vários movimentos contraditórios no íntimo do homenageado.

Com efeito, o registro sumário das fases percorridas pela interioridade de Aristarco durante a homenagem, oferece, na reconstituição do narrador Sérgio, a seguinte sequência: 1. Intimidação, amedrontamento diante de imenso público indistinto; 2. Recuperação da autoconfiança ao concentrar o olhar sobre um objeto (o busto ainda encoberto), que o "chamou à consciência de si mesmo"; 3. Inspiração de arrebatadora retórica, o "mais espantoso chorrilho de facúndia que se tem feito correr na terra"; 4. Receio advindo da expectativa do discurso de Venâncio, o adulador desmesurado disputando-lhe sempre "uma ponta para carregar do manto de glórias" ("Gostava do elogio, imensamente. Mas o Venâncio era demais"); 5. Metamorfose de Aristarco, pelo encômio de Venâncio, em bronze; 6. Sentimento de encontrar-se *alienado* no busto: amargando intuitivamente a concorrência desigual, arrebata a coroa de louros ao bronze, o que é interpretado como gesto de modéstia; 7. Sensação final de desgosto e insipidez: "Ruminava confusamente a tristeza daquela realidade nova — o bronze invencível".[30]

---

[30] Em face de passagens como essa, em que a reconstituição psicológica do vivido faz a perspectiva em primeira pessoa converter-se em "onisciente", mostra-se questionável a afirmação de Roberto Schwarz de que "só pode ser narrado ou comentado o que esta [a criança Sérgio] experimentou". E continua o crítico em seu estudo no mais bastante agudo: "*O Atheneu* atende essa exigência com bastante rigor. Em coerência com a perspectiva tomada, a única interioridade que apresenta é a do próprio autor". Ver "O Atheneu", in *A sereia e o desconfiado*, Rio de Janeiro, Civilização Brasileira, 1965, pp. 12-7.

Articulados, todavia, na esfera psicológica, tais desmascaramentos constituem uma arma tardia do Sérgio adulto. A dimensão do tempo narrado — isto é, das vivências do menino — é marcada pela desorientação nessa espécie de "labirinto de Creta", como formula Araripe Jr.,[31] pela impossibilidade de afirmação pessoal em face da violência insidiosa que rege a instituição. O impasse daí resultante só se resolverá com o recurso ao incêndio, espécie de *deus ex machina* que faz aluir o mundo de Aristarco e o rebaixa — de "Deus Padre em pessoa", de "Júpiter tonitruante" — à condição de "um deus caipora, triste, sobre o desastre universal de sua obra".

Se num primeiro plano esse ato de terrorismo narrativo parece perpetrado exclusivamente contra a figura do diretor, de uma perspectiva crítica mais ampla, atenta a considerações da psicologia sobre as explosões irracionais com que o indivíduo reage à pressão do meio, torna-se possível interpretá-lo também em função de outra significativa peculiaridade do romance O *Ateneu*. Trata-se da concepção de Internato — e, numa relação de correspondência entre micro e macrocosmo, também de sociedade — que Raul Pompéia explicita através do Dr. Cláudio, o único professor contemplado com certa simpatia, embora restrita ao aspecto intelectual. Abre-se amplo espaço no romance à reprodução das quatro conferências que este profere no âmbito das atividades do "Grêmio Literário Amor ao Saber": sobre a literatura e a vida nacional; sobre arte — conferência vasta e densa, que se configura como esboço histórico, filosófico e antropológico das várias manifestações artísticas; depois vem o bloco das explanações cosmogônicas, sobre o início explosivo do universo, em que se expressa o "vulcanismo" de Pompéia; e por fim, contraponto teórico ao assunto do

---

[31] Araripe Jr., *op. cit.*, p. 166. Mais adiante lê-se, nessa crítica pioneira, a seguinte observação: "O absinto de que usou Raul Pompéia no seu romance, para produzir a unidade de efeito, foi a ideia fixa da instituição que se não define, que ataca e decompõe os indivíduos pela violência de um movimento que se não apreende" (p. 189).

romance, a conferência sobre educação, que nos ajuda a entender o final incendiário do romance.

O início desta é desconcertante. Através de perguntas, o conferencista procede a um levantamento das mazelas que o próprio Sérgio já experimentara no Ateneu:

"É uma organização imperfeita, aprendizagem de corrupção, ocasião de contato com indivíduos de toda origem? O mestre é a tirania, a injustiça, o terror? O merecimento não tem cotação, cobrejam as linhas sinuosas da indignidade, aprova-se a espionagem, a adulação, a humilhação, campeia a intriga, a maledicência, a calúnia, oprimem os prediletos do favoritismo, oprimem os maiores, os mais fortes, abundam as seduções perversas, triunfam as audácias dos nulos? A reclusão exacerba as tendências ingênitas?"

Se a resposta do conferencista fosse irônica ou cínica, veríamos delinear-se aqui — e não sem intenção crítica — uma variante do *topos* do mundo às avessas. Mas a conclusão é profundamente séria: "Tanto melhor: é a escola da sociedade".

Em que pese a perspectiva insólita e mesmo trágica desse porta-voz de Pompéia, as considerações pedagógicas expostas não se destacam propriamente pela originalidade, pois a apologia de um ensino voltado em primeiro lugar para a vida prática tem profundas raízes na tradição ocidental: *Non scholae, sed vitae discimus*.[32] Que a escola, em acepção mais moderna, possa ser uma

---

[32] "Não estudamos para a escola, mas sim para a vida". A sentença representa a inversão de um trecho das *Epístolas* em que Sêneca critica a instrução de sua época, concebida como um fim em si mesma e não como processo autenticamente formativo; a amarga constatação do filósofo estoico diz: *Non vitae, sed scholae discimus* ("Aprendemos não para a vida, mas para a escola"). Cf. Renzo Tosi, *Dicionário de sentenças latinas e gregas*, tradução de Ivone C. Benedetti, São Paulo, Martins Fontes, p. 168.

Non scholae, sed morti discimus, intitula sugestivamente o escritor ale-

antecipação concentrada das relações sociais — espécie, portanto, de Estado miniaturizado, também é uma concepção que se exprime em várias histórias do gênero.[33] Numa passagem referente à aversão de Törless pela disputa encarniçada entre Reiting e Beineberg, Musil a formula de forma ainda mais particularizada: "Contudo, estava encerrado dentro daquele universo, e constatava diariamente o que significava desempenhar o papel principal num Estado — numa instituição assim cada sala de aula é um pequeno Estado em si".

Todavia, enquanto o processo formativo de Törless, o aprimoramento de suas potencialidades artísticas, exige sua saída do internato em que subterraneamente vigoram relações de barbárie, no romance de Pompéia a adaptação do menino às condições hostis do meio impõe-se como preparação inexorável para a existência adulta. Primeiro na escola, depois na sociedade, o indivíduo é confrontado com a exigência de afirmar-se num meio em que, como se diz na conferência sobre educação, "os deserdados abatem-se" ou — na formulação já citada — "a razão da maior força é a dialética geral". Hipostasiar o termo "dialética" significa precisamente revelar sua total ausência no mundo do *Ateneu*. Pois limitada à função de mero reflexo ("não é o internato que faz a sociedade; o internato a reflete"), a escola encontra-se degradada à condição de reprodutora da ideologia dominante, impossibilitada de propiciar o conhecimento autêntico e, sobretudo, de apoiar o educando no difícil caminho da autorreflexão crítica e da autonomia. Ao invés disso, no *Ateneu* nada é contrariado mais frontalmente

---

mão Günter de Bruyn (1926) o capítulo de sua bela autobiografia *Zwischenbilanz: eine Jugend in Berlin* [Balanço provisório: uma juventude em Berlim] dedicado ao seu período escolar na Alemanha hitlerista (Frankfurt a.M., Fischer, 1992).

[33] Tal concepção desponta ainda no sétimo capítulo do *Doutor Fausto*, em que Thomas Mann faz o seu narrador Serenus Zeiblom reconstituir o correspondente período do menino Adrian Leverkühn: "Nesses anos, a vida escolar é a própria vida, está no lugar desta; seus interesses delimitam o horizonte de que toda vida necessita para desenvolver valores nos quais, por relativos que sejam, comprovam-se o caráter e as capacidades".

do que essa tarefa que, conforme observação de Adorno, deveria ser a primeira de todas para a educação.[34]

Desse modo, a racionalização da violência, como se infere das palavras do Dr. Cláudio, estaria justificando não apenas o jogo de forças, o *struggle for life* vigente no Ateneu, mas também, indiretamente, as práticas com que, no internato austríaco, um Reiting exercita, como numa preliminar, sua aspiração de poder — "por enquanto, é verdade, só em pequena escala".

* * *

Voltando o olhar ao próprio passado para embasar as narrativas sobre as atribulações e os sofrimentos dos meninos Sérgio e Törless no confronto com o meio escolar adverso, Raul Pompéia e Robert Musil incorporaram às suas ficções, cada um a seu modo, traços de comportamento e mentalidade que se objetivariam algumas décadas mais tarde em realidade histórica. Musil pôde viver o suficiente para reconhecer o futuro favorável que aguardava seus pequenos tiranos Reiting e Beineberg, assim como as experimentações desumanas executadas na "câmara vermelha" do internato. Mas também quanto a Pompéia, mesmo reconhecendo-o enquanto apaixonado militante republicano e antiescravocrata, a retrospectiva histórica permite avaliar com mais clareza as consequências últimas de concepções implícita e explicitamente presentes em seu romance: ou seria ir longe demais afirmar que o darwinismo social legitimado pelo eu narrador como determinante da

---

[34] Ver a esse respeito as reflexões feitas no ensaio "Educação depois de Auschwitz" (in *Educação e emancipação*, tradução e prefácio de Wolfgang Leo Maar, São Paulo, Paz e Terra, 1995, pp. 119-38). Em muitos pontos, as formulações de Adorno oferecem valiosos subsídios para a discussão de questões implicitamente presentes no gênero narrativo aqui enfocado. Algumas observações não poderiam ser mais claras e diretas, começando já com a frase inicial: "A exigência de que Auschwitz não se repita é a primeira de todas para a educação". Citando mais duas formulações: "A educação tem sentido unicamente como educação dirigida a uma autorreflexão crítica" e "O único poder efetivo contra o princípio de Auschwitz seria autonomia, para usar a expressão kantiana; o poder para a reflexão, a autodeterminação, a não participação".

realidade do colégio (e elevado ainda a princípio universal), pode *in extremis* instrumentalizar-se como justificativa dos crimes e genocídios do século XX?

Aparentemente meras narrativas sobre as vicissitudes próprias da "adolescência colegial" (Mário de Andrade), no fundo as obras centradas nesse eixo temático extrapolam os limites de um drama mais ou menos pessoal e configuram, em elevado grau, a possibilidade antecipatória da arte. No entanto, o conceito de "antecipação" apareceria aqui dotado de sinal negativo, apontando em direção contrária, por exemplo, ao sentido utópico que Ernst Bloch vislumbra na estrutura do "ainda não" do pensamento filosófico ou no *Vor-Schein* ("pré-aparição" ou "pré-luzir") que seria intrínseco às grandes manifestações da Arte. Pois as ficções de Pompéia e Musil esboçam mundos em que se projeta a precariedade de autonomia individual em face de estruturas sociais cada vez mais coercitivas, registram o crescente estranhamento que envolve as relações da subjetividade com a realidade exterior — estranhamento do qual as palavras com que Törless abre o seu diário oferecem expressivo testemunho.

Por intermédio, contudo, da sublimação, primeiro na relação amorosa e, em seguida, na destruição do mundo odiado, e, quanto a Törless, mediante o retorno amadurecido ao âmbito familiar, Pompéia e Musil criam brechas que ainda resguardam o indivíduo do aniquilamento no confronto desigual com o meio onde imperam relações de barbárie. Mas quando esta transpôs a realidade *intramuros* da escola e se instalou em todas as esferas da vida social, quando a opacidade se tornou absoluta, então dificilmente o herói colegial poderá descortinar "meato de passagem" entre as puas do meio.

O desdobramento histórico de tendências apreendidas em estado latente nas duas narrativas aqui consideradas possibilitaria à perspectiva comparativa transpor algumas décadas e abrir-se à novela *Gato e rato*, do escritor alemão Günter Grass (1927).[35] É

---

[35] *Katz und Maus: eine Novelle* foi publicada em 1961 e insere-se no ci-

que nesta pequena obra-prima flanqueada pelos volumosos romances da Trilogia de Danzig, a relação obcecada do adolescente Joachim Mahlke com o ginásio Conradinum se constitui enquanto ponto de fuga de uma representação radicalmente crítica da sociedade nacional-socialista, a qual, tocando em pontos nevrálgicos da sociedade alemã do pós-guerra, valeu ao escritor acusações, inclusive por via judicial, de blasfêmia, obscenidade e calúnia das instituições.[36]

Com admirável maestria narrativa, Grass faz com que diversos componentes da intrincada constelação psíquica do herói convirjam para a ambição de, condecorado com a Cruz de Ferro, proferir uma conferência no salão nobre da escola de onde fora expulso. No terceiro dos treze segmentos da novela, encontra-se a seguinte passagem, com a característica oscilação pronominal que permite ler o relato também como uma carta que o narrador em primeira pessoa, movido pelo sentimento de culpa, dirige ao amigo de escola, desaparecido cerca de quinze anos atrás: "Nosso ginásio, aquele caixote embolorado e impossível de ventilar, e especialmente o salão nobre, significavam muito para Joachim Mahlke, e te obrigariam, mais adiante, a realizar esforços supremos".[37]

---

clo épico conhecido como Trilogia de Danzig, ao lado dos romances *Die Blechtrommel* (*O tambor de lata*), de 1959, e *Hundejahre* (*Anos de cão*), de 1963. Como estas obras, também foi traduzida para o português: *Gato e rato*, tradução de Rachel T. Valença, Rio de Janeiro, Labor, 1976.

[36] Numa excelente resenha da novela de Grass, Anatol Rosenfeld chama a atenção para o papel relevante que passagens ditas "obscenas", "blasfemas" etc. podem exercer em grandes obras de arte, e assim desqualifica as acusações levantadas contra a novela. A resenha "Grass e o obsceno" foi publicada originalmente no Suplemento Cultural de *O Estado de S. Paulo* (24/9/1966), e encontra-se reproduzida no volume *Letras germânicas*, São Paulo, Edusp/Perspectiva, 1993, pp. 240-8.

[37] No segundo segmento, citando mais um exemplo, o narrador lembra o papel obscuro que Mahlke desempenhava na Juventude Hitlerista, em contraste com a "fama especial — nem boa, nem má — fama lendária" de que gozava na escola: "Pelo visto, o nosso ginásio, em comparação com a mencionada organização da juventude, veio a significar para ti, com o passar do tempo, mais do que um ginásio comum — com sua tradição em parte rígida, em

Que a renúncia a considerações mais detalhadas sobre *Gato e rato* permita ao menos uma breve referência à personagem de Waldemar Klohse, professor de matemática e ao mesmo tempo o diretor da instituição educacional por cujo reconhecimento o herói ginasiano trava a inglória luta metaforizada no título da novela. Pois se Mário de Andrade não encontrava na literatura universal diretor de colégio congênere à figura de Aristarco, pode-se dizer que com algumas pinceladas precisas, Grass confere à sua personagem "uma unidade e um poder de convicção", nas palavras do crítico brasileiro, capazes efetivamente de colocá-la ao lado da genial criação de Pompéia.

Encarnação consumada do caráter autoritário, também Klohse enxerga no colégio em que exercita sua megalomania o "umbigo do mundo" e parece padecer igualmente da obsessão da própria estátua. Mas como o contexto histórico é outro, as técnicas de "nutrido reclame" cederam lugar às de propaganda ideológica explícita.[38] Com a voz altissonante e metálica, com o seu característico "hálito de hortelã que representava o odor de ciência pura", Klohse revela-se exímio manipulador da mentalidade adolescente: nas alocuções que antecedem os discursos proferidos por alunos e ex-alunos portadores da Cruz de Ferro, exalta com palavras de Schiller e outros clássicos as virtudes militares apregoadas

---

parte simpática, com seus coloridos bonés colegiais, com seu espírito estudantil tantas vezes invocado — pode satisfazer em matéria de expectativas como as que tu deves ter acalentado".

[38] Numa passagem do nono segmento, esse sistema social é codificado no "cheiro de cebola" que parece emanar de todas as casas pelas quais o eu narrador passa a caminho do herói Mahlke. A extraordinária passagem estratifica-se em várias camadas de significação, com o esboço de círculos concêntricos ligando pequenas ruas de Langfuhr (bairro de Danzig onde se localiza o ginásio Conradinum) à totalidade do Reich hitlerista; o leitor entrevê também o desmascaramento do terror como componente da vida cotidiana e a extrapolação para a esfera de redação da novela: "por isso eu devia esfregar minha máquina de escrever superficialmente com sumo de cebola para dar a ela e a mim uma ideia do cheiro de cebola que naqueles anos empestava toda a Alemanha, a Prússia Ocidental, Langfuhr, a Osterzeile e a Westerzeile, abafando o cheiro predominante de cadáver".

pelo Estado hitlerista e arvora-se, ele próprio, à condição de herói nacional. Sob a aparência de inflexível dignidade, pune supostos deslizes por parte dos alunos e por fim, argumentando com o regulamento inviolável da instituição, destrói de uma vez por todas, e sem renunciar a requintes de crueldade, o objetivo de vida de Mahlke, isto é: proferir o seu discurso no ginásio ostentando a Cruz de Ferro que efetivamente conquistara no *front* russo.

Com o seu desfecho trágico, a novela de Grass sobre a trajetória do aluno Joachim Mahlke insere-se de forma consequente numa tradição literária cujo núcleo fundamental reside na experiência que talvez se possa sintetizar no termo "heteronomia". Pois as várias "histórias de alunos ou internos" — estejam elas contextualizadas na Alemanha nacional-socialista, no Império Austro-Húngaro em sua fase de dissolução, ou nos anos finais do Segundo Reinado brasileiro — narram todas elas o recrudescimento de uma vivência que efetivamente se inicia enquanto "protótipo da alienação social".

A consideração de tais obras em chave comparativa e diferencial, longe de nivelar suas respectivas peculiaridades, permite discuti-las numa dimensão ampliada, de uma perspectiva matizada pelo contraste, mas também sempre atenta aos traços constitutivos desse tipo literário fortemente representado na literatura ocidental. À luz dos romances O *Ateneu* e *As atribulações do pupilo Törless*, procurou-se circunscrever e elucidar, ao longo deste ensaio, a constelação temática característica dessas narrativas ambientadas em internatos e escolas. Em sua etapa conclusiva, a abordagem comparativa abriu-se à novela *Gato e rato*, que tem o seu ponto de fuga justamente na relação conflituosa, e afinal trágica, do herói com o ginásio nacional-socialista.

Essas três obras, como tantas outras que sequer puderam ser mencionadas, tocam numa questão que já Montaigne, em seu belíssimo ensaio "Da educação das crianças", dizia constituir "a maior e mais importante dificuldade da ciência humana". Quatro séculos depois, Adorno não estará dizendo coisa muito diferente ao depositar na educação suas esperanças no advento de uma sociedade verdadeiramente livre e emancipada, como se depreende das muitas reflexões que fez sobre o assunto, entre as quais as formulações acima citadas.

Desse modo, é plenamente consequente e legítimo que narrativas como o *Ateneu*, tanto quanto *Debaixo das rodas*; *Törless*, tanto quanto *Doidinho* ou *Los ríos profundos* ou ainda a "história escolar" *O pai de um assassino*, suscitem questionamentos que possam adentrar não apenas pela pedagogia e filosofia, mas também pela psicologia, política, antropologia e tantas outras disciplinas do saber humano. Pois centradas na experiência primordial da heteronomia, mas também levantando desde logo a aspiração inalienável por uma condição autônoma e emancipada, essas pequenas obras-primas que têm como eixo temático o embate da criança ou do adolescente com o meio adverso da escola vão literalmente à raiz das grandes questões do indivíduo e da sociedade.

II
Dois mestres da simplicidade lírica

4.

Os espantalhos desamparados de Manuel Bandeira

> "Quem estaria em condições de falar dignamente da plenitude da infância?"
>
> Goethe, *Poesia e verdade*

A MITOLOGIA DA INFÂNCIA

Na bela e misteriosa narrativa "Josefina, a cantora ou O povo dos camundongos", que Franz Kafka escreve pouco antes da morte, a arte do "canto" da ratinha Josefina é associada em dado momento à "pobre, curta infância", a algo de uma "felicidade perdida, não mais recobrável". Os termos parecem contraditórios, mas fazem sentido referidos às circunstâncias da vida infantil na comunidade em que Kafka configura e alegoriza o enigma da arte e da relação desta com a sociedade.[1]

O atributivo "pobre" também poderia aplicar-se à meninice evocada por Raul Pompéia em seu romance *O Ateneu*, ainda que no início esta assume à memória do eu narrador banhada pelo "ouro da manhã", isto é, durante o breve período de proteção e aconchego na "estufa de carinho que é o regime do amor doméstico": trata-se dos momentos de sonhos e devaneios do menino Sérgio junto ao lago do jardim de casa, à "sombra dos tinhorões, na transparência adamantina da água...".[2]

---

[1] Pobre e breve de um lado, mas evocada como uma felicidade perdida para sempre: também para essa caracterização paradoxal da infância vale certamente a observação de Walter Benjamin de que "podemos ler durante muito tempo as histórias de animais de Kafka sem percebermos que elas não tratam de seres humanos" ("Franz Kafka: a propósito do décimo aniversário de sua morte", in *Magia e técnica, arte e política*, tradução de Sergio Paulo Rouanet, São Paulo, Brasiliense, 1985, p. 147).

[2] Lembre-se aqui a formulação de Alfredo Bosi referente às imagens ci-

E não se poderia reconhecer nessas imagens de "transparência adamantina" a fonte arquetípica e inesgotável em que vem haurir toda criação literária empenhada em recordar uma plenitude perdida ou, inversamente, em denunciar os ultrajes contra o mundo da criança? A resposta afirmativa teria o apoio de não poucas reflexões teóricas voltadas, com sensibilidade e rigor, para esse momento auroral da existência, em que — como sugerem versos de Manuel Bandeira — o desejo de alcançar o céu já significa habitá-lo:

> Não sente a criança
> Que o céu é ilusão:
> Crê que o não alcança,
> Quando o tem na mão.

No início de seu estudo sobre "poesia ingênua e sentimental", Friedrich Schiller refere-se a momentos na vida do adulto em que o encontro com a "natureza humana" idealmente presente na criança vem acompanhado de profunda comoção. Vivenciamos, nesses raros momentos, a mesma intuição de plenitude suscitada pelo gorjeio dos pássaros, pela contemplação de uma flor ou de uma árvore, de uma fonte ou mesmo de uma simples pedra coberta pelo musgo... Levanta-se em nós, assim, a "ideia" de uma vida singela e ativa, da existência autônoma, guiada por leis próprias, no sentido da eterna unidade do ser com a natureza e consigo mesmo — a mesma ideia, enfim, que se vislumbra no universo das crianças:

> "*São* o que nós *fomos*; são o que *devemos vir a ser* de novo. Fomos natureza como elas, e nossa cultura deve nos reconduzir à natureza pelo caminho da razão e da liberdade. São, portanto, expressão da nossa infância perdida, que para sempre permanece como aquilo que

---

tadas: "Através das águas do lago passava a luz, aquele 'ouro da manhã' que brilha na página de abertura como a eterna metáfora da infância" ("*O Ateneu*, opacidade e destruição", in *Céu, inferno*, São Paulo, Editora 34/Duas Cidades, 2003, p. 53).

nos é mais precioso; por isso, enchem-nos de uma certa melancolia. Ao mesmo tempo, são expressões de nossa suprema completude no Ideal, transportando-nos, por isso, a uma sublime comoção."[3]

Concepção semelhante da infância subjaz à conhecida reflexão de Marx a respeito das relações paradoxais entre o grau de desenvolvimento material de uma sociedade e o nível de suas manifestações artísticas. O esforço de compreender o fascínio imorredouro exercido pela arte grega — e, em particular, pela epopeia homérica — leva Marx ao estabelecimento de um paralelo entre o que considera a "infância histórica" da humanidade e a infância de cada existência humana:

"Um homem não pode voltar a ser criança, ou ele se tornará pueril. Mas não o alegra a ingenuidade da criança, e não deve ele próprio aspirar a reproduzir a verdade infantil num nível superior? Não se revigora na natureza infantil o caráter próprio de toda época em sua verdade natural? Por que a infância histórica da humanidade, onde desabrochou da maneira mais bela, não deveria exercer eterno encanto como um estágio que nunca mais retorna?"[4]

---

[3] Friedrich Schiller, *Poesia ingênua e sentimental*, São Paulo, Iluminuras, p. 44; tradução e estudo de Márcio Suzuki. A observação citada é desdobrada por Schiller algumas linhas adiante: "É erro acreditar que a mera representação do desamparo seja aquilo que, em certos momentos, nos detém com tanta emoção junto às crianças. [...] Não ficamos comovidos porque olhamos para a criança do alto de nossa força e perfeição, mas porque da *limitação* de nosso estado, que é inseparável da *determinação* uma vez atingida por nós, *elevamos o olhar* para a *determinabilidade* ilimitada e para a inocência pura da criança, e em tal instante nosso sentimento está muito visivelmente mesclado a uma certa melancolia para que se possa desconhecer a sua fonte".

[4] Essa reflexão encontra-se na "Introdução" ao volume *Grundrisse der Kritik der politischen Ökonomie* (Berlim, Dietz, 1983, vol. 43, pp. 44-5). Entre os vários comentários ao texto de Marx, citem-se Georg Lukács (*Introdu-

Tendo experimentado, portanto, em seus primeiros anos, a percepção animista, mágica, que guardaria afinidades com a correlata fase filogenética de inocência e plenitude (fase "mitológica", diz o pensador materialista; "ingênua", na perspectiva idealista de Schiller), o homem adulto será eternamente suscetível ao encanto que emana das primeiras produções artísticas do Ocidente.

Por mais surpreendente que possa parecer, podemos encontrar em Manuel Bandeira complementação das mais expressivas para o paralelismo traçado por Marx, e precisamente no trecho do *Itinerário de Pasárgada* em que rememora, no final do primeiro capítulo, a quadra de sua vida, dos seis aos dez anos, em que se constituiu a sua própria "mitologia", plena de figuras com "a mesma consistência das personagens dos poemas homéricos". As argumentações seguem direções opostas: em Marx, a incursão pela infância individual subordina-se à tentativa de apreender e especificar relações entre as esferas social e artística, como volta a evidenciar-se no final da passagem:

"O encanto de sua arte não está para nós em contradição com o nível social não desenvolvido no qual ela vicejou. É antes o resultado deste e está indissoluvelmente ligado ao fato de que as condições sociais imaturas nas quais ela se originou, e apenas nas quais poderia ter-se originado, não podem retornar nunca mais."

ção a uma estética marxista, capítulo "A arte como autoconsciência do desenvolvimento da humanidade", Rio de Janeiro, Civilização Brasileira, 1970, p. 269); também R. Wellek e A. Warren, que no nono capítulo de sua *Teoria de literatura* (Lisboa, Publicações Europa América, 1971, p. 133) destacam a percepção da "relação oblíqua" entre literatura e sociedade que subjaz a tal reflexão; ou ainda, entre nós, Alfredo Bosi (*O ser e o tempo da poesia*, capítulo "Poesia resistência", São Paulo, Companhia das Letras, 2000, pp. 163-227). Emil Staiger, em seus *Conceitos fundamentais da poética* ("Estilo épico", segmento 6), estabelece igualmente uma relação entre a infância individual e o estágio histórico que se vislumbra na epopeia homérica; também Ernst Fischer, no capítulo introdutório ao livro *Da necessidade da arte*, debruça-se sobre essa reflexão de Marx.

Em Bandeira, é a reflexão sobre a força poética e vital contida nesses áureos tempos de sua meninice que o faz transitar para a "infância histórica da humanidade":

> "A Rua da União, com os quatro quarteirões adjacentes limitados pelas ruas da Aurora, da Saudade, Formosa e Princesa Isabel, foi a minha Tróada; a casa de meu avô, a capital desse país fabuloso. Quando comparo esses quatro anos de minha meninice a quaisquer outros quatro anos de minha vida de adulto, fico espantado do vazio desses últimos em cotejo com a densidade daquela quadra distante."[5]

A INFÂNCIA POBRE EM MANUEL BANDEIRA

Revelação viva e epifânica dessa quadra de felicidade mítica, em que, para além da passagem do tempo, "tudo lá parecia impregnado de eternidade",[6] aflora no poema "Evocação do Recife", que consta do quarto livro de poesia de Manuel Bandeira, *Libertinagem*. Outra obra-prima que Bandeira extraiu da mina dessa sua "Tróada" recifense é o poema "Profundamente" (também de *Libertinagem*), que a análise de Davi Arrigucci Jr. iluminou de diferentes ângulos, ressaltando porém a força simbólica com que o poeta retoma e atualiza uma tópica tão antiga como a do *ubi sunt?*, relacionando-o não só com a sua história de vida, mas também com o processo de modernização da sociedade brasileira.[7]

---

[5] Manuel Bandeira, *Seleta de prosa*, Júlio C. Guimarães (org.), Rio de Janeiro, Nova Fronteira, 1997. O "Itinerário de Pasárgada" encontra-se reproduzido às pp. 295-360, citação à p. 297.

[6] Como que impregnada de um presente eterno é também a dimensão temporal que evoca Hermann Hesse na segunda das cinco estrofes do seu poema "Recordação", de janeiro de 1945: "O mais elevado seria: viver/ Em eterno presente./ Mas essa graça só foi dada/ Às crianças e a Deus".

[7] A análise e interpretação desse poema encontra-se no capítulo "A festa

Sabemos, contudo, que a figuração da infância na obra de Manuel Bandeira não se deu apenas mediante o ato de *recordar* a própria experiência individual. Pois ainda antes da "Evocação do Recife" ou do "Profundamente" vieram poemas que se assentam na observação do mundo da infância, melhor dizendo: poemas em que Bandeira, mais ainda do que observar, compartilha liricamente dos acontecimentos plasmados. Expressivo momento dessa atitude encontra-se no livro *O ritmo dissoluto*, precisamente nos poemas "Meninos carvoeiros", "Na Rua do Sabão" e ainda "Balõezinhos", que fecha o livro com a imagem dos "menininhos pobres" — presentes na metonímia especular dos "olhos muito redondos" fixos nos "grandes balõezinhos muito redondos" — compondo em torno do vendedor loquaz, numa feira de arrabalde, "um círculo inamovível de desejo e espanto".

Do ponto de vista formal, podemos destacar em primeiro lugar, como traço comum a esses três poemas, o predomínio do verso livre, que na trajetória poética de Bandeira pode ser considerado índice de seu acercamento ao prosaico, à vida cotidiana, aprofundando a ruptura com o início parnasiano-simbolista. Os poemas constam, como ficou dito acima, de *O ritmo dissoluto*, o primeiro dos quatro livros (incluindo-se a prosa das *Crônicas da Província do Brasil*) que escreve na Rua do Curvelo, para onde o poeta — já marcado pela pobreza, pela solidão e pela tuberculose — mudou-se em 1920. Foi publicado o livro em 1924 e, conforme reconstitui Bandeira no *Itinerário de Pasárgada*, teve recepção controversa por

---

interrompida", que abre a terceira parte do livro *Humildade, paixão e morte* (São Paulo, Companhia das Letras, 1990, pp. 201-32).

A ideia da morte como sono e a presentificação epifânica dos que adormeceram permitiriam lembrar aqui o poema "Die Entschlafenen", em que Hölderlin *recorda* (no sentido etimológico do verbo, afim ao correspondente alemão *erinnern*) "os adormecidos": "Um dia fugaz eu vivi e cresci entre os meus,/ Um após outro já me adormece e vai fugindo pra longe./ E no entanto, vós que dormis, 'stais-me acordados cá dentro do peito,/ Na alma parente repousa a vossa imagem que foge./ E mais vivos vivereis vós ali, onde a alegria do espírito divino/ A todos os que envelhecem, a todos os mortos rejuvenesce" (tradução de Paulo Quintela, *Hölderlin: poemas*, Atlântida, Coimbra, 1959, p. 249).

parte dos admiradores de sua poesia, como se exemplifica, por um lado, com Adolfo Casais Monteiro, para quem "muitas são as poesias sem ritmo de espécie alguma; mais do que ritmo dissoluto portanto..."; e, por outro lado, Octávio de Faria, que vislumbra aí o momento "em que o poeta, vencendo as últimas barreiras da sujeição a regras que o tolhem demais, atinge a sua forma mais agradável". O próprio Bandeira, ainda segundo a reconstituição de seu *Itinerário*, considera *O ritmo dissoluto* um "livro de transição", e isto tanto para a "afinação poética" conquistada no âmbito do verso livre e dos versos rimados e metrificados, como também, quanto à expressão de sentimentos e ideias, para a "completa liberdade de movimentos, liberdade de que cheguei a abusar no livro seguinte, a que por isso mesmo chamei *Libertinagem*".[8]

Se *O ritmo dissoluto* representa assim o primeiro fruto da experiência de Bandeira na Rua do Curvelo, então é legítimo supor que essa influência "mundana", oriunda da rua, tenha contribuído igualmente para a constituição da temática desdobrada nos poemas "Na Rua do Sabão", "Meninos carvoeiros" e "Balõezinhos".

O próprio *Itinerário de Pasárgada* fornece indicações nesse sentido, quando reproduz, por exemplo, a seguinte observação de Ribeiro Couto, feita no discurso com que saudou, em 1940, o ingresso do amigo na Academia Brasileira de Letras:

"Das vossas amplas janelas, tanto as do lado da rua em que brincavam crianças, como as do lado da ribanceira, com cantigas de mulheres pobres lavando roupa nas tinas de barrela, começastes a ver muitas coisas. O morro do Curvelo, em seu devido tempo, trouxe-vos aquilo que a leitura dos grandes livros da humanidade não pode substituir: a rua."

E caracterizando em seguida a vista que tinha, de sua nova casa, sobre o ambiente do Curvelo, as palavras de Bandeira elucidam de maneira ainda mais particularizada o tema da infância

---

[8] *Op. cit.*, p. 328.

pobre, pois enquanto pelo "fundo da casa" podia observar a "pobreza mais dura e mais valente", o lado da frente traçava a "zona de convívio com a garotada sem lei nem rei que infestava as minhas janelas, quebrando-lhes às vezes as vidraças, mas restituindo-me de certo modo o meu clima de meninice na Rua da União em Pernambuco". E na sequência, como síntese dessas vivências e observações: "Não sei se exagero dizendo que foi na Rua do Curvelo que reaprendi os caminhos da infância".[9]

De dois testemunhos dessa aprendizagem do poeta adulto, "Meninos carvoeiros" e "Na Rua do Sabão", é possível acompanhar também um pouco de sua gênese mediante cartas trocadas com Mário de Andrade, já que as de Bandeira foram acompanhadas, por duas vezes, dos manuscritos dos poemas, com variantes bastante sugestivas em relação à versão definitiva. Em carta escrita provavelmente no dia 22 de maio de 1923, Mário pede permissão — e logo em seguida toma a liberdade de responder pelo amigo — para publicar "Na Rua do Sabão" no último número da revista *Klaxon*;[10] e, num *post scriptum* à carta de 7 de junho do mesmo ano, lê-se a seguinte observação: "Esqueci de dizer do teu poema 'Os meninos carvoeiros' que só a 'Rua do Sabão' o ultrapassa. É UMA DELÍCIA".

A próxima carta que Mário dirige ao amigo, datada de 5 de agosto, volta a referir-se a esses dois poemas, mas agora como que para "repreender" o sentimento merencório e autocomiserativo que Bandeira colocara numa observação relativa ao seu relacionamento com a tuberculose:

---

[9] *Op. cit.*, p. 322.

[10] "E tu? que fazes? Manda-me alguns versos teus. Não publicas algum livro proximamente? Fala-me de teus projetos. Se *Klaxon* sair mais uma vez, permitirás a colocação do poema 'Rua do Sabão' nela? Sim. Obrigado." In *Correspondência: Mário de Andrade & Manuel Bandeira*, organização, introdução e notas de Marcos Antonio de Moraes, São Paulo, Edusp/IEB, 2000. A carta em questão encontra-se reproduzida às pp. 92-4, e a datação traz apenas a indicação do dia 22, mas o complemento de mês e ano é atestado em nota do organizador da edição; a citação seguinte vem na p. 96.

"Mas erras enormemente, Manuel, quando dizes como na tua última carta 'Hoje sou ironicamente, sarcasticamente tísico'. Não o és mais. Ao menos 'sarcasticamente'. Nem o foste nunca, propriamente. Eu sei. Ironicamente, inda vá. Mas quem escreve 'Os meninos carvoeiros' e a 'Rua do Sabão' não é mais sarcasticamente tísico, é amorosamente tísico. E o *Bonheur lyrique*? Eis aí, meu amigo, onde estamos hoje, tu e eu."[11]

Já uma leitura inicial poderia fixar, como traço comum mais geral aos dois poemas, a "temática" da infância pobre. Mas, num segundo passo, também já seria necessário atentar às diferenças no tratamento lírico que o poeta dispensa à sua observação (não importa se imaginária ou real) dos pequenos trabalhadores de carvoaria e dos acontecimentos protagonizados pelas crianças pobres da Rua do Sabão. Vale observar aqui, em primeiro lugar, que o gesto "amorosamente tísico" a que se refere Mário de Andrade evidencia-se com mais intensidade no poema que também considera superior. Entretanto, isto não deve significar que o poeta tenha colocado menos "amorosidade" na observação do trabalho dos carvoeiros, essas "crianças raquíticas" que — a despeito daquilo que o poema silencia — parecem integradas na "madrugada ingênua" e como que fundidas com os "burrinhos descadeirados" que vão tocando: "adoráveis carvoeirinhos que trabalhais como se brincás-

---

[11] *Op. cit.*, p. 100. Significativamente, Mário faz com que o seu "questionamento" do estado de espírito sugerido por Bandeira seja precedido de uma versão anterior do poema XVII de *Losango cáqui*, que conclui com o verso: "A própria dor é uma felicidade!".
A observação de Bandeira, em carta de 27 de julho de 1923, que suscitou a discordância do amigo, refere-se a um retrato que tirara dez anos atrás e que anexava então à carta: "Mas não é o Manuel Bandeira de hoje. É o Manuel Bandeira da *Cinza das horas*. É de um tempo em que eu era muito mansamente e muito doloridamente tísico. Hoje sou ironicamente, sarcasticamente tísico. Naquele tempo vivia do dinheiro de meu pai e do carinho dele e de minha mãe e de minha irmã. Hoje vivo da caridade do Estado e como ao Brás Cubas o que me conforta é não transmitir a ninguém o legado da minha miséria", *op. cit.*, p. 97.

seis!". Pois tal como nos versos que acompanham a serena ascensão do balãozinho na Rua do Sabão, também aqui a empatia do poeta com os seres de sua observação plasma-se na qualidade dos versos livres que se amoldam ao ritmo da marcha dos meninos, mais composta na ida, mais dissoluta na volta:

> Quando voltam, vêm mordendo num pão encarvoado,
> Encarapitados nas alimárias,
> Apostando corrida,
> Dançando, bamboleando nas cangalhas como
> [espantalhos desamparados!

Seria tarefa de uma análise mais detalhada revelar aqui em que medida a estrutura rítmica e sonora desses versos "prosaicos", também a precisão vocabular que surpreende por um refinamento que jamais resvala no pedantismo, expressam, já na imanência da linguagem, a profunda empatia do poeta com os meninos carvoeiros, que refulgem ao final na esvoaçante imagem dos "espantalhos desamparados". Tudo isso torna difícil, numa comparação entre os dois poemas, dar a primazia a um deles. Mas talvez o juízo de Mário deva-se, sobretudo, à estrutura formal mais elaborada que se verifica no poema "Na Rua do Sabão"; além disso, é este que evidencia de maneira mais explícita, como se verá a seguir, o poeta que seria, acima de tudo, "amorosamente tísico".

Na Rua do Sabão

Cai cai balão
Cai cai balão
Na Rua do Sabão!

O que custou arranjar aquele balãozinho de papel!
Quem fez foi o filho da lavadeira.
Um que trabalha na composição do jornal e tosse muito.
Comprou o papel de seda, cortou-o com amor, compôs
[os gomos oblongos...

Depois ajustou o morrão de pez ao bocal de arame.

Ei-lo agora que sobe — pequena coisa tocante na
[escuridão do céu.

Levou tempo para criar fôlego.
Bambeava, tremia todo e mudava de cor.
A molecada da Rua do Sabão
Gritava com maldade:
Cai cai balão!

Subitamente, porém, entesou, enfunou-se e arrancou das
[mãos que o tenteavam.
E foi subindo...
        para longe...
                serenamente...
Como se o enchesse o soprinho tísico do José.

Cai cai balão!

A molecada salteou-o com atiradeiras
        assobios
        apupos
        pedradas.

Cai cai balão!

Um senhor advertiu que os balões são proibidos pelas
[posturas municipais.

Ele foi subindo...
        muito serenamente...
                para muito longe...
Não caiu na Rua do Sabão.
Caiu muito longe... Caiu no mar — nas águas puras do
[mar alto.

O BALÃO EM ASCENSÃO

Procedendo inicialmente a um comentário descritivo mais geral, pode-se assinalar de imediato que o poema se estrutura em versos livres, cuja técnica ia sendo apurada nesse mesmo livro que, como se viu, o próprio poeta considerará depois de "transição". No entanto, o poema abre-se com a citação de uma cantiga junina, anunciando assim, de chofre, um motivo popular: "Cai cai balão/ Cai cai balão/ Na Rua do Sabão!". Predominam no poema os versos brancos, mas na abertura se tem uma rima simples e ingênua, própria de cantigas populares e folclóricas. Observe-se ainda que o versinho "Cai cai balão" ocorrerá mais três vezes, constituindo-se em espécie de *leitmotiv* que exprime a tendência contrária ao acontecimento celebrado no poema. Mas, se é possível falar em "acontecimento celebrado" no poema, então se pode também inferir daí que este possui um argumento narrativo, e até mesmo, indo um pouco além, que "Na Rua da Sabão" está impregnado — a exemplo de outros célebres poemas de Bandeira, como "Gesso", "Profundamente", "O cacto" — de elementos épicos, assumindo assim uma atitude para a qual a perspectiva didática de um Wolfgang Kayser teria a designação de "enunciação lírica".

Nesse sentido, a primeira aproximação ao poema se poderia dar mediante a consideração de sua estratificação temporal — da dimensão, portanto, em que a narrativa poética é desdobrada. De que forma essa exposição lírica de uma história que se desenvolve no tempo (mas também no espaço) concebe e articula entre si os diferentes planos temporais?

O primeiro e mais remoto apresenta, de maneira sintética, o trabalho de confecção; ressalta inicialmente a dificuldade que foi "arranjar aquele balãozinho de papel" e estende a descrição até o ajuste do "morrão de pez ao bocal de arame". O artífice é referido apenas, de forma indireta, como "o filho da lavadeira", a que se segue complemento introduzido pelo artigo indefinido: "um que trabalha na composição do jornal e tosse muito".

O segundo plano temporal seria aquele em que o eu lírico — o sujeito da enunciação lírica, a partir de cuja perspectiva e em cujo tom o poema se organiza[12] — vem situar-se mais explicitamente, como indicia o verso "Ei-lo agora que sobe — pequena coisa tocante na escuridão do céu". Observe-se, porém, que logo após este verso, o único referente à história do balão que traz o verbo no presente, recua-se ligeiramente no tempo para falar de uma outra dificuldade, que foi a de alçar voo, de "entesar, enfunar-se e arrancar das mãos que tenteavam". Contudo, se nessa dimensão houve, após o momento da presentificação ("Ei-lo agora que sobe"), um recuo no tempo, haverá também um avanço (embora com o verbo no perfeito) para além deste momento, que primeiro se realiza nos versos:

E foi subindo...
       para longe...
              serenamente...

E, em seguida, reiterado e intensificado pelo advérbio:

Ele foi subindo...
       muito serenamente...
              para muito longe...

Já pela configuração visual dos versos, que sugere o movimento de expansão, pelo uso das reticências (ou pontos de suspensão), sugerindo o fluxo do processo, e também pela reiteração intensificada dos três primeiros versos, o movimento de ascensão no espaço, por conseguinte também a sequência temporal até então empiricamente reconstituível, entram no ilimitado, no indeterminado, não mais apreensível ao eu que se situara no horizonte dos acontecimentos narrados.

---

[12] Em seu ensaio "A interpretação da obra literária", Alfredo Bosi chama a atenção para o significado dos conceitos de "tom" e "perspectiva" na organização da obra literária. Ver em especial a reflexão desenvolvida no tópico "Perspectiva e tom", in *Céu, inferno*, São Paulo, Editora 34/Duas Cidades, 2003, pp. 461-79.

Todavia, a última palavra do poema não reside na notícia da vigorosa e serena ascensão do balãozinho, até esfumar-se, para os olhos que o acompanham, no espaço infinito. Rompendo esse avanço no plano da presentificação, que tenderia, aliás, à continuidade plena — lembrem-se aqui as definições da lírica enquanto "sensação que se encerra no presente" —, diz o verso final que o balão caiu "nas águas puras do mar alto". Redimensiona-se assim o plano temporal em que se inscrevera a voz lírica e a partir do qual se organizam as etapas do evento celebrado no poema. A historieta arredonda-se, portanto, com a enunciação de que o destino do balão foi "as águas puras do mar alto", término e coroamento dos esforços em transcender as adversidades que enfrentara na Rua do Sabão para ganhar os céus.

O SOPRO LÍRICO

Essa primeira abordagem do poema "Na Rua do Sabão" a partir da consideração de sua base temporal justifica-se, como ficou dito, pelos componentes narrativos que constituem a sua "atitude enunciativa". Mesmo assim, é evidente que o significado do poema não se resume meramente em imitar uma ação completa (para valer-se aqui da formulação de Aristóteles) — não se esgota, portanto, no ato de reconstituir um acontecimento observado num meio pobre e humilde. Se essa formação lírica possui assim um significado mais específico, este não se deve em primeiro lugar ao êxito do procedimento mimético, mas resultaria antes da impregnação de sua própria *forma* de expressão pelo mundo social observado e vivenciado. Dessa maneira, o aprofundamento na estrutura formal do texto deveria demonstrar que "Na Rua do Sabão" não se limita a representar, com elementos lírico-narrativos, a realidade social de uma festa num meio humilde, mas se constitui o poema, na própria materialidade linguística, enquanto expressão estética imediata dessa mesma realidade social.

Esta vem filtrada pela participação afetiva do poeta, uma vez que o evento foi concebido "sob um certo ponto de vista" e acolhido "dentro de uma certa tonalidade afetiva", recorrendo-se aos termos propostos por Alfredo Bosi em sua "Interpretação da obra literária".[13] É assim que o eu lírico, logo após os versinhos de abertura, valoriza o quanto pode, mas também com simplicidade, a feitura do balão: "O que custou arranjar aquele balãozinho de papel!". Este "custou" parece ser índice, em primeiro lugar, de uma dificuldade artesanal, mas pode comportar igualmente uma alusão ao custo material que, embora pequeno, tem a pobreza como pano de fundo: "Quem fez foi o filho da lavadeira". Contrastando com os dois artigos definidos deste verso (dando a entender que pelo menos a lavadeira é personagem conhecida), o verso seguinte começa com o artigo indefinido e deixa o pequeno artesão no anonimato, mal destacando-o talvez de outros eventuais filhos da lavadeira, pois se trata tão somente de "um que trabalha na composição do jornal e tosse muito".

Segue então a descrição de todo o processo de feitura do balão, e a qualidade desses versos livres — que mais uma vez deixam entrever a maestria de Bandeira também na arte da prosa — pode ser observada na precisão e expressividade dos verbos, substantivos, adjetivos usados tanto para a descrição como para narrar as circunstâncias que envolvem a subida do balãozinho. Pois o leitor não se cansa de admirar a precisão vocabular de Bandeira, o domínio soberano de matizes e nuanças perfeitamente concertados com o tom fundamental do poema.[14] Como também se pode di-

---

[13] *Op. cit.*, p. 464. Na perspectiva hermenêutica exposta no ensaio, algo só se tornaria um evento para o sujeito "quando este o situa no seu aqui e o temporaliza no seu agora; enfim, quando o sujeito o concebe sob um certo ponto de vista e o acolhe dentro de uma certa tonalidade afetiva". Mais adiante, outra formulação enfatizando a relevância hermenêutica dos conceitos de *tom* e *perspectiva*: "A afinação do tom e a busca da perspectiva exata iluminam os dados particulares".

[14] Quanto a este ponto, valeria lembrar aqui a observação de Davi Arrigucci Jr. referente à qualidade da "prosa imitada" bandeiriana nos versos livres do poema "O cacto": "O controle perfeito da nuance exata que se busca, supervisionando o andamento do discurso em percurso contínuo e linear, ajustado precisamente ao assunto, revela de fato a atitude do exímio prosa-

zer em relação aos "Meninos carvoeiros" (com a descrição dos "burrinhos descadeirados", da "aniagem toda remendada", da "madrugada ingênua" assim como da "pequenina, ingênua miséria!", e ainda expressões como "mordendo num pão encarvoado", "encarapitados nas alimárias" etc.), os termos e as expressões que encontramos no poema sobre a Rua do Sabão não pertencem de forma alguma à esfera linguística dos agentes do acontecimento: "compor os gomos oblongos", "ajustar o morrão de pez ao bocal de arame", e ainda "criar fôlego", "bambear", "enfunar-se" etc. Dessa maneira, revela-se na própria dimensão linguística trabalhada por Bandeira a profunda empatia (ou mesmo solidariedade) com o elemento humano envolvido na historieta contada, entranhando-se assim a amorosa fatura do balãozinho na imanência da linguagem, ou seja, na não menos amorosa fatura do poema "Na Rua do Sabão".

Nesse sentido — isto é, no âmbito da composição lírica, desenvolvida em correspondência com a cuidadosa composição do balãozinho —, pode-se talvez sustentar que o movimento de ascensão deste ("E foi subindo.../ para longe.../ serenamente...") vem como que antecipado pelo ritmo dos versos imediatamente anteriores, moldado em segmentos regidos por formas verbais em crescente expansão, como se observa em "entesou", "enfunou-se" (expansão pelo acréscimo da partícula reflexiva) e, por fim, terceiro e mais longo segmento do verso: "e arrancou das mãos que o tenteavam". Assinalem-se ainda, quanto a este verso, dois outros recursos empregados por Bandeira para adensar-lhe a coesão: por um lado, o tempo verbal no aspecto perfeito, em contraste com a fase do "cai — não cai", regida pelo imperfeito, no verso "Bambeava, tremia todo e mudava de cor"; pelo outro lado, o anasalamento, com a expressiva ocorrência das consoantes /m/ e /n/, que se verifica no nível do substrato sonoro do poema. E neste ponto há de considerar-se que, se tal processo de sonorização por si só não seria suficiente para sugerir subliminarmente o movimento ascensio-

dor" (in *O cacto e as ruínas*, São Paulo, Editora 34/Duas Cidades, 2000, citação à p. 82).

nal do balão, o anasalamento cria ao menos forte contraste sonoro com os versos referentes à atitude da "molecada" da rua, que vêm logo em seguida e exprimem sentido oposto ao movimento mencionado. Observe-se ainda que a expansão conduzida pelas formas verbais no perfeito se reiterará nos versos — ou antes "semiversos"[15] — imediatamente adjacentes, cuja prolação espraia-se em consonância com as reticências, ou pontos de suspensão, que os configuram visualmente.

A esse movimento ascensional, e também aos seus apoios rítmico-sonoros, opõe-se drasticamente a verticalização dos versos referentes à ação da "molecada", salteando o balão "com atiradeiras", e depois, em semiversos simetricamente verticalizados, "assobios"/ "apupos"/ "pedradas". Dominam aqui, em contraste com a brandura do anasalamento anterior, aliterações oclusivas, tanto as linguodentais /t/ e /d/ quanto as bilabiais /b/ e /p/, reforçando no nível da sonoridade, com a sugestão de choque própria às consoantes "momentâneo-explosivas", as resistências que se colocam à ascensão do balão. Resistências, aliás, que se intensificam no verso seguinte — após, porém, nova ocorrência do *leitmotiv* "Cai cai balão!" —, também apoiado em expressivas aliterações oclusivas e tendendo, com toda a intencionalidade, para a fala prosaica: "Um senhor a*d*ver*t*iu que os balões são *p*roi*b*idos *p*elas *p*osturas munici*p*ais".[16]

---

[15] No extraordinário ensaio "Como fazer versos?", que não apenas sistematiza a sua concepção de poesia mas também descortina ao leitor vários detalhes de sua própria "oficina" poética, Maiakóvski fundamenta o emprego de semiversos, ou "semilinhas", enquanto procedimento que confere maior firmeza e clareza ao ritmo e ao sentido do segmento do poema em que se inserem. Ver Boris Schnaiderman, *A poética de Maiakóvski*, São Paulo, Perspectiva, 1971, pp. 167-219; sobre o assunto, ver p. 199.

[16] Na versão manuscrita enviada a Mário de Andrade, lê-se "obtemperou" no lugar de "advertiu". Embora rico em consoantes oclusivas, o termo, além de trazer ao verso um preciosismo que não existe em "advertir", estaria amainando o rigor da proibição levantada por esse porta-voz das "posturas municipais". Lembremos também que na versão manuscrita dos "Meninos carvoeiros", Bandeira usa erroneamente o termo "chouteira" para designar o ins-

Como última observação relativa à estrutura formal do poema "Na Rua do Sabão", valeria apontar ainda para o recurso de Bandeira a correspondências ternárias. Num poema cuja opção pelo verso livre o fez prescindir do apoio que poderia advir do esquema métrico e rímico, esse recurso contribui certamente para fundar a sua unidade formal, emoldurando também o referido jogo de contrastes. A ocorrência de tal estrutura ternária, manifesta já no *leitmotiv* do "Cai cai balão",[17] pode ser apontada ainda nos versos que falam da ascensão do balão e da periclitante fase inicial, apresentando, ambos os momentos, três verbos que contrastam os aspectos perfeito e imperfeito. Também os semiversos, organizados como que a sugerir visualmente, inclusive pelos pontos de suspensão, o movimento horizontal-expansivo, estruturam-se, da mesma forma que a verticalização brusca dos semiversos "assobios/ apupos/ pedradas", em ritmo ternário. E assim também o término da história, com a tríplice ocorrência do verbo "caiu", primeiro pela negativa: "Não caiu na Rua do Sabão" e, em seguida, na afirmação que se faz no verso de fecho. Mas também este se apoia em três segmentos, os quais vão atualizando com precisão crescente a notícia da queda do balão, com o seu momento culminante no ondulamento rítmico marcado pelo extraordinário contraste entre a abertura e alteamento do /a/ assonante "nas *á*guas do mar *a*lto" e a vogal que se fecha e alonga na palavra (obscurecimento momentâneo na claridade do verso) que traz por fim o sentido de pureza à narrativa lírica de Bandeira: "Caiu muito longe... Caiu no mar — nas águas puras do mar alto".

---

trumento com que os "burrinhos descadeirados" vão sendo tocados. Mário chama a atenção do amigo para a distração e recomenda a substituição do termo, o que também se dá em prol de uma maior simplicidade: "E vão tocando os animais com um relho enorme".

[17] Observe-se também, no poema "Meninos carvoeiros", a tripla ocorrência do verso "— Eh, carvoero!", que transforma em *leitmotiv* rítmico a exclamação (ou pregão) dos meninos a caminho do trabalho.

A imagem e a ideia

Com a enunciação da queda do balãozinho arredonda-se, portanto, a história que começara com a compra do papel de seda e o trabalho amoroso de uma criança pobre. Uma história de dificuldades, enfeixadas logo no verso de abertura: "O que custou arranjar aquele balãozinho de papel!", e de superação, compondo um arco que leva da Rua do Sabão (espaço em que atua a "garotada sem lei nem rei" da vila, salteando-o com gritos e pedras), até o espaço insondável das "águas puras do mar alto". Nessa passagem de um polo a outro, o momento decisivo parece explicitar-se no centro do poema, quando o balão, vacilando até então entre a queda e a ascensão, finalmente "entesou, enfunou-se e arrancou das mãos que o tenteavam". E, retornando agora à hipótese de uma correspondência entre a composição do balão e a do poema, mediadas ambas pelo trabalho amoroso, seria possível complementá-la com a observação de que é no âmbito dessa identificação — e justamente no momento decisivo em que o balão cria fôlego e se alça aos céus — que o seu pequeno artífice, "um que trabalha na composição do jornal e tosse muito", ganha um nome, acompanhado de importante revelação: "Como se o enchesse o soprinho tísico do José".

Também aqui o momento do reconhecimento (ou da *anagnórisis*, para usar o termo aristotélico), libera profunda emoção, mas não como conclusão do poema, como se pode observar, por exemplo, em relação a "Gesso", "O cacto", "O martelo" e outros poemas de Manuel Bandeira. E é na surpresa desse verso simples e delicado que parece concentrar-se subitamente toda a força simbólica que o poeta investiu nessa narrativa lírica de um acontecimento observado num meio pobre e humilde, mas alçado por fim, "pequena coisa tocante", à esfera sublime do espaço e da pureza do mar alto. Nessa perspectiva pode-se dizer então, reforçando a correspondência já assinalada, que o "soprinho tísico do José" é o que insufla vida não só ao balãozinho feito com tanto esforço e amor, mas também a esse poema que, mais do que qualquer outro, exprime o gesto "amorosamente tísico" que Mário de Andrade reconheceu no amigo de correspondência.

Nessa linha de leitura, a interpretação pode então transcender a imanência da história contada no poema e apreendê-la também como uma simbolização da própria existência do homem e do poeta Manuel Bandeira. Na superação dos vários obstáculos que se colocaram ao impulso ascensional do balão se vislumbraria assim a transfiguração simbólica das muitas adversidades — doença, pobreza, solidão — que marcaram essa existência, e sobre as quais Bandeira como que triunfou através da poesia, que transformou toda uma vida "que podia ter sido e que não foi" em outra que foi ficando "cada vez mais cheia de tudo", para lembrar a observação de Otto Maria Carpeaux reproduzida no final do *Itinerário de Pasárgada*.[18] Pode-se dizer, portanto, que foi a força da poesia que possibilitou a essa existência "criar fôlego", alçar-se sobre as adversidades da "prosa da vida" e alcançar por fim as "águas puras do mar alto", nas quais também se projetará depois, como se devaneia no poema "Cantiga", o desejo de felicidade e de morte.

Pode-se observar ainda que o ingresso na esfera do sublime articula-se de maneira concreta, enquanto derradeira etapa da pequena história que o poema conta, com a "ideia" presente na imagem ascensional do balão — em direção, portanto, ao elevado, ao *sublimis*. O símbolo experimenta assim um significativo adensamento, podendo-se dizer então que a "ideia" entranhada na imagem ascensional do balão leva para mais além do paralelo entre o trabalho paciente e amoroso do pequeno José, pobre e tuberculoso, e o trabalho estético do poeta de *Ritmo dissoluto*, igualmente pobre e tuberculoso. Sempre "ativa e inatingível", conforme a formulação de Goethe, a ideia contida na imagem do balãozinho buscando seu destino nos céus e nas "águas puras do mar alto" estaria representando também, como "revelação viva e momentânea do inescrutável", todo esforço em transcender os obstáculos e adver-

---

[18] Na mencionada edição do *Itinerário* (nota 5) lê-se "poderia" em lugar de "podia", como de fato está no segundo verso do poema "Pneumotórax": "A vida inteira que podia ter sido e que não foi".

sidades da vida e alçar a própria existência a um sentido mais elevado, seja através de um poema, de um balão ("pequena coisa tocante na escuridão do céu") ou de outra criação simbólica.

O BALÃO E A PIPA: UM ACENO COMPARATIVO

"O poeta melhor que nós todos, o poeta mais forte", diz Carlos Drummond de Andrade num dos versos de sua "Ode ao cinquentenário do poeta brasileiro", e se há procedência nessas palavras, se Manuel Bandeira pode de fato ser considerado, a despeito da própria opinião, um poeta maior da língua portuguesa, então isto se deve também à sensibilidade com que soube modular ao longo de sua obra o tema da infância. Como testemunho avultam aqui, em primeiro lugar, as já mencionadas obras-primas "Evocação do Recife" e "Profundamente", em que a recordação lírica do próprio passado articula-se com aquele que talvez seja, por excelência, o tema magno da poesia bandeiriana: a morte.[19]

Em modulações posteriores do tema, observa-se também a tendência a arrematar o poema com uma espécie de *flash*, de súbita iluminação lírica dos anos de meninice, como se o poeta já maduro ou mesmo envelhecido se descobrisse, em percepção instantânea, como sendo ainda o menino que — como está dito em "Versos de Natal" — "todos os anos na véspera do Natal/ Pensa ainda em pôr os seus chinelinhos atrás da porta". São versos da *Lira dos cinquent'anos*, de onde poderíamos extrair ainda outras ilustrações para esse procedimento: enquanto o poema "Peregri-

---

[19] É também a presença da morte que encerra as evocações do poema "Infância", fecho por sua vez do volume *Belo belo*. O poema expõe o esforço consciente do poeta já sexagenário em fixar as suas mais "velhas reminiscências", começando com as primeiras impressões em Petrópolis, aos três anos de idade. Tem-se porém a impressão de que nesse poema Bandeira, sem o transporte da revelação epifânica, não consegue de fato romper "os ruços definitivos do tempo", restando lacunar esse esforço da memória em reconstituir acontecimentos da infância.

nação" arredonda-se com a evocação final do "— Mim daqueles tempos!", em "Velha chácara" vemos levantar-se inesperadamente, no verso de fecho, o único sobrevivente das ruínas do passado: "— Mas o menino ainda existe". Com semelhante efeito de *pointe* é contemplada também a "Elegia de Verão", esta de *Opus 10*, mediante a reivindicação final ao mesmo tempo divertida e pungente: "Deem-me as cigarras que eu ouvi menino".

Diferentemente de todos esses poemas, "Na Rua do Sabão" e "Meninos carvoeiros" adentram o universo da infância não pela presentificação epifânica da experiência individual, isto é, a plenitude mítica de quatro anos vividos em extinta Tróada recifense, mas pelo lado sombrio do trabalho infantil. Longe, porém, de pretender denunciar um sistema social que condena à miséria a maior parte de suas crianças e priva-as assim de uma vivência digna da infância, esses dois poemas de *Ritmo dissoluto* exprimem antes de tudo a empatia do poeta com os pequenos trabalhadores que contempla: os "adoráveis carvoeirinhos" que trabalham como se estivessem brincando, e o pequeno José, filho tuberculoso de lavadeira e empregado de tipografia. O olhar sublimador do poeta parece comprazer-se em surpreender a capacidade das crianças de extrair momentos lúdicos ao pesado fardo do trabalho, transfigurando-se desse modo a *opressão real* em "pequenina, ingênua miséria".

Mas seria justo cobrar de Manuel Bandeira uma postura que mesmo um dos mais veementes teóricos do engajamento social do escritor, o Jean-Paul Sartre de *Qu'est-ce que la littérature?*, em momento algum exige do poeta lírico? Ainda que seja a indignação social ou o ódio político a dar origem ao poema, o verdadeiro lírico, observa Sartre, jamais estará utilizando-se das palavras como faria o prosador, mas sim entregando-se incondicionalmente à linguagem,[20] numa penetração surda "no reino das palavras", como

---

[20] A diferenciação entre a atividade do lírico e a do prosador é estabelecida por Sartre no capítulo "O que é escrever?", o primeiro do livro. Ao contrário do prosador que, ao expor os seus sentimentos, busca esclarecê-los, o poeta, na argumentação sartriana, deixa de reconhecer os sentimentos e paixões que virtualmente deram ensejo ao poema, pois que os entrega à livre ação das

talvez se possa dizer recorrendo ao verso drummondiano no poema "Procura da poesia".

Ao problema do trabalho infantil, tão vergonhoso quanto emblemático de nossa longa história de opressão e injustiças,[21] Bandeira dispensa um tratamento *simbólico* e, em consequência, os verdadeiros questionamentos que "Na Rua do Sabão" ou "Meninos carvoeiros" possam suscitar já terão encontrado resolução na dimensão *estética* em que se inscrevem enquanto poemas. No entanto, seria lícito contemplá-los por um momento a partir da própria realidade envolvida (e liricamente transfigurada). Também não deixaria de ser legítimo, para efeito de comparação e contraste, lembrar outras plasmações líricas da infância, e mesmo as que

palavras, que deles se apoderam e os metamorfoseiam. As palavras, no poema, deixam assim de significar, de remeter a realidades exteriores, como seria próprio do signo; elas não mais significam, mesmo aos olhos do poeta: "A emoção se tornou coisa, passou a ter a opacidade das coisas; é turvada pelas propriedades ambíguas dos vocábulos em que foi confinada" (citado conforme a edição brasileira: *Que é a literatura?*, tradução de Carlos Felipe Moisés, São Paulo, Ática, 1993).

É nos capítulos posteriores ("Por que escrever?" e "Para quem se escreve?") que Sartre irá precisar, em bases filosóficas, o seu conceito de *littérature engagée*. Somente ao romancista (e ao prosador de modo geral) coloca-se portanto a exigência de dotar o universo criado de um movimento que leva à superação das injustiças que esse universo encerra. As implicações que esse movimento, na visão sartriana, tem para o leitor de romance não são evidentemente extensíveis ao leitor de poesia: "Quanto a mim, que leio, se crio e mantenho em existência um mundo injusto, não posso fazê-lo sem que me torne responsável por ele. E toda a arte do autor consiste em me obrigar a *criar* aquilo que ele *desvenda* — portanto em me comprometer. Eis que nós dois arcamos com a responsabilidade pelo universo. E precisamente porque esse universo é sustentado pelo esforço conjugado de nossas duas liberdades, e porque o autor tentou, por meu intermédio, integrá-lo ao humano, é preciso que o universo apareça verdadeiramente *em si mesmo*, em sua massa mais profunda, como que atravessado de lado a lado e sustentado por uma liberdade que tomou por fim a liberdade humana [...]" (p. 50).

[21] Sobre esse assunto, vejam-se, entre tantos outros estudos, os textos enfeixados no volume *História das crianças no Brasil*, organizado por Mary Del Priore (São Paulo, Contexto, 1999), em especial a contribuição de Irma Rizzini: "Pequenos trabalhadores do Brasil" (pp. 376-406).

mais se afastam da poética de Bandeira. Dada a magnitude dessa temática na história da literatura, possibilidades praticamente ilimitadas abrir-se-iam à perspectiva comparativa. Podemos lembrar, por exemplo, alguns momentos da poesia de Bertolt Brecht, com sua postura social tão diferente da bandeiriana, mas que tem na expressão despojada, em que a simplicidade dissimula não raro a complexidade da elaboração linguística (um lírico contemplado com a "integridade da linguagem", na formulação de Adorno), uma zona de afinidades com o poeta brasileiro.

Ao contrário do autor de "Evocação do Recife" e de tantos outros líricos para quem a "nossa infância perdida", voltando à citada formulação de Schiller, "para sempre permanece como aquilo que nos é mais precioso", as vezes em que Brecht fala da infância, ele o faz frequentemente em sentido irônico: "O belo tempo de criança, que nunca mais volta", lê-se por exemplo num dos versos do poema "Coisas que são ditas às crianças", do ciclo "Canções infantis 1937". Após o período nacional-socialista e os anos de guerra, impõe-se em sua poesia a tendência a falar em primeiro lugar *sobre* e *para* as gerações que poderiam construir uma sociedade mais justa e solidária, e um momento culminante dessa tendência realiza-se nas quatro pequenas estrofes do "Hino infantil" (1950), que encontrou na música de Hans Eisler uma criação congenial. Vendo pela primeira vez, nas jovens gerações da República Democrática Alemã, possibilidades reais para a concretização das esperanças no futuro socialista, Brecht formula, em novo ciclo de canções infantis, uma espécie de "utopia da infância", retomando de certa forma as aspirações que exprimira em 1939 no poema "Aos que vierem depois de nós".

O fato de dirigir-se o poeta alemão, em seus ciclos de canções infantis, diretamente às crianças — isto é, com imagens, linguagem e ritmo em sintonia com essa intenção — constitui evidentemente uma diferença fundamental em relação aos poemas de *Ritmo dissoluto* voltados para o tema da infância pobre. No entanto, traço comum a ambos os poetas é o recurso a elementos intimamente associados ao universo lúdico da criança, símbolos como o "balão" ou a "pipa", que compõem um espaço de afinidades justamente no movimento ascensional — ou na esfera do *sublime*, onde soa também, muito acima desta "baixa vida terrena" e no "firmamento azul", "vizinho do trovão" e próximo ao "mundo das estrelas", o "Sino" de Schiller, como comenta Hegel em suas explanações sobre o lírico.[22]

"Pequena canção do pós-guerra" intitulou Brecht duas estrofes de quatro versinhos que integram um novo ciclo de canções infantis escritas em 1950: a primeira gira no ritmo célere de um pião que tem agora, em meio aos trabalhos de limpeza dos escombros e reconstrução da cidade, toda a rua à sua disposição; na segunda é uma pipa, espécie também de "pequena coisa tocante" num céu agora em paz, que pode alçar voo:

> Voa, pipa, voa!
> Não há mais guerra no céu.
> E se arrebenta a linha, então a coisinha voa
> Por cima de Moscou até Pequim.
> Voa, pipa, voa!

Em outro poema infantil, "Canção da pipa" (aqui acompanhado de tradução literal), celebra-se também um movimento ascensional, submetido porém ao controle humano e, assim, com características diferentes do impulso que, no delicado verso de Bandeira, emana do "soprinho tísico do José":

DRACHENLIED

Fliege, fliege, kleiner Drache
Steige mit Eifer in die Lüfte
Schwing dich, kleine blaue Sache
Über unsre Häusergrüfte!

---

[22] *Ästhetik*, Berlim/Weimar, Aufbau, 1976. A referência à "Canção do sino" de Schiller encontra-se no capítulo 3, "A poesia", da seção dedicada às "Artes românticas", vol. II, p. 502.

Wenn wir an der Schnur dich halten
Wirst Du in den Lüften bleiben
Knecht der sieben Windsgewalten
Zwingst Du sie, dich hochzutreiben.

Wir selbst liegen dir zu Füssen!
Fliege, fliege, kleiner Ahne
Unsrer grossen Äroplane
Blick dich um, sie zu begrüssen!

Canção da pipa

Voa, pequena pipa, voa,
Eleva-te com vontade aos ares
Empina, pequena coisa azul, empina,
Sobre a nossa catacumba de casas!

Se te seguramos pela linha
Tu te manténs nos ares
Escrava dos sete ventos
A levantar-te tu os obrigarás.

E nós quedamos a teus pés!
Voa, voa, pequeno ancestral
De nossos grandes aeroplanos
Olha ao teu redor para saudá-los!

 Linguagem, imagens, ritmo, assim como a estrutura rímica do original, moldam-se, como observado, em consonância com o universo das crianças, cuja superioridade em relação ao mundo dos adultos (a observação de Schiller volta então à memória) revela-se na imagem da pipa empinando sobre a "catacumba de casas" e saudando orgulhosa os "grandes aeroplanos". E também não seria difícil reconhecer a visão que o poeta alemão insuflou a seu ciclo de canções infantis: "Escravo dos sete ventos/ A levantar-te tu os obrigarás" não está celebrando outra coisa senão o domínio do homem — transposto, porém, ao espaço lúdico (o menino empinando a pipa) — sobre as forças da natureza (os "sete ventos").

Neste ponto, abre-se imensa distância em relação ao poeta brasileiro em cujas posições e apreciações políticas podemos reconhecer por vezes as marcas de um aristocratismo não muito diferente daquele que Brecht costumava ironizar em Rainer Maria Rilke e que o próprio Sartre, já no livro mencionado, disseca em Flaubert de maneira implacável. E isso sem falar ainda nas acerbas invectivas que se infiltraram na bela prosa do *Itinerário de Pasárgada*, a primeira das quais se permitindo desqualificar o engajamento de Paul Éluard, o antigo companheiro de sanatório em Davos que, com seu talento "bastante pessoal e tão aristocrático", jamais deveria sujeitar-se "à boçal estética imposta pelo comunismo russo aos seus escravos". Palavras estranhas de Bandeira, que se fecham a qualquer possibilidade de crítica dialética às deformações do socialismo real (assim como ao programa do realismo socialista), e que em seu tom furibundo tanto contrastam com o espaço generoso (e porventura legítimo) que abriu a Alberto Childe, "em tudo um homem de direita", e de quem também, nas palavras que arrematam a evocação, "poderia dizer que era um puro".

Mas estas considerações finais não poderiam ter outra finalidade senão fazer ressaltar com mais intensidade a dimensão viva que, para além das posições ideológicas assumidas pela pessoa empírica de um poeta, pulsa nos grandes textos líricos. E que valha aqui, mais uma vez, a recomendação de vigilância que faz Adorno, em seu texto sobre "lírica e sociedade", em relação ao conceito de "ideologia": "Ela [a ideologia] se manifesta no malogro da obra de arte, no que esta tem em si de errado, e é alvo da crítica". E, em seguida, a advertência quanto ao perigo de se imputar a acusação de ideologia a obras de arte "que têm sua essência no poder de configurar e, somente através desse poder, na capacidade de conciliação tendencial de contradições fecundas da existência real".[23]

---

[23] "Lírica e sociedade", tradução de Rubens Rodrigues Torres Filho, com

Não deixa de ser verdade que poemas como "Meninos carvoeiros" ou "Na Rua do Sabão" não questionam (e nem sequer roçam) a questão social de que conseguem extrair lirismo tão pungente, isto é, a miséria que atinge as crianças e fomenta a sua exploração — realidade historicamente vergonhosa, mas que hoje, em conjunção com as diversas formas de violência que grassam na sociedade brasileira, leva a níveis de barbárie que escarnecem de qualquer comentário. O poeta de *Ritmo dissoluto* que nos anos vinte se voltou às crianças excluídas e exploradas não acusa nem denuncia, como buscará fazer muito tempo depois no poema "O bicho", no volume *Belo belo*, conferindo expressão à perplexidade diante da miséria e da fome que animalizam o homem. Tampouco poder-se-ia apontar, nessas plasmações líricas da infância pobre, a "emoção social" que emana, na visão do próprio Bandeira, de um poema como "O martelo", vigorosa celebração do trabalho cotidiano de um ofício humilde.

Acima, contudo, de eventuais omissões e insuficiências que se possam apontar nos poemas aqui considerados, avulta o gesto amorosamente solidário que Bandeira estende aos carvoeiros ("adoráveis carvoeirinhos que trabalhais como se brincásseis!") ou ao tísico José — os meninos trabalhadores que, com sua ética ingênua, com sua pequena humanidade sofrida, animam esses poemas, suscitando nos leitores o sentimento expresso pela primeira vez na citada carta de Mário de Andrade. Se fazer "versos de guerra", como está dito em "Testamento", nunca esteve ao alcance de Manuel Bandeira, ele soube todavia abrir muitos caminhos para levar aos seus semelhantes — modulada em sons, ritmos e imagens — a "palavra fraterna" que soa no final do *Itinerário de Pasárgada* como a grande mensagem de sua obra. Não se pode exigir de poemas como "Meninos carvoeiros" ou "Na Rua do Sabão" mais do

---

assessoria de Roberto Schwarz, in *Textos escolhidos*, São Paulo, Abril, 1980, pp. 193-208, citação às pp. 194-5; ver também a tradução de Jorge de Almeida, "Palestra sobre lírica e sociedade", in *Notas de literatura I*, São Paulo, Editora 34/Duas Cidades, 2003.

que a empatia sublime, o gesto enlevado e ético que, acima de todas as contradições da existência real, irmana o grande poeta lírico aos seus pequenos "espantalhos desamparados" e que ao mesmo tempo faz ressoar em muitos de seus leitores a aspiração por um Estado social mais justo e solidário.

5.

"Água mole em pedra dura": sobre um motivo taoista na lírica de Brecht

> "sob o céu
> nada mais suave e mole do que a água
> nada a supera no combate ao rígido e forte
> porque nada pode modificá-la
> a fraqueza   vence a força
> a suavidade   vence a dureza"
>
> Lao-Tsé, *Tao Te Ching*

Deve-se certamente às possibilidades inexauríveis da imagem simbólica em desdobrar sentidos que a convivência prolongada com uma obra literária suscite por vezes no leitor a vivência do incomensurável — ou do "incalculável", para mencionar termo mais ao gosto do poeta que lançou as bases para a concepção de símbolo que aqui se pressupõe.[1]

Se é verdade que uma tal experiência não é estranha ao leitor de Bertolt Brecht (1898-1956), isto não significa estar às voltas, como certas tendências contemporâneas se comprazem em afirmar,

---

[1] A concepção goethiana de símbolo — frequentemente expressa em cartas (como a endereçada a Carl J. L. Iken em 27 de setembro de 1827) e que nas obras de velhice (*Fausto II*, *Os anos de peregrinação de Wilhelm Meister*) é vinculada estreitamente ao conceito de "símile" — encontra sua formulação teórica clássica nas sentenças 745-52 do volume *Máximas e reflexões*. Sobressai aqui, como conhecido, a sentença 749: "O procedimento simbólico converte o fenômeno em ideia, a ideia em uma imagem, e de tal modo que a ideia, na imagem, permanece sempre infinitamente ativa e inatingível, e, mesmo pronunciada em todas as línguas, permanece, contudo, inexprimível". Na sentença 752, o símbolo aparece como a força capaz de desentranhar o geral do particular, "não como sonho e sombra, mas como revelação viva e momentânea do inescrutável".

com o volátil, o fragmentário, o centrífugo, a não identidade etc. Com efeito, a vasta obra brechtiana — desde o início expressionista, com sua postura inconformista e antiburguesa (que avulta com maior nitidez nas peças *Baal, Tambores na noite, Na selva das cidades*), até os últimos poemas escritos na República Democrática Alemã — vem marcada, com todos os seus momentos de inflexão e mesmo ruptura, por uma unidade que reside, em última instância, na impregnação social de suas produções líricas, dramáticas e narrativas.[2] Entre os elementos que compõem e sustentam essa coesão seria possível destacar o tema da *transformação*, que já Hegel concebera como categoria central em suas reflexões sobre a filosofia da história.[3] Também para Brecht, a *transformação* as-

---

[2] Esta visão já está presente nos "comentários" que Walter Benjamin dedica, entre 1938 e 39, a doze poemas de Brecht. Numa espécie de "balanço provisório" de sua trajetória poética — desde o *Manual de devoção* (ou *Breviário doméstico: Hauspostille*, no original) passando pelo *Livro de leituras para habitantes das cidades* e chegando até os *Poemas de Svendborg* — Benjamin escreve: "A postura associal do *Manual de devoção* transforma-se, nos *Poemas de Svendborg*, em uma postura social. Mas isso não é exatamente uma conversão. Não se incendeia nessa obra o que de início se idolatrara. Trata-se antes de apontar para o que há de comum a essas coleções de poemas. Entre as suas variadas posturas se procurará em vão por *uma* postura, e esta é a postura apolítica, não-social".

[3] Na Introdução às suas *Preleções sobre a filosofia da história universal*, observa o filósofo após pintar um painel extremamente vívido dos acontecimentos, feitos, configurações de povos, Estados, indivíduos que se alternam em cortejo diante de quem contempla a história humana:
"O pensamento geral, a categoria que primeiro se oferece em face dessa alternância incansável de indivíduos e povos, os quais persistem por determinado tempo e depois desaparecem, é a da *transformação*. Apreender essa transformação a partir de seu lado negativo, a isso leva a contemplação das ruínas de uma antiga magnificência. Qual viajante — sob a impressão das ruínas de Cartago, Palmira, Persépolis, Roma — não estaria propenso a considerações a respeito da transitoriedade dos impérios e dos homens, propenso à tristeza em relação a uma existência outrora tão vigorosa e rica? Uma tristeza, porém, que não se prende a perdas pessoais e à transitoriedade das próprias metas, mas que é desinteressada tristeza voltada ao declínio de vida humana resplandecente e civilizada. — Contudo, a determinação subsequente que se associa à transformação diz que essa mesma transformação que representa declínio é, ao mesmo

soma frequentes vezes como objeto de reflexão teórica; rastreá-la, contudo, ao longo de sua obra lírica seria uma maneira de observar a constante interação da esfera íntima com a dimensão histórica. Assim, se mesmo a adoção de um ponto de vista marcadamente político não impede que o poema se abra para a situação subjetiva, ocorre também muitas vezes de o discurso lírico da intimidade incorporar sutilmente a situação histórico-social. Não é, portanto, de estranhar que Brecht, no final da vida, tenha projetado o tema da transformação sobre o limite da morte. Um dos últimos poemas diz:

> *Dauerten wir unendlich*
> *So wandelte sich alles*
> *Da wir aber endlich sind*
> *Bleibt vieles beim alten.*

> Durássemos infinitamente
> Assim tudo se transformaria
> Mas como somos finitos
> Muita coisa fica como está.

Interpretar esses versos elípticos apenas na linha de especulação existencialista, deflagrada pela proximidade da morte, seria passar ao largo do tom irônico-melancólico, tão característico de sua última fase lírica, que adensa a postura crítica (ora velada, ora mais explícita) perante a estagnação em que cada vez mais se envolvia o "socialismo real", frustrando muitas das promessas iniciais.[4] À medida que confronta — e neutraliza — o devaneio me-

---

tempo, advento de uma nova vida, que da vida decorre a morte, mas que da morte, vida."

[4] A postura de Brecht em relação aos rumos tomados pelo "socialismo real" da República Democrática Alemã aflora já na epígrafe das *Elegias de Buckow*, seu último ciclo lírico, com imagens alusivas a um estado de estagnação e marasmo: "Viesse um vento/ Eu poderia alçar vela./ Faltasse a vela/ Faria uma de estacas e lona". Já o poema "A solução" faz sátira explícita à re-

tafísico do infinito com a constatação nua e crua da finitude, a quadra brechtiana mantém ressoando, para além do resignado verso "muita coisa fica como está", a permanente aspiração por mudanças.

O rastreamento do tema da transformação pela lírica de Brecht leva-nos, como se vê, até àqueles poemas em que o poeta realiza, também aqui mantendo a história como pano de fundo, sua "preparação para a morte". É conhecida a advertência, num desses poemas, de que não necessitava de nenhuma lápide em seu túmulo, mas caso viessem os homens a necessitar de uma lápide para o poeta, este então sugeria a inscrição que a todos honraria: "Ele fez sugestões. Nós/ As aceitamos".

Ora, de muitas das sugestões feitas por esse entusiasta da dialética em sua extensa obra lírica, teatral, narrativa e teórica pode-se dizer que sua aspiração última, de certo modo, era a obsolescência, isto é, alcançar a sua realização — e, por conseguinte, a autossuperação — na história. E é por isso que Brecht, num poema de 1936, após enumerar várias razões para que o seu nome seja sempre mencionado no futuro, manifesta-se, nos versos finais, de acordo com o fato de que ele seja esquecido:

> *Warum*
> *Soll man nach dem Bäcker fragen, wenn genügend*
> *[Brot da ist?*
> *Soll der Schnee gerühmt werden, der geschmolzen ist*
> *Wenn neue Schneefälle bevorstehen?*
> *Warum*
> *Soll es eine Vergangenheit geben, wenn es eine*
> *Zukunft gibt?*

pressão, inclusive com tanques soviéticos, à sublevação popular de 17 de junho de 1953, ocorrida no setor oriental de Berlim: "Após o levante de 17 de junho/ O secretário da União dos Escritores/ Mandou distribuir panfletos na Alameda Stalin/ Nos quais se podia ler que o povo/ Desmerecera a confiança do governo/ E só com trabalho redobrado/ Poderia recobrá-la. Mas não seria/ Ainda mais simples se o governo/ Dissolvesse o povo e/ Elegesse um outro?".

> Por quê
> Deve-se perguntar pelo padeiro, se há pão suficiente?
> Deve, a neve que derreteu, ser celebrada
> Se novas nevadas estão pela frente?
> Por quê
> Deve haver um passado, se há
> Um futuro?[5]

Mas para isso é também necessário — e esta sugestão aos pósteros não está colocada apenas em causa própria — que à celebração de grandes nomes se sobreponha o acolhimento efetivo das propostas feitas pelos celebrados. Não é outra a mensagem do poema narrativo "Os tecelões de Kujan-Bulak homenageiam Lênin". Escrito no início de 1930 e baseado num relato de jornal, o poema celebra a maneira pela qual tecelões pobres e maleitosos, numa província asiática da União Soviética, homenagearam o revolucionário morto: com o dinheiro arrecadado para um busto comemorativo, os tecelões decidem comprar querosene a fim de eliminar o foco da febre que se alastrava a partir do cemitério de camelos. Lênin, sugere o poema, não necessitava do busto, mas sim da aceitação efetiva de suas propostas.

Desse elogio da prática leninista é certamente possível depreender uma crítica velada ao culto à personalidade então vigente. Mas enveredar pela história das relações que Brecht entreteve com o movimento comunista e, desse modo, com o "socialismo real", seria defrontar-se com tarefa das mais complexas, que jamais poderia perder de vista os respectivos contextos histórico-sociais assim como a correlação de forças no plano mundial. Tal tarefa teria de dar conta, num extremo, do implacável maquiavelismo expresso numa peça didática como *A medida* (1929/30), em que um revolucionário que colocara a causa comunista em perigo, numa ação na China, acaba convencido da necessidade da própria

---

[5] Variante posterior dessa temática encontra-se no poema "O belo dia em que me tornei inútil", escrito em 1955.

execução. Uma canção desta peça propõe: "Mude o mundo: ele precisa disso"; e segue reiterando: "Afunde na sujeira/ Abrace o carniceiro, mas/ Mude o mundo: ele precisa disso!". E, no entanto, vinte anos depois, nos poemas escritos em seu refúgio bucólico de Buckow, nos arredores de Berlim, a expressão de desconforto e insatisfação no "mundo mudado"... A interrogação que fecha o primeiro poema do ciclo *Elegias de Buckow*, intitulado "A troca de roda", deve ser entendida como índice sincero da desorientação do poeta em face de novas contradições sociais e pessoais:

> *Ich sitze am Straßenrand*
> *Der Fahrer wechselt das Rad.*
> *Ich bin nicht gern, wo ich herkomme.*
> *Ich bin nicht gern, wo ich hinfahre.*
> *Warum sehe ich den Radwechsel*
> *Mit Ungeduld?*
>
> Estou sentado na sarjeta.
> O condutor troca a roda.
> Não me sinto bem no lugar de onde venho.
> Não me sinto bem no lugar para onde vou.
> Por que vejo a troca de roda
> Com impaciência?

Contradições, portanto, não apenas pontilhando a trajetória pessoal de Brecht, mas determinando também, de maneira concreta, o teor de um pequeno poema como o citado. Sabemos, todavia, que apontar contradições numa obra poética não significa de forma alguma acusar deficiências, muito menos em relação a um artista que, forrado na leitura de Hegel e Marx, amava a dialética acima de tudo:

> "Planos, vazios, rasos, tornam-se os poemas quando despojam sua matéria das contradições, quando as coisas das quais eles tratam, não despontam em sua forma viva, isto é, multifacetada, inesgotável, impossível de

ser formulada em definitivo. Trata-se de política, então resulta a *má* poesia de tendência. Têm-se assim 'representações tendenciosas', isto é, representações demasiado lacunares, que precisam violentar a realidade, criar ilusões. Têm-se então fórmulas mecânicas, mero fraseado, instruções impraticáveis."[6]

Não é difícil perceber que essa concepção da *contradição* enquanto força motriz tanto do processo histórico como da existência individual — e, no poema acima, a imagem do carro parado, exasperando a impaciência, ilustra-a às avessas — está intimamente conjugada com a posição de relevo que o tema da mudança, da transformação, possui na obra lírica de Brecht, constituindo-se como um *leitmotiv* central.[7] Numa quadra escrita em 1930, quando o tema em questão já se impregnara de um sentido marxista, leem-se os seguintes versos:

> *Ich, der ich nichts mehr liebe*
> *Als die Unzufriedenheit mit dem Änderbaren*
> *Hasse auch nichts mehr als*
> *Die tiefe Unzufriedenheit mit dem Unveränderlichen.*

> Eu, que acima de tudo amo
> A insatisfação com o mutável

---

[6] Bertolt Brecht, cf. o breve texto "Die Dialektik", in *Grosse kommentierte Berliner und Frankfurter Ausgabe*, *Schriften 2*, vol. 22.1, pp. 129-30, Berlim/Frankfurt a.M, Suhrkamp, 1993.

[7] Valeria lembrar aqui a exigência fundamental, para o teatro brechtiano, de mostrar o mundo enquanto *modificável* (é assim que Galileu exprime sua confiança no "suave poder da verdade", filha do tempo e não da autoridade). Também não são poucas as formulações teóricas em torno da transformação: *Denken heisst verändern* — "pensar significa transformar" — é uma das mais lapidares, associada com frequência à formulação de Ernst Bloch, *Denken heisst überschreiten* — "pensar significa transcender". No *Livro das mutações*, Brecht apresenta a seguinte definição: "Me-ti disse: pensar é algo que se segue a dificuldades e precede a ação".

Nada odeio tanto
Como a profunda insatisfação com o imutável.

Rastreando esse tema para a frente, a partir desse ano em que se costuma localizar a cristalização de seu engajamento socialista, o veremos configurar-se de diferentes maneiras, ora sob a forma de homenagem prestada a amigos ("Louvo aqueles que se transformam/ E assim permanecem os mesmos"), ora recebendo um tratamento mais direto como no *rondel* "Tudo muda",[8] ou mesmo conceitual como no "Elogio da dialética", ora armando-se com imagens tomadas à esfera da natureza, a exemplo das que preparam, no pequeno poema que se segue, a denúncia da violência social (e a possibilidade da contraviolência):

Der reißende Strom wird gewalttätig genannt
Aber das Flußbett, das ihn einengt
Nennt keiner gewalttätig.

Der Sturm, der die Birken biegt
Gilt für gewalttätig
Aber wie ist es mit dem Sturm
Der die Rücken der Straßenarbeiter biegt?

A torrente que tudo arrasta é chamada de violenta
Mas o leito que a oprime
Ninguém o considera violento.

---

[8] Comentando o poema no contexto de seu estudo "Poesia resistência", Alfredo Bosi observa que "uma dialética de esperança, desesperança e re-esperança dita esses versos paradoxais em que o fechamento absoluto convive com a absoluta abertura". O poema é então reproduzido em tradução de Modesto Carone: "Tudo muda. Começar de novo/ Tu podes, com o último alento./ Mas o que está feito, está feito. E a água/ Que atiraste ao vinho, não podes/ Mais retirar.// O que está feito, está feito. A água/ Que atiraste ao vinho, não podes/ Mais retirar, mas/ Tudo muda. Começar de novo/ Tu podes com o último alento", in *O ser e o tempo da poesia*, São Paulo, Companhia das Letras, 2000, p. 217.

A tempestade que verga as bétulas
É considerada violenta
Mas e quanto à tempestade
Que verga as costas dos trabalhadores de rua?

A INTERSECÇÃO LÍRICA DE NATUREZA E SOCIEDADE

Um dos primeiros testemunhos líricos do retorno de Brecht à Alemanha tomou forma no breve poema "Percepção", em que as imagens de "montanhas" e "planícies" sugerem elipticamente a disposição de engajar-se (e envelhecer) na construção do socialismo. O poeta metaforiza essa tarefa na amplidão que se abre perante os seus olhos, imbuído ao mesmo tempo do senso do coletivo (ao "eu" da primeira estrofe se segue, na segunda, o "nós") e da satisfação de não ter encanecido nos longos anos de luta antifascista:

Als ich wiederkehrte
War mein Haar noch nicht grau
Da war ich froh.

Die Mühen der Gebirge liegen hinter uns
Vor uns liegen die Mühen der Ebenen.

Quando eu retornei
O meu cabelo ainda não estava grisalho
Então fiquei contente.

Os esforços das montanhas ficam atrás de nós
Diante de nós ficam os esforços das planícies.

Imagens de montanha e planície impregnadas, como se percebe, de extraordinária força simbólica, espelhando-se ainda numa relação quiasmática não menos extraordinária. Proceder a um levantamento amplo e minucioso de símiles e metáforas que se assentam na analogia de acontecimentos e processos históricos com fenômenos naturais extrapolaria em muito os limites deste ensaio. De qualquer modo, tal levantamento apenas reforçaria a constatação de que a lírica brechtiana jamais se refere à natureza enquanto dimensão em que o homem pode refugiar-se das contradições sociais, isto é, encontrar a paz e a harmonia negadas pela sociedade — movimento que, seguindo a argumentação de Adorno, terá alcançado o seu sentido mais elevado, construído no interior da dialética entre lírica e sociedade, na pequena "Canção noturna do peregrino" de Goethe.[9]

Na poesia de Brecht não se verifica, senão ironicamente, a tendência a "buscar a natureza", para trazer igualmente à baila a famosa caracterização schilleriana do poeta "sentimental".[10] É sem dúvida altamente problemático mobilizar aqui categorias como a de "ingênuo" e "sentimental", propostas no final do século XVIII; seria questionável também em relação a obras líricas modernas em que vemos aflorar por vezes uma tematização mais livre da natureza, menos sujeita a pressupostos históricos e políticos, como o

---

[9] Se a poesia de Brecht jamais se aproxima da imagem de uma natureza harmonizada e consoladora, isto não significa, evidentemente, que nela a tematização lírica da natureza ressinta-se do movimento dialético. Acontece apenas que em seus poemas não se verifica um abandono tão incondicional do sujeito à natureza — como demonstra Adorno, em seu ensaio sobre "lírica e sociedade", quanto ao pequeno poema de Goethe — a ponto da relação entre eu e sociedade, mediante a plasmação linguística dessa entrega, cristalizar-se *involuntariamente*. De resto, o próprio Adorno observa que o gesto mais autêntico do poema, o consolo e ao mesmo tempo o irônico cancelamento deste, representa um momento único: depois de Goethe, essa "ironia sublime" teria decaído e se tornado "maliciosa" ou "pérfida" (*hämisch*). Ver, na nota 23, p. 225 da presente edição, menção às traduções brasileiras desse texto.

[10] Num importante passo de seu estudo sobre "Poesia ingênua e sentimental", Schiller sintetiza a diferença entre os dois tipos de poesia nos seguintes termos: "O poeta, dizia eu, ou é natureza ou a *buscará*. Aquele caso faz o poeta ingênuo, este faz o sentimental". In *Über naive und sentimentalische Dichtung. Wissenschaftliche Buchgesellschaft*, vol. V (*Erzählungen, theoretische Schriften*), Munique, 1993, pp. 694-780, citação à p. 716. Há edição brasileira do tratado de Schiller: São Paulo, Iluminuras, 1991, tradução e apresentação de Márcio Suzuki.

ilustrariam poemas, para citar apenas alguns nomes, de García Lorca, Giuseppe Ungaretti ("Mare e cielo" ou, título definitivo, "Mattina": *M'illumino/ d' immenso*), até mesmo Rainer Maria Rilke (que se pense em seus poemas sobre flores, em primeiro lugar rosas, mas também os antológicos versos de "Hortênsia azul", com a profusão de símiles descritivos da cor azul, os quais acabam também por revelar uma qualidade espiritual da flor).

Um lírico como Manuel Bandeira pode, como no poema "Sob o céu todo estrelado", invocar um momento anímico, vivenciado em meio a acontecimentos da natureza, de que emana sensação misteriosa e indefinível de felicidade (o que seria impensável na poesia de Brecht). Contudo, mesmo considerando momentos como esse "sob o céu todo estrelado", para um poeta do século XX não estaria dada a possibilidade de plasmar a relação com a natureza (e a sociedade) de maneira tão imediata — e com uma força a bem dizer *mítica* — como se observa, por exemplo, num poema como "Os carvalhos", em que Hölderlin se volta a essas árvores, comparadas a "um povo de Titãs" e às "estrelas do céu", para expressar insolúvel dilema existencial:

> *Könnt ich die Knechtschaft nur erdulden, ich neidete nimmer*
> *Diesen Wald und schmiegte mich gern ans gesellige Leben.*
> *Fesselte nur nicht mehr ans gesellige Leben das Herz mich,*
> *Das von Liebe nicht läßt, wie gern würd ich unter*
> *   [euch wohnen!*

> Pudesse eu tolerar a servidão, e já não invejava
> Este bosque e bem me amoldava à vida em comum.
> Não me prendesse já à vida em comum o coração,
> Que não deixa de amar, como eu gostaria de morar
>   [entre vós![11]

---

[11] "Os carvalhos" (*Die Eichbäume*) foi escrito em 1796 e pode ser considerado o primeiro grande poema de Hölderlin. Os versos finais são citados segundo a tradução de Paulo Quintela: *Hölderlin: poemas*, Coimbra, Atlântida, 1959, p. 7.

As ilustrações para a ascética e esquiva postura de Brecht em face da natureza seriam inúmeras; lembremos primeiramente a última estrofe do poema "Tempos ruins para a lírica", em que o núcleo dessa poética se explicita da seguinte forma:

In mir streiten sich
Die Begeisterung über den blühenden Apfelbaum
Und das Entsetzen über die Reden des Anstreichers.
Aber nur das zweite
Drängt mich zum Schreibtisch.

Lutam em mim
O entusiasmo pela macieira florida
E a repulsa pelos discursos do pintor de paredes.
Mas só esta última
Constrange-me à escrivaninha.[12]

E entre vários outros exemplos, esses versos do famoso poema "Aos que vão nascer", com o seu sentido paradoxal redimensionado hoje pelas devastações ecológicas:

Was sind das für Zeiten, wo
Ein Gespräch über Bäume fast ein Verbrechen ist
Weil es ein Schweigen über so viele Untaten einschließt!

Que tempos são estes, em que
Uma conversa sobre árvores é quase um crime
Porque implica calar-se sobre tantas infâmias!

---

[12] Brecht referia-se a Hitler como "pintor de paredes" (*Anstreicher*) em alusão às ambições artísticas do futuro ditador (frustradas em duas tentativas de ingressar na Academia de Artes de Viena) e a um discurso, pronunciado no dia 1º de maio de 1933, em que propunha uma reforma geral das casas na Alemanha como uma das medidas para acabar com o desemprego (cf. o poema "A canção do pintor de paredes Hitler"). Além disso, o epíteto *Anstreicher* sugere uma aproximação ao verbo *durchstreichen*, que significa algo como "passar a caneta", inutilizar com um rabisco, conotando portanto o gesto autoritário.

Em "Paisagem finlandesa", o poeta exilado resiste ao impulso de entregar-se plenamente à magnífica natureza nórdica e aborta a sinestesia em formação:

Geruch und Ton und Bild und Sinn verschwimmt.
Der Flüchtling sitzt im Erlengrund und nimmt
Sein schwieriges Handwerk wieder auf: das Hoffen.

Aroma e som e imagem e sentido se esvaecem.
O fugitivo senta-se no chão de faias
E retoma o seu penoso ofício: o esperar.[13]

De modo geral, a emoção que parece decorrer, em raros momentos dessa poesia, da contemplação de um ente ou fenômeno da natureza vem adensada pela presença implícita da experiência histórica, a exemplo do que ocorre no poema "Pinheiros", de 1953, em que a percepção inesperada e comovida da cor que essas árvores exibem no crepúsculo matutino deve-se também aos longos anos em que o poeta não teve olhos para isso:

In der Frühe
Sind die Tannen kupfern.
So sah ich sie
Vor einem halben Jahrhundert
Vor zwei Weltkriegen
Mit jungen Augen.

Ao amanhecer
Os pinheiros são de cobre.
Assim eu os vi
Há meio século
Há duas guerras mundiais
Com olhos jovens.

---

[13] Esses três poemas em que se manifesta a reticente postura brechtiana em relação à natureza figuram, em tradução de minha autoria, em anexo.

Cenas da natureza, metáforas da revolução

Se, portanto, a natureza jamais se constitui, na lírica brechtiana, enquanto esfera autônoma e impermeável ao mundo histórico-social, então é plenamente consequente que imagens como as da tempestade ou da torrente que tudo arrastam se configurem via de regra como metáfora ou símile de forças que promovem não apenas a simples destruição, mas também a transformação revolucionária no curso dos acontecimentos.[14] Esse procedimento analógico pode chegar até mesmo à forma de parábola, como se observa no poema cujo título exageradamente longo, prosaico e discursivo cria estranho contraste com versos que parecem ecoar num passado mítico: "Resposta do dialético quando lhe censuraram que sua previsão da derrota dos exércitos hitleristas no leste não se verificou" refere-se apenas no título à investida alemã contra a União Soviética; os treze versos que se seguem contam a história de medidas anti-inundações tomadas nos decênios anteriores ao dilúvio — a técnica hidráulica aperfeiçoara-se a tal ponto que num determinado ano o perigo de enchentes foi considerado definitivamente superado:

Im nächsten
Kam die Sinntflut. Sie ersäufte
Alle Dämme und alle Dammbauer.

---

[14] Esse sentido é explicitado, por exemplo, na "Canção das torrentes": após cantar rios que correm em diversas partes do mundo (Mississippi, Ganges, Nilo, Yang-Tsé, Volga e Amazonas), a última estrofe metaforiza o "proletariado" no mais fecundo de todos: "Amigos, ele é também o mais forte/ E para ele não há dique: pela terra se espraia/ Irresistivelmente".

Vejam-se também, mais a título de curiosidade, os seguintes versos, em tradução literal, do fragmento "O Manifesto" (trata-se de um projeto de Brecht de versificar o "Manifesto do Partido Comunista" em hexâmetros): "Mas cada vitória [da burguesia] fortalece também a base da classe/ Que aquela necessita para vencer: crescendo, as grandes indústrias/ Aglomeram o proletariado em massas cada vez mais poderosas./ Um proletário torna-se semelhante ao outro: quem ainda encontrará a onda/ Na torrente cinza e caudalosa?".

No ano seguinte
Veio o dilúvio. Ele afogou
Todos os diques e todos os construtores de diques.

Não é, todavia, apenas pela impetuosidade que a imagem da água penetra na lírica brechtiana como agente da transformação. Pode mesmo acontecer de a força transformadora desse elemento se desvendar ao dialético num simples momento do cotidiano, inspirando-lhe o tom reflexivo e contido de muitos poemas que tematizam situações corriqueiras de seu exílio na Califórnia, de onde acompanha os desdobramentos da guerra.[15] Em "Leitura de jornal durante a preparação do chá" leem-se os seguintes versos:

Frühmorgens lese ich in der Zeitung von epochalen Plänen
Des Papstes und der Könige, der Bankiers und der Ölbarone.
Mit dem anderen Auge bewach ich
Den Topf mit dem Theewasser
Wie es sich trübt und zu brodeln beginnt und sich wieder klärt
Und den Topf überflutend das Feuer erstickt.

De manhã cedo leio no jornal os planos estupendos
Do papa e dos reis, dos banqueiros e dos barões do petróleo.
Com o outro olho vigio
A panela com a água do chá
Como ela se turva e começa a borbulhar e de novo se aclara
E transbordando da panela sufoca o fogo.

Debatendo-se assim na torrente adversa de seu tempo sombrio — para recorrer a uma imagem do poema "Aos que vão nascer" em que a água aparece num sentido diferente do enfocado

---

[15] Como exemplo dessa tematização, o poema "Verão 1942", com o estranho contraste entre cenas do cotidiano e a carnificina na União Soviética: "Dia a dia/ Vejo as figueiras no jardim/ Os rostos corados dos comerciantes que compram mentiras/ As peças de xadrez sobre a mesa ao canto/ E os jornais com as notícias/ Dos banhos de sangue na União".

"Água mole em pedra dura"

aqui[16] — "trocando de países mais vezes do que de sapatos", o dialético vislumbra em cenas da natureza ou do cotidiano (a água enfurecida que supera margens e diques; a água que transborda da chaleira e apaga o fogo) a possibilidade de reversão no curso das coisas. Outra maneira de abrir-se a lições da dialética e, por conseguinte, buscar novas forças para enfrentar as adversidades do presente é descortinar no passado exemplos de resistência a situações de opressão e injustiça. Relativizar as agruras, inseri-las em ampla perspectiva histórica para mirá-las com distanciamento, pode efetivamente retemperar o ânimo, reforçar a disposição de luta. Desse modo, o poeta que acaba de fugir para a Dinamarca recorda, entre outros exemplos de "emigração dos poetas", que Homero não teve pátria e que Dante foi desterrado da sua, que não apenas a musa, mas também a polícia esteve no encalço de François Villon e que Heine teve igualmente de partir para o exílio.

A caminho do exílio, diz a tradição, Lao-Tsé redigiu o *Tao Te Ching*, e Brecht rememora esse momento áureo num poema de 1938, portanto ainda escrito sob o "teto de palha dinamarquês". Da vida lendária e da doutrina do sábio chinês, o poeta busca extrair uma perspectiva esperançosa também para a resistência antifascista, e tanto mais lhe convém esse assunto quanto a imagem da água ocupa posição de grande relevo no *Tao*.[17]

[16] Na lírica de Brecht também não faltam poemas em que situações de injustiça, opressão e caos são conotadas com imagens tomadas à natureza. Veja-se, nesse sentido, a quarta estrofe da "Canção do escritor de peças": "Eu vejo surgirem nevadas/ Vejo terremotos avançarem/ Vejo montanhas se levantarem no meio do caminho/ E vejo rios transbordarem das margens./ Mas as nevadas apresentam-se de chapéu/ Os terremotos têm dinheiro no bolso do colete/ As montanhas descerem de aviões/ E os rios devastadores controlam policiais./ Isto eu desmascaro".

[17] Na "Nota introdutória" à sua tradução do *Dao De Jing* para o português, Mario Bruno Sproviero fundamenta a opção de traduzir *Dao* por "curso" com uma observação final sobre a importância da "água" no pensamento de Lao-Tsé: "Preferimos traduzir, em português, *Dao* por 'curso' e não por 'caminho' porque, além de ser derivado de um verbo tão fundamental quanto 'correr', ter formado o verbo 'cursar', haver tantas palavras relacionadas (correr, incorrer, decorrer, percorrer, recorrer, transcorrer, escorrer, curso, percurso,

Preferindo o caminho do exílio a pactuar com as forças então reinantes em seu país, Lao-Tsé, conforme narra o poema, chega no quarto dia da viagem a um posto aduaneiro. Interrogado pelo guarda a respeito do conteúdo de seus ensinamentos, o velho mestre deixa a resposta a cargo do menino que o acompanha. Esta consiste, no fundo, na leitura brechtiana da 78ª sentença taoista, e que poderia formular-se aqui recorrendo a um adágio da nossa cultura que também em seu ritmo trocaico corresponde aos versos do poema de Brecht: "Água mole em pedra dura/ Tanto bate até que fura".[18]

Em comentário a respeito do poema dedicado a Lao-Tsé, breve mas revelando a sensibilidade e a argúcia de sempre, Walter Benjamin chama a atenção para o elevado significado que Brecht

discurso, cursar, discursar etc.), tem a palavra *Dao*, em chinês, fora esse significado, também o de 'dizer', e isso equivale ao par 'curso' e 'discorrer' ou 'discursar'. Se não bastassem essas razões, é preciso destacar que a água é uma das imagens preferidas do *Dao De Jing*".

A citação segue a edição de 2007 do clássico chinês (publicada pela editora Hedra, de São Paulo), na qual o nome do filósofo é transliterado como Laozi, ao contrário da opção da edição anterior: Lao-Tsé, *Escritos do curso e sua virtude: Tao Te Ching* (São Paulo, Mandruvá, 1997). No contexto deste ensaio optou-se pela grafia Lao-Tsé e *Tao Te Ching* pela maior proximidade em relação à transliteração seguida por Brecht (Laotse e *Taoteking*).

[18] Na tradução mencionada (Hedra, 2007), a passagem a que se alude no poema de Brecht (78ª sentença) formula-se do seguinte modo:

sob o céu

nada mais suave e mole do que a água
nada a supera no combate ao rígido e forte
porque nada pode modificá-la

a fraqueza   vence a força
a suavidade   vence a dureza

Para eventual comparação, segue aqui o passo correspondente na tradução de Richard Wilhelm (1911), provável fonte de Brecht: "*Auf der ganzen Welt/ Gibt es nichts Weicheres und Schwächeres als das Wasser./ Und doch in der Art, wie es dem Harten zusetzt,/ Kommt ihm nichts gleich./ Es kann durch nichts geändert werden./ Dass Schwaches das Starke besiegt,/ Weiss jedermann auf Erden,/ Aber niemand vermag danach zu handeln*".

confere à gentileza.[19] É esta que realiza a mediação entre a sabedoria do velho filósofo e a curiosidade, ou mesmo a sede de saber, do guarda aduaneiro, devendo-se assim a existência do *Tao Te Ching* ao espírito da gentileza. Esta, contudo, tem critérios para se manifestar: Lao-Tsé assegura-se primeiro, observando os traços de pobreza na figura do guarda, que quem lhe faz a pergunta tem direito a uma resposta a mais gentil possível: "Ah, não era um vencedor que dele se acercava". A gentileza do mestre consiste ainda em realizar algo grandioso como se fosse algo somenos: "Está bem, uma pequena pausa".

Se a gentileza, assim se pode depreender do comentário benjaminiano, é também animada pela confiança na suave força transformadora da água, a verdade que a sentença taoista — e o provérbio citado — exprime para a sociedade e a história do homem é igualmente responsável pela serena alegria que permeia cada passo do poema.[20] Gentileza e serenidade, aliás, vêm associadas explicitamente na observação de um "velho filósofo chinês" que Benjamin reproduz em seu comentário: "Os clássicos viveram nos tem-

---

[19] Ver "Kommentare zu Gedichten von Brecht", in *Versuche über Brecht*, Rolf Tiedmann (org.), Frankfurt a.M., Suhrkamp, 1981, pp. 64-96.
A palavra empregada por Benjamin em seu comentário é *Freundlichkeit*, que pode ser traduzida por gentileza ou amabilidade. O termo é recorrente na obra lírica de Brecht, desde o importante poema de juventude "Von der Freundlichkeit der Welt" ("Da gentileza do mundo") até um dos últimos poemas, uma "Gegenlied" ("Contracanção") marxista a "Da gentileza do mundo". "Ser gentil", *Freundlich sein*, é também o verso que fecha o poema "Prazeres", de 1954. Vale lembrar, no entanto, que no poema sobre Lao-Tsé, Brecht usa o adjetivo *höflich*, cuja etimologia é a mesma que se observa em "cortês", o termo correspondente em nossa língua. Observe-se ainda que *höflich* possui uma conotação menos formal que "cortês", e seu emprego, em Brecht, parece também motivado pela posição social dos clássicos chineses: *Die höflichen Chinesen* intitula-se um breve texto em prosa, escrito em 1925, sobre Lao-Tsé.

[20] O substantivo alemão cujo significado oscila, em português, entre "alegria" e "serenidade" é *Heiterkeit*. Sua origem etimológica remonta ao vocabulário meteorológico, com o adjetivo *heiter* significando tempo bom, claro, aberto, sem nuvens; daí se entende sua derivação para a esfera humana, quando passa a designar "desanuviamento, boa disposição, alegria".

pos mais sombrios e sangrentos, e foram as pessoas mais gentis e serenas jamais vistas".

A despeito de todas as adversidades, o sábio Lao-Tsé parece irradiar serenidade e alegria onde quer que esteja, já atestando a observação que Montaigne iria fazer muitos séculos depois: "A marca mais visível da sabedoria é uma alegria constante; seu estado é como as coisas sob a lua: sempre serenas".[21] Serenos e alegres mostram-se também o menino, que explica a pobreza do mestre pelo seu compromisso com a verdade, o aduaneiro, a quem ocorre a inspiração para a mais feliz das perguntas, e mesmo o boi, que encontra na viagem ocasião de pastar na grama viçosa. Serenamente alegre, pode-se acrescentar, é ainda o comentário que o exilado Walter Benjamin dedica ao poema, concluindo com uma observação sobre o potencial revolucionário da gentileza: "Quem deseja levar o duro a sucumbir não deve deixar passar nenhuma oportunidade de ser gentil".

Enfrentar as adversidades com serenidade e a gentileza solidária com os que mais sofrem a dureza das relações sociais, eis uma conduta que pode muitas vezes exceder as forças individuais. Acolher, contudo, a sugestão com que Benjamin fecha o seu comentário e colocá-la em prática na sociedade de classes significa sempre antecipar algo de um Estado em que se possa ir tão longe, como se formula com simplicidade nos versos finais do poema que Brecht dirigiu aos pósteros, a ponto de o "homem ser um apoio para o homem".

* * *

O poema sobre a emigração de Lao-Tsé e o surgimento do livro *Tao Te Ching* foi escrito em maio de 1938. Brecht o inseriu na terceira parte, intitulada "Crônicas", do volume *Poemas de Svendborg*, publicado em Copenhague, por iniciativa de Ruth Ber-

---

[21] A apologia que faz Montaigne dessa filosofia que "não habita onde haja caras tristes e enrugadas" encontra-se no ensaio "Da educação das crianças". No original: "*La plus expresse marque de la sagesse, c'est une esjouissance constante; son estat est comme des choses au dessus de la lune: toujours serein*".

lau, sua colaboradora dinamarquesa, em 1939. O volume deveria ter saído já no ano anterior, pela editora Malik, que Wieland Herzfeld mantinha em Praga, mas a publicação frustrou-se devido à ocupação alemã da Tcheco-Eslováquia.

A grande maioria dos *Poemas de Svendborg*, organizados em seis seções, caracteriza-se pela ausência de rimas e de ritmos regulares. Em uma nota de 1938, Brecht compara-os com os poemas, formalmente mais elaborados, de sua primeira publicação lírica, o *Manual de devoção de Bertolt Brecht*, aos quais atribui então a marca da decadência burguesa:

> "A profusão de sensações contém em si a confusão de sensações. O caráter diferenciado da expressão contém elementos de decomposição. A riqueza dos motivos contém o momento da desorientação. A linguagem vigorosa é desleixada, etc. etc. Em face desse objetivo, os posteriores *Poemas de Svendborg* significam tanto um aperfeiçoamento quanto um declínio. Do ponto de vista burguês sobreveio surpreendente empobrecimento. Não ficou tudo mais unilateral, menos 'orgânico', mais frio, 'consciente' (no sentido reprovável)? Espero que os meus companheiros de lutas não deixem que essa visão prevaleça sem mais nem menos. Eles considerarão o *Manual de devoção* mais decadente do que os *Poemas de Svendborg*. Mas a mim parece-me importante que eles reconheçam o que custou o aperfeiçoamento, tanto quanto possa ser constatado."

O poema sobre Lao-Tsé, no entanto, destaca-se dos demais justamente pela sua regularidade formal: compõe-se de treze estrofes de cinco versos estruturados em ritmo trocaico e com esquema de rima *ababb*. A tradução que se segue é literal (ou mesmo interlinear) e procura corresponder, na medida do possível, à sugestão brechtiana de salvaguardar ao menos a transposição dos "pensamentos" e da "postura" do poeta. Isso não significa, evidentemente, afastar a possibilidade de uma tradução mais bem elaborada, que dê conta também da bela estrutura rítmica e rímica do original.

LEGENDE VON DER ENTSTEHUNG DES BUCHES T*AOTEKING* AUF DEM WEG DES LAOTSE IN DIE EMIGRATION

1
Als er siebzig war und war gebrechlich
Drängte es den Lehrer doch nach Ruh
Denn die Güte war im Lande wieder einmal schwächlich
Und die Bosheit nahm an Kräften wieder einmal zu.
Und er gürtete den Schuh.

2
Und er packte ein, was er so brauchte:
Wenig. Doch es wurde dies und das.
So die Pfeife, die er immer abends rauchte
Und das Büchlein, das er immer las.
Weissbrot nach dem Augenmass.

3
Freute sich des Tals noch einmal und vergass es
Als er ins Gebirg den Weg einschlug.
Und sein Ochse freute sich des frischen Grases
Kauend, während er den Alten trug.
Denn dem ging es schnell genug.

4
Doch am vierten Tag im Felsgesteine
Hat ein Zöllner ihm den Weg verwehrt:
"Kostbarkeiten zu verzollen?" — "Keine."
Und der Knabe, der den Ochsen führte, sprach: "Er hat
[*gelehrt."*
Und so war auch das erklärt.

5
Doch der Mann, in einer heitren Regung
Fragte noch: "Hat er was rausgekriegt?"
Sprach der Knabe: "Dass das weiche Wasser in Bewegung
Mit der Zeit den mächtigen Stein besiegt.
Du verstehst, das Harte unterliegt."

6
Dass er nicht das letzte Tageslicht verlöre
Trieb der Knabe nun den Ochsen an.
Und die drei verschwanden schon um eine schwarze Föhre
Da kam plötzlich Fahrt in unsern Mann
Und er schrie: "He, du! Halt an!

7
Was ist das mit diesem Wasser, Alter?"
Hielt der Alte: "Intressiert es dich?"
Sprach der Mann: "Ich bin nur Zollverwalter
Doch wer wen besiegt, das intressiert auch mich.
Wenn du's weisst, dann sprich!

8
Schreib mir's auf! Diktier es diesem Kinde!
Sowas nimmt man doch nicht mit sich fort.
Da gibt's doch Papier bei uns und Tinte
Und ein Nachtmahl gibt es auch: ich wohne dort.
Nun, ist das ein Wort?"

9
Über seine Schulter sah der Alte
Auf den Mann: Flickjoppe. Keine Schuh.
Und die Stirne eine einzige Falte.
Ach, kein Sieger trat da auf ihn zu.
Und er murmelte: "Auch du?"

10
Eine höfliche Bitte abzuschlagen
War der Alte, wie es schien, zu alt.
Denn er sagte laut: "Die etwas fragen
Die verdienen Antwort." Sprach der Knabe: "Es wird auch
[schon kalt."
"Gut, ein kleiner Aufenthalt."

11
Und von seinem Ochsen stieg der Weise
Sieben Tage schrieben sie zu zweit.
Und der Zöllner brachte Essen (und er fluchte nur noch leise
Mit den Schmugglern in der ganzen Zeit).
Und dann war's so weit.

12
Und dem Zöllner händigte der Knabe
Eines Morgens einundachtzig Sprüche ein
Und mit Dank für eine kleine Reisegabe
Bogen sie um jene Föhre ins Gestein.
Sagt jetzt: kann man höflicher sein?

13
Aber rühmen wir nicht nur den Weisen
Dessen Name auf dem Buche prangt!
Denn man muss dem Weisen seine Weisheit erst entreissen.
Darum sei der Zöllner auch bedankt:
Er hat sie ihm abverlangt.

"Água mole em pedra dura"

Lenda sobre o surgimento do livro *Tao Te Ching* durante o caminho de Lao-Tsé à emigração

1
Quando estava com setenta anos, e alquebrado,
O mestre ansiava mesmo era por repouso
Pois a bondade mais uma vez se enfraquecera no país
E a maldade mais uma vez ganhara força.
E ele amarrou o sapato.

2
E juntou o de que precisava:
Pouco. Mas mesmo assim, isso e aquilo.
Como o cachimbo, que ele sempre fumava à noite
E o livrinho que sempre lia.
Pão branco um tanto a olho.

3
Alegrou-se do vale ainda uma vez e o esqueceu
Quando pela montanha o caminho enveredou.
E o seu boi alegrou-se da grama viçosa
Mastigando, enquanto carregava o velho.
Pois para ele ia-se depressa o suficiente.

4
Mas no quarto dia, numa penedia
Um aduaneiro barrou-lhe o caminho:
"Bens a declarar?" — "Nenhum."
E o menino, que conduzia o boi, falou: "Ele ensinou."
E assim também isso ficou explicado.

5
Mas o homem, tomado por alegre impulso
Ainda perguntou: "E o que ele tirou disso?"
Falou o menino: "Que a água mole em movimento
Vence com o tempo a pedra poderosa.
Tu entendes, o que é duro não perdura."

6
Para que não perdesse a última luz do dia
O menino foi tocando o boi.
E os três já desapareciam atrás de um pinheiro escuro
Quando de repente deu um estalo no nosso homem
E ele gritou: "Ei, tu! Alto lá!

7
O que está por trás dessa água, velho?"
Deteve-se o velho: "Isso te interessa?"
Falou o homem: "Eu sou apenas guarda de aduana
Mas quem vence a quem, isto também a mim interessa
Se tu o sabes, então fala!

8
Anota-o para mim! Dita-o a este menino!
Coisa dessas não se leva embora consigo.
Papel há em casa, e também tinta
E um jantar igualmente haverá: ali moro eu.
E então, é a tua palavra?"

9
Por sobre o ombro, o velho mirou
O homem: jaqueta remendada. Descalço.
E a testa, uma ruga só.
Ah, não era um vencedor que dele se acercava.
E ele murmurou: "Também tu?"

10
Para recusar um pedido gentil
O velho, como parecia, já estava demasiado velho.
Então disse em voz alta: "Os que algo perguntam
Merecem resposta." Falou o menino: "Também vai ficando
[frio."
"Está bem, uma pequena estada."

"Água mole em pedra dura"

11
E o velho apeou do seu boi
Por sete dias escreveram a dois.
E o aduaneiro trazia comida (e nesse tempo todo apenas
Praguejava baixo com os contrabandistas).
E então chegou-se ao fim.

12
E o menino entregou ao aduaneiro
Numa manhã oitenta e uma sentenças
E agradecendo um pequeno presente
Entraram pelos rochedos atrás daquele pinheiro.
Dizei agora: é possível ser mais gentil?

13
Mas não celebremos apenas o sábio
Cujo nome resplandece no livro!
Pois primeiro é preciso arrancar do sábio a sua sabedoria.
Por isso agradecimento também se deve ao aduaneiro:
Ele a a extraiu daquele.

ANEXO

Schlechte Zeit für Lyrik

Ich weiß doch: nur der Glückliche
Ist beliebt. Seine Stimme
Hört man gern. Sein Gesicht ist schön.

Der verkrüppelte Baum im Hof
Zeigt auf den schlechten Boden, aber
Die Vorübergehenden schimpfen ihn einen Krüppel
Doch mit Recht.

Die grünen Boote und die lustigen Segel des Sundes
Sehe ich nicht. Von allem
Sehe ich nur der Fischer rissiges Garnnetz.
Warum rede ich nur davon
Daß die vierzigjährige Häuslerin gekrümmt geht?
Die Brüste der Mädchen
Sind warm wie ehedem.

In meinem Lied ein Reim
Käme mir fast vor wie Übermut.

In mir streiten sich
Die Begeisterung über den blühenden Apfelbaum
Und das Entsetzen über die Reden des Anstreichers.
Aber nur das zweite
Drängt mich zum Schreibtisch.

Tempos ruins para a lírica

Sim, eu sei: só a pessoa feliz
É querida. Sua voz
Ouve-se com prazer. Seu rosto é belo.

A árvore atrofiada no jardim
Acusa o solo ruim, mas
Os que passam a xingam de aleijada
E, todavia, com razão.

Os verdes barcos e as velas alegres da baía
Eu não vejo. De tudo
Vejo apenas a rede esburacada dos pescadores.
Por que falo apenas
Que a aldeã de quarenta anos anda curvada?
Os seios das moças
Estão cálidos como sempre.

Em minha canção uma rima
Me pareceria quase ato de soberba.

Lutam em mim
O entusiasmo pela macieira florida
E a repulsa pelos discursos do pintor de paredes.
Mas só esta última
Constrange-me à escrivaninha.

Finnische Landschaft

Fischreiche Wässer! Schönbaumige Wälder!
Birken- und Beerenduft!
Vieltöniger Wind, durchschaukelnd eine Luft
So mild, als stünden jene eisernen Milchbehälter
Die dort vom weißen Gute rollen, offen!
Geruch und Ton und Bild und Sinn verschwimmt.
Der Flüchtling sitzt im Erlengrund und nimmt
Sein schwieriges Handwerk wieder auf: das Hoffen.

Er achtet gut der schöngehäuften Ähre
Und starker Kreatur, die sich zum Wasser neigt
Doch derer auch, die Korn und Milch nicht nährt.
Er fragt die Fähre, die mit Stämmen fährt:
Ist dies das Holz, ohn das kein Holzbein wäre?
Und sieht ein Volk, das in zwei Sprachen schweigt.

Paisagem finlandesa

Águas piscosas! Florestas de belas árvores!
Perfume de bétulas e bagas silvestres!
Vento em tons diversos, balouçando um ar
Tão suave como se abertas estivessem aquelas
Leiteiras de ferro, que rolam da alva fazenda!
Aroma e som e imagem e sentido se esvaecem.
O fugitivo senta-se no chão de faias
E retoma o seu penoso ofício: o esperar.

Ele considera os belos montes de espigas
E a forte criatura que se inclina à água
Mas também aquelas que grão e leite não alimentam.
Ele pergunta à balsa que passa carregada de troncos:
É esta a madeira sem a qual não haveria próteses?
E vê um povo que se cala em duas línguas.

An die Nachgeborenen

I
Wirklich, ich lebe in finsteren Zeiten!

Das arglose Wort ist töricht. Eine glatte Stirn
Deutet auf Unempfindlichkeit hin. Der Lachende
Hat die furchtbare Nachricht
Nur noch nicht empfangen.

Was sind das für Zeiten, wo
Ein Gespräch über Bäume fast ein Verbrechen ist
Weil es ein Schweigen über so viele Untaten einschließt!
Der dort ruhig über die Straße geht
Ist wohl nicht mehr erreichbar für seine Freunde
Die in Not sind?

Es ist wahr: ich verdiene noch meinen Unterhalt
Aber glaubt mir: das ist nur ein Zufall. Nichts
Von dem, was ich tue, berechtigt mich dazu, mich sattzuessen.
Zufällig bin ich verschont. (Wenn mein Glück aussetzt, bin
                                    [ich verloren.)

Man sagt mir: Iß und trink du! Sei froh, daß du hast!
Aber wie kann ich essen und trinken, wenn
Ich dem Hungernden entreiße, was ich esse, und
Mein Glas Wasser einem Verdurstenden fehlt?
Und doch esse und trinke ich.

Ich wäre gerne auch weise.
In den alten Büchern steht, was weise ist:
Sich aus dem Streit der Welt halten und die kurze Zeit
Ohne Furcht verbringen
Auch ohne Gewalt auskommen
Böses mit Gutem vergelten
Seine Wünsche nicht erfüllen, sondern vergessen

Gilt für weise.
Alles das kann ich nicht:
Wirklich, ich lebe in finsteren Zeiten!

II
In die Städte kam ich zur Zeit der Unordnung
Als da Hunger herrschte.
Unter die Menschen kam ich zu der Zeit des Aufruhrs
Und ich empörte mich mit ihnen.
So verging meine Zeit
Die auf Erden mir gegeben war.

Mein Essen aß ich zwischen den Schlachten
Schlafen legte ich mich unter die Mörder
Der Liebe pflegte ich achtlos
Und die Natur sah ich ohne Geduld.
So verging meine Zeit
Die auf Erden mir gegeben war.

Die Straßen führten in den Sumpf zu meiner Zeit.
Die Sprache verriet mich dem Schlächter.
Ich vermochte nur wenig. Aber die Herrschenden
Saßen ohne mich sicherer, das hoffte ich.
So verging meine Zeit
Die auf Erden mir gegeben war.

Die Kräfte waren gering. Das Ziel
Lag in großer Ferne
Es war deutlich sichtbar, wenn auch für mich
Kaum zu erreichen.
So verging meine Zeit
Die auf Erden mir gegeben war.

III
Ihr, die ihr auftauchen werdet aus der Flut
In der wir untergegangen sind

Gedenkt
Wenn ihr von unseren Schwächen sprecht
Auch der finsteren Zeit
Der ihr entronnen seid.

Gingen wir doch, öfter als die Schuhe die Länder wechselnd
Durch die Kriege der Klassen, verzweifelt
Wenn da nur Unrecht war und keine Empörung.

Dabei wissen wir ja:
Auch der Haß gegen die Niedrigkeit
Verzerrt die Züge.
Auch der Zorn über das Unrecht
Macht die Stimme heiser. Ach, wir
Die wir den Boden bereiten wollten für Freundlichkeit
Konnten selber nicht freundlich sein.

Aos que vão nascer

I
Realmente, eu vivo em tempos sombrios!

A palavra ingênua é desatinada. Um semblante liso
Acusa insensibilidade. Aquele que ri
Apenas não recebeu ainda
A terrível notícia.

Que tempos são estes, em que
Uma conversa sobre árvores é quase um crime
Porque implica calar-se sobre tantas infâmias!
Aquele que caminha tranquilo pela rua
Não é mais acessível a seus amigos
Que passam necessidades?

É verdade: ainda ganho o meu sustento
Mas acreditem: é puro acaso. Nada
Do que faço me dá o direito de satisfazer-me à mesa.
Casualmente fui poupado. (Se a minha sorte cessar,
Estou perdido.)

As pessoas me dizem: Come e bebe! Considera-te feliz por ter!
Mas como posso comer e beber se
Tiro o que como ao faminto, e
O meu copo de água falta ao que tem sede?
E, mesmo assim, como e bebo.

Eu também gostaria de ser sábio.
Nos velhos livros está escrito o que é ser sábio:
Manter-se longe das disputas do mundo e passar
O curto tempo sem temor
Também safar-se sem violência
Retribuir o mal com o bem
Não satisfazer os seus desejos, mas sim esquecê-los
É considerado sábio.
Nada disso me é possível:
Realmente, eu vivo em tempos sombrios!

II
Cheguei às cidades em tempo de desordem
Quando reinava fome.
Vim para o meio dos homens em tempo de tumulto
E me revoltei ao lado deles.
Assim passou o tempo
Que me foi dado sobre a terra.

Comi a minha comida entre as batalhas
Deitei-me para o sono entre os assassinos
Tratei do amor com desleixo
E vi a natureza sem paciência.

"Água mole em pedra dura"

Assim passou o tempo
Que me foi dado sobre a terra.

As ruas levavam ao pântano em meu tempo.
A língua denunciou-me ao carniceiro.
Eu pouco pude fazer. Mas os poderosos
Estavam mais seguros sem mim, esta foi a minha esperança.
Assim passou o tempo
Que me foi dado sobre a terra.

As forças eram escassas. A meta
Ficava muito distante
Era bem visível, ainda que para mim
Quase inalcançável.
Assim passou o tempo
Que me foi dado sobre a terra.

III
Vós, que emergireis da torrente
Em que naufragamos
Lembrai-vos
Quando falardes de nossas fraquezas
Também do tempo sombrio
De que escapastes.

Andávamos, pois, trocando de países mais do que de sapatos
Em meio às guerras de classes, desesperados
Quando só havia injustiça e nenhuma revolta.

Entretanto sabemos:
Também o ódio à baixeza
Desfigura as feições.
Também a cólera contra a injustiça
Enrouquece a voz. Ah, nós
Que queríamos preparar o terreno para a gentileza
Não pudemos, nós mesmos, ser gentis.

Mas, vós, quando se chegar tão longe
A ponto de o homem ser um apoio para o homem
Lembrai-vos de nós
Com indulgência.

III
Praga e Danzig na literatura mundial

6.

Mistério e resistência na literatura de Kafka: O *castelo* em tradução brasileira

"Esta ordem não é tão sólida como se apresenta."
Robert Musil, *O homem sem qualidades*[1]

No início de seu amplo estudo sobre a obra de Franz Kafka (1883-1924), Wilhelm Emrich refere-se ao "mistério" como "elemento de toda grande criação literária". Conjugado com o "belo" — "o aparecer sensível da ideia", segundo a famosa formulação de Hegel — o mistério cumpriria papel humanizador, uma vez que possibilita a afirmação do particular perante a pretensão do geral a domínio absoluto: "O belo é a síntese de mistério e revelação, individual e geral. Poesia é a plasmação do 'mistério revelado' (Goethe), ocultando e revelando o geral no individual e o individual no geral". Dessa forma a obra de arte literária, para Emrich, supera "o domínio tirânico" de um geral abstrato e vazio, preservando assim "a possibilidade de uma humanidade plena, concreta e ao mesmo tempo verdadeiramente universal".[2]

Mas o mistério também pode cumprir papel desumanizador na medida em que destrói toda mediação entre o individual e o geral e, isolado em alegorias do absurdo e do grotesco, fecha-se à possibilidade de compreensão por parte do leitor. É nessa direção

---

[1] No original, "*Diese Ordnung ist nicht so fest wie sie sich gibt*", livro I, capítulo 62.

[2] Em sete extensos capítulos que acompanham cronologicamente as produções literárias de Kafka, desde as primeiras narrativas até o romance *O castelo*, o livro de Wilhelm Emrich desponta, na copiosa fortuna crítica do escritor tcheco, como uma das mais completas e minuciosas abordagens: *Franz Kafka*, Frankfurt a.M., Athenäum, 1960 (primeira edição: 1958).

que se move, por exemplo, a leitura que Georg Lukács, também nos anos 50, fazia da obra kafkiana, apresentada como fantasmagoria alegórica e *faccies hipocratica* de uma "transcendência inelutável (o Nada)" — de uma realidade, portanto, em que o ser estaria sob o domínio alienante do não ser.[3] Já para a leitura do próprio Emrich (cujo "imanentismo" se contrapõe frontalmente à perspectiva lukacsiana), Kafka legou-nos o mais expressivo testemunho da possibilidade da arte e do belo no século XX, e isso justificaria plenamente a inclusão de suas narrativas entre as mais perfeitas realizações da literatura universal.

Visões tão divergentes são suscitadas por uma obra que certamente pode ser considerada uma das mais herméticas do século XX — uma obra cujos mistérios se adensam com o fato de Kafka não ter concluído nenhum dos três projetos de romance que empreendeu nos últimos dez anos de vida. O menos célebre destes é *Der Verschollene (O desaparecido)*,[4] que Max Brod trouxe à luz em 1927 sob o título adulterado de *Amerika*. O próprio autor publicou apenas o primeiro capítulo, "O foguista" (1913), em cuja página de abertura resplandece a imagem premonitória da Estátua da Liberdade empunhando uma espada.

Se por esse pórtico alegórico o ingresso do jovem herói Karl Rossmann na Nova York kafkiana se dá sob o signo do estranhamento, os passos subsequentes do imigrante descortinam ao leitor uma paisagem urbana dominada pelo ritmo frenético e automatizado do *American way of life*, imagens de ruas infestadas por veículos que ora passam em alta velocidade ("como se de um ponto

---

[3] Ver por exemplo o ensaio "Franz Kafka ou Thomas Mann?", que constitui o segundo capítulo do livro *Wider den missverstandenen Realismus* (1957). A edição brasileira apareceu sob o título *Realismo crítico hoje* (tradução de Carlos Nelson Coutinho, Brasília, Coordenada Editora, 1969). No fecho do ensaio Lukács retoma a problemática alternativa do título: "Franz Kafka ou Thomas Mann? Uma decadência artística interessante ou um realismo crítico verdadeiro como a vida?".

[4] No Brasil, a primeira tradução direta do alemão desta obra foi publicada em 2003: *O desaparecido ou Amerika* (tradução, notas e posfácio de Susana Kampff Lages, São Paulo, Editora 34).

distante fosse despachado um número exato de automóveis que eram esperados em igual quantidade num outro ponto distante da direção oposta"), ora congestionam-se de tal maneira que aos pedestres não resta senão atravessar a rua "por dentro dos carros, como se aquilo fosse uma passagem pública". Em sua figuração clarividente da moderna sociedade capitalista, *O desaparecido* também anuncia, nos capítulos que narram o emprego de Karl Rossmann no labiríntico hotel "Occidental", as opacas hierarquias de magistrados e funcionários dos dois romances posteriores.

Também estes, *O processo* e *O castelo*, entraram na história da literatura, conforme largamente sabido, enquanto *torso*, oferecendo assim expressivo apoio a posições teóricas que ressaltam o significado do "fragmento" para a modernidade.[5] Contudo, não

---

[5] Podemos lembrar primeiramente a valorização que o conceito de "fragmento" experimentou na estética romântica, em especial por Friedrich Schlegel, no fragmento 116 da revista *Athenaeum*.

Na *Teoria estética* de Adorno lê-se no início do segmento "*Tiefe*" ("Profundidade"): "O elemento ideológico, afirmativo, no conceito da obra de arte lograda encontra o seu corretivo no fato de que não há obras perfeitas. Se tais existissem, então de fato seria possível a conciliação em meio ao não conciliado, a cujo estatuto pertence a arte. Nessas obras, a arte aboliria e superaria o seu próprio conceito; o movimento em direção ao rúptil e fragmentário é, na verdade, tentativa de salvação da arte mediante a desmontagem da pretensão de que elas seriam o que não podem ser e que, todavia, devem querer ser; o fragmento contém ambos os momentos" (*Ästhetische Theorie*, Frankfurt a.M., Suhrkamp, 2003, p. 283).

Sobre a fragmentariedade dos romances kafkianos, observa ainda Adorno em suas "Anotações sobre Kafka": "O caráter fragmentário dos três grandes romances, aos quais aliás dificilmente pode ser aplicado este conceito [de romance], é condicionado por sua forma interior. Eles não se deixam levar ao fim, entendido como totalidade de uma experiência temporal circular" (p. 263, nota 9).

Por fim, gostaria de lembrar ainda, quanto a esse condicionamento histórico-estético que leva ao fragmento, a constatação que faz Eberhard Lämmert em seu ensaio "Histórias da História" sobre os obstáculos que se colocam ao romancista que ambicione arredondar e concluir um painel épico de sua época: pois tal como o fim da História, mostrou-se impossível narrar, no âmbito da ficção romanesca, "os anos de maestria de *Wilhelm Meister*, a Idade de Ouro de *Heinrich von Ofterdingen*, a era da nova vida em *Crime e castigo* de Dos-

se poderia sustentar por outro lado que esses três textos já estão plenamente completos nas poderosas imagens que lhes infundem a dimensão inesgotável do mistério? Um eventual capítulo conclusivo (e em parte sabemos como Kafka pretendia concluí-los) alteraria substancialmente as leituras que se fazem desses romances? Alteraria o significado que o adjetivo "kafkiano" possui nos dicionários dos mais variados idiomas?[6]

Procedimento característico desse narrador, "parabolista da inescrutabilidade" tanto quanto realista *sui generis*,[7] é fazer com que também suas personagens — já Karl Rossmann no *Desaparecido*, de maneira tanto mais obsessiva Joseph K. no *Processo* — reflitam sobre o sentido, via de regra impenetrável, das vivências e relações humanas. Assim também no último e mais extenso romance (redigido, aliás, em apenas seis meses), cujo protagonista é designado tão somente pela abreviatura K.: entre os capítulos 15

---

toiévski, ou ainda as fusões em que deveriam desembocar os romances *Andreas*, de Hofmannsthal, e *O homem sem qualidades*, de Musil" ("Geschichten von der Geschichte", *Poetica*, n° 17, 1985, p. 235).

[6] A esse respeito, escreve Michael Löwy no último capítulo ("Situação kafkiana") do seu livro *Sonhador insubmisso*: "Não é fácil descrever esse termo, que entrou nos dicionários e enciclopédias: ele remete a uma 'atmosfera opressiva' (*Robert*), a um 'mundo de pesadelo' em que 'sinistras forças impessoais controlam os afazeres humanos' (*Twentieth Century Words*), a uma situação 'misteriosa, inquietante (*unheimlich*) e ameaçadora' (*Duden*), a uma 'organização absurda e esquizofrenicamente racional, com tortuosos procedimentos burocráticos e totalitários, em forma de labirinto', em que 'o indivíduo, desprovido de bússola perdeu-se' (*Penguin Enciclopedia*, 2003)". Löwy reporta-se, nesse capítulo, à observação de George Steiner (*De la Bible à Kafka*, Paris, 2002) de que "em mais de uma centena de línguas o epíteto 'kafkiano' vincula-se às imagens centrais, às constantes de desumanidade e de absurdo do nosso tempo".

A edição brasileira é de 2005 (São Paulo, Azougue, tradução de Gabriel Cohn), o mesmo ano do original francês: *Franz Kafka: rêveur insoumis*.

[7] Mediante percuciente análise das imagens, estrutura linguística e articulação entre si dos dois parágrafos da narrativa "Na galeria", Modesto Carone demonstra concretamente como se constitui a mimese avançada ("a arte é um espelho que adianta, como um relógio") do texto kafkiano: "O realismo de Franz Kafka", in *Lição de casa*, São Paulo, Companhia das Letras, 2009.

e 20 o leitor o encontrará na escura cabana de Barnabás, personagem que estabelece o intrincado contato entre K. e os funcionários do Castelo. Em conversas que mantém com Amália e, sobretudo, Olga, as irmãs do mensageiro, K. fica conhecendo a impressionante história da família, cuja marginalização se inicia com a recusa de Amália à grosseira abordagem sexual do funcionário Sortini. Não falta a essa história nenhum dos elementos que costumamos associar ao adjetivo "kafkiano": a obscuridade da culpa e da punição, o paradoxo, a espera interminável e absurda (o desespero do pai de Barnabás, obrigado a interromper a espera junto a uma via de acesso ao Castelo, para suplicar o perdão de um funcionário, está entre as cenas mais belas e pungentes de Kafka). Também não falta a estrutura do labirinto, já que os fatos são vistos de todos os ângulos possíveis, resultando inextricável emaranhado. No momento em que a história está prestes a ganhar uma nova ambiguidade, pois Olga diz nunca saber quando a irmã está falando a sério ou com ironia ("muitas vezes é sério, mas soa irônico"), K. corta-lhe a palavra com a exclamação: "Deixe de lado as interpretações!". Mas deixar de lado as interpretações é justamente o que não se faz nos longos diálogos do romance, e também por isso a história da família de Barnabás reúne em si, mesmo como parte de um romance inacabado, todos os elementos que se encontram nas obras-primas do escritor.

A frase "deixe de lado as interpretações!" poderia constar igualmente do nono capítulo do *Processo*, que se desenrola na sombria atmosfera da catedral em que o sacerdote da penitenciária conta ao acusado Joseph K. a famosa parábola "Diante da lei": um homem do campo que, diante de uma porta guardada por temível porteiro, espera a vida toda para ingressar na lei, até que no momento da morte o porteiro lhe diz, como resposta à sua derradeira pergunta, que a porta estava destinada apenas a ele, fechando-a em seguida. K. e o sacerdote examinam a história de vários ângulos, sem chegar contudo a uma interpretação segura. "Você crê, portanto, que o homem não foi enganado?", pergunta K. em certo momento. "Não me entenda mal — disse o sacerdote. — Apenas lhe mostro as opiniões que existem a respeito. Você não precisa dar atenção demasiada às opiniões. O texto é imutável, e as opiniões são muitas vezes apenas uma expressão de desespero por isso." A parábola ilustra de certo modo a situação do texto kafkiano em meio à copiosa bibliografia que a cerca, e se algumas abordagens levantam a exigência de deixar de lado as interpretações, exprime-se desse modo a perplexidade diante de uma obra que, como nenhuma outra na literatura do século XX, suscita e ao mesmo tempo solapa as exegeses. Kafka teria tomado "todas as precauções possíveis" para dificultar a interpretação de seus textos, observa Walter Benjamin em seu ensaio de 1934.[8] E Adorno, que ao longo de treze anos gestou algumas páginas a que deu o modesto título de "Anotações sobre Kafka", refere-se também a "uma arte de parábolas para as quais a chave foi roubada; e mesmo quem buscasse fazer justamente dessa perda a chave seria induzido ao erro".[9] É, contudo, plenamente compreensível que nenhum desses dois pensadores tenha podido esquivar-se dos enigmas propostos por Kafka, chegando mesmo a espantar a ousadia da leitura que Adorno faz dessa obra: enquanto muitos intérpretes lhe atribuem um caráter intemporal e a-histórico (também a perspectiva imanente de Wilhelm Emrich aponta para essa direção), Adorno a concebe como "criptograma da fase final e resplandecente do capitalismo".

O fecundo paradoxo suscitado pela obra kafkiana abriu-se ao leitor brasileiro na tradução do *Castelo* assinada por Modesto Carone (a primeira entre nós feita diretamente do original alemão), elevando a um novo patamar o seu projeto de transpor para o português as narrativas do escritor praguense. A exemplo dos sete volumes precedentes, também essa edição do *Castelo* presta ver-

[8] "Franz Kafka: Zur zehnten Wiederkehr seines Todestages", in *Gesammelte Schriften*, vol. II, 2, Frankfurt a.M., Suhrkamp, 1977. Tradução brasileira de Sergio Paulo Rouanet: "Franz Kafka: a propósito do décimo aniversário de sua morte", in *Magia e técnica, arte e política*, São Paulo, Brasiliense, 1985.

[9] "Aufzeichnungen zu Kafka", in *Prismen: Kulturkritik und Gesellschaft*, Munique, Deutscher Taschenbuch, 1963. Tradução brasileira de Augustin Wernet e Jorge M. B. de Almeida: "Anotações sobre Kafka", in *Prismas: crítica cultural e sociedade*, São Paulo, Ática, 1998.

dadeiro tributo a Kafka, começando com a ilustração de capa baseada em desenho de Amilcar de Castro.[10] Entre as tantas qualidades que o leitor encontra na tradução de Modesto Carone, não será das menores a possibilidade de ler o romance em voz alta — coisa que, diga-se de passagem, o próprio Kafka costumava fazer em seu círculo de amigos. Também neste ponto revela-se íntima correspondência com o original, cuja pontuação peculiar, como observam vários estudiosos, parece instigar o leitor a não se contentar apenas com a leitura silenciosa.[11] A essa tradução depurada certamente por anos de convívio íntimo com o estilo, o tom e as menores peculiaridades da obra, segue-se um posfácio denso e objetivo, em que Carone reconstitui a gênese do romance, expõe as vicissitudes das primeiras edições assim como os momentos fundamentais de sua recepção, tece comentários sobre a estrutura desse "torso colossal" e explicita procedimentos que nortearam a tradução. Procurando ainda situar *O castelo* no conjunto da produção do autor, Carone coloca-lhe ao lado apenas *O processo* e *A metamorfose*. Dificilmente se terá algo a objetar quanto a esse juízo que apenas ressalta, por via indireta, a excepcional qualidade de uma produção que registra obras-primas, como a novela — tão premonitória quanto realista — "Na colônia penal", ou ainda "A construção da muralha da China", incursão narrativa pelo vasto tema da organização do trabalho comunitário, a qual abriga em seu cerne a notável lenda "Uma mensagem imperial", que figura também na coletânea *Um médico rural*.

[10] Os volumes publicados pela Companhia das Letras perfazem a seguinte ordem: 1. *A metamorfose*; 2. *Carta ao pai*; 3. *O processo*; 4. *Um artista da fome* e *A construção*; 5. *O veredito* e *Na colônia penal*; 6. *Um médico rural*; 7. *Contemplação* e *O foguista*; 8. *O castelo*; 9. *Narrativas do espólio*.

[11] No final de seu posfácio à edição crítica do *Castelo*, Malcolm Pasley chama a atenção para a relação entre a pontuação pouco ortodoxa de Kafka e a oralidade de seu estilo narrativo: "Os seus manuscritos possuem quase o caráter de uma partitura. Ele escrevia como que ouvindo ao mesmo tempo, e é sabido que avaliava suas histórias pelo efeito da exposição oral". Essa edição crítica do *Castelo* (1981), preparada pelo próprio Malcolm Pasley, serviu de base para a tradução de Modesto Carone.

E mencione-se ainda todo um veio da produção kafkiana em que se pode admirar a incomparável maestria em fabular histórias protagonizadas por animais, desde o chimpanzé que narra o árduo processo pelo qual ascende à esfera humana (e ao mesmo tempo rebaixa o homem à condição simiesca) em seu "Relatório para uma academia"; e passando ainda pelas "Investigações de um cão" acerca das secretas relações entre as ciências da música e da alimentação, pela existência subterrânea do estranho animal de "A construção", essa exploração literária pela zoologia veio culminar na bela e enigmática narrativa, escrita às vésperas da morte, "Josefina, a cantora ou O povo dos camundongos", o canto de cisne do escritor consumido pela tuberculose de laringe.

Mas, se nessas histórias Kafka empresta voz aos bichos para falar, com o estranhamento característico de sua arte, da sociedade humana, então a interseção entre esses dois mundos encontra de fato o seu momento mais expressivo na novela *A metamorfose*, a que Elias Canetti chamou, como observa Carone, "o maior feito da ficção na literatura ocidental". Exageros à parte, raras vezes o protesto contra a reificação e a alienação soou de maneira tão poderosa como nessa novela que, ao invés de apelar ao elevado conceito da dignidade do homem, rebaixa-o concretamente, na figura do Gregor Samsa explorado pelo pai e pelo patrão, à condição de "monstruoso inseto".[12] Todavia, como Kafka escreveu "contos de fadas para dialéticos" (Walter Benjamin), a novela consegue suscitar no leitor o sentimento indignado da "honra de ser inseto", para citar o arrebatado ensaio que Hélio Pellegrino lhe dedicou.[13]

---

[12] Ao final de suas "Anotações sobre Kafka", Adorno envereda justamente por essa estratégia kafkiana de uma resistência pela "não violência": "Em vez da ideia de dignidade humana, conceito supremo da burguesia, aparece em Kafka a ideia da salutar semelhança do homem com o animal, presente em grande parte de suas narrativas". Algumas linhas adiante: "Kafka quer, através da reificação do sujeito, exigida de antemão pelo mundo, sobrepujar, na medida do possível, essa reificação".

[13] Escrito em 1968, "A honra de ser inseto" abre a coletânea de ensaios de Hélio Pellegrino intitulada *A burrice do demônio* (Rio de Janeiro, Rocco, 1988). A tônica do texto sobre a novela kafkiana transparece em sua frase con-

Mas seria possível vislumbrar afinidades entre o ambiente familiar em que se dá a metamorfose de Gregor e o das chancelarias e repartições do Castelo? Que essas duas esferas não se encontram muito distantes entre si, isso se depreende de outra arguta observação de Benjamin sobre a semelhança, baseada no sujo e sórdido, entre o mundo dos pais (por exemplo, as roupas enodoadas do velho Samsa) e o dos funcionários, "que podem ser vistos como gigantescos parasitas". Além do motivo da "sujeira", vários outros convergem ainda para o último romance, sendo portanto plenamente legítimo considerá-lo a *summa* desse universo ficcional.

Parece ser esta a visão do próprio tradutor, como sugere a alusão à obra magna de Goethe no título de seu posfácio, "O Fausto do século XX". Embora não explicitado, o paralelo entre as duas obras deve-se certamente ao motivo da "aspiração". Mas se é verdade que também em Goethe aspiração e errância formam um par inseparável ("Erra o homem enquanto a algo aspira"), os esforços de Fausto, como sabemos, são por fim redimidos pelas hostes celestes ("Quem aspirar, lutando, ao alvo/ À redenção traremos").[14]

Para entender, contudo, a diferença cardeal que separa o mundo do *Castelo* do horizonte goethiano da redenção, é necessário lembrar alguns passos do herói de Kafka entre as escuras habitações da aldeia a que chega numa noite de inverno e a paisagem de neve dominada pelo misterioso Castelo no alto de uma montanha, pertencente ao conde Westwest.

Por apenas uma semana estende-se a história que começa com as dificuldades de K. para pernoitar na estalagem junto à ponte, já que não possui permissão oficial: "Esta aldeia é propriedade do

clusiva: "Anarquista solitário e humílimo, desumanizou-se, sem remissão — através da metamorfose — para com este gesto terrorista desmascarar a inumanidade do mundo em que vivia — e em que vivemos".

[14] Versos citados na tradução de Jenny Klabin Segall. O primeiro é pronunciado pelo Altíssimo na cena "Prólogo no céu" no *Fausto I* (v. 317) — o original diz: "*Es irrt der Mensch, solang' er strebt*". Os dois outros versos (11.936-7) são pronunciados pelos anjos que conduzem a "parte imortal" de Fausto na última cena da tragédia ("Furnas montanhosas") — no original: "*Wer immer strebend sich bemüht,/ Den können wir erlösen*".

castelo" — diz-lhe o filho de um castelão após despertá-lo rudemente — "quem fica ou pernoita aqui de certa forma fica ou pernoita no castelo. Ninguém pode fazer isso sem permissão do conde." K. declara-se então o agrimensor solicitado pelo conde, o que é primeiro desmentido e logo em seguida, num segundo telefonema não menos misterioso, confirmado pelo Castelo. Paradoxalmente, K. não recebe autorização para estabelecer-se na aldeia e ao indagar quando poderia ir ao Castelo, a resposta é "nunca". Começam então os esforços do incerto agrimensor para esclarecer a situação, mas o resultado já se apresenta prefigurado na sua primeira tentativa de aproximação: "Assim, seguiu em frente, mas era um extenso caminho. Pois a rua em que estava, a principal da aldeia, não levava à encosta do castelo, apenas para perto dela, e depois, como que de propósito, fazia uma curva e, embora não se afastasse do castelo, também não se aproximava dele".

Logo K. irá vislumbrar no âmbito do erótico uma possibilidade de enfrentar esse labirinto de curvas e círculos (refletido muitas vezes nas circunvoluções da sintaxe, como se observa na passagem acima), e o primeiro passo nessa direção será a conquista de Frieda, espécie de garçonete na Hospedaria dos Senhores e distinguida pela condição de amante do todo-poderoso Klamm, figura proteiforme na imaginação dos amedrontados camponeses e demais aldeões.[15] Até o 25º e último capítulo, K. estará gravitando não só em torno de Frieda, mas também de outras figuras femininas, sobretudo Pepi, Amália e Olga, sendo esta a única a incentivá-lo na luta contra o poder burocrático dos funcionários.

---

[15] No capítulo 16, ambientado na escura cabana em que se dá a longa conversa entre K. e Olga, esta lhe diz em dado momento a respeito das incertezas do irmão quanto à pessoa de Klamm: "Barnabás conversa com funcionários, recebe mensagens. Mas que funcionários, que mensagens são essas? Agora, como diz, está à disposição de Klamm e recebe os encargos diretamente da parte dele. Ora, isso já seria muito, mesmo servidores de nível mais alto não conseguem ir tão longe; seria quase demais, e o angustiante está justamente aí. Pense só: estar à disposição imediata de Klamm, falar com ele em pessoa! Mas será que de fato é assim? Bem, é assim, mas por que então Barnabás duvida de que o funcionário que lá é designado como Klamm seja realmente Klamm?".

Na impossibilidade de sumariar as várias tentativas do herói no sentido de desvendar a misteriosa ordem do Castelo, mescla de instituição feudal e moderno aparelho de controle do indivíduo, valeria apontar ao menos para alguns momentos de sua empresa supostamente "fáustica", começando com a entrevista que tem com o prefeito da aldeia, a quem é enviado por uma carta de Klamm, em uma sala abarrotada de processos, autos, petições, dossiês etc. Nesse mundo protocolado e arquivado, K. fica conhecendo meandros inimagináveis da administração do Castelo, com suas incontáveis "autoridades de controle" e funcionários tão implacáveis como o italiano Sordini, a quem coube investigar o extravio de antiga ordem referente à nomeação de um agrimensor. A existência de um Sordini e um Sortini, assim como a semelhança estandardizada dos dois ajudantes de K., inserem-se na estratégia narrativa de dissolver contornos nítidos, multiplicar as dúvidas e contradições, relativizar e obscurecer os fatos.[16]

Se na conversa com o prefeito a dinâmica do Castelo se mostra a K. por via indireta, no penúltimo capítulo lhe é dado presenciar o ruidoso despertar de funcionários que pernoitaram na Hospedaria dos Senhores e a disputa generalizada entre estes para apoderar-se da maior quantidade possível de processos. Trata-se certamente de uma cena interdita, e K. só consegue presenciá-la porque acaba de sair do quarto do funcionário Bürgel, onde foi parar por engano. Contudo, é justamente esse engano que lhe propicia a chance de sua vida, pois se uma parte em demanda — conforme a exposição do próprio Bürgel — lograr surpreender um funcionário no meio da noite, poderá obter deste o deferimento de qualquer pedido. Surpreendido ele mesmo, e assim inteiramente

[16] No início do segundo capítulo do romance, bebendo cerveja no albergue com os ajudantes (Artur e Jeremias) que lhe foram designados pelo Castelo, o suposto agrimensor expressa a sua desorientação com a semelhança de ambos: "Com vocês não é fácil — disse K., comparando os seus rostos, como já o tinha feito várias vezes. — Como é que posso distinguir um do outro? Vocês são diferentes apenas no nome, no mais são parecidos como — estacou e depois prosseguiu involuntariamente — no mais vocês são parecidos como cobras".

vulnerável, Bürgel passa a discorrer sobre essa possibilidade para a qual sugere não haver lugar no mundo; e, de fato, a exaustão física impede K. de reconhecer a situação e alcançar finalmente o cumprimento de sua aspiração. Resta apenas, ao término do episódio, o balanço do funcionário: "Só que existem, com certeza, possibilidades que de certo modo são grandes demais para serem aproveitadas; há coisas que não malogram em nada a não ser em si mesmas".

Malograda, portanto, a oportunidade única de romper a situação absurda em que ingressou ao chegar à aldeia, K. é arremessado de volta ao seu dilema fundamental: se, por um lado, o ingresso no Castelo se tornou ainda mais difícil, abandonar agora sua aspiração significaria assumir em definitivo o vazio de uma liberdade que experimentara após a longa e fracassada espera por Klamm, no oitavo capítulo, "como se, ao mesmo tempo, não existisse nada mais sem sentido, nada mais desesperado do que essa liberdade".

Tal como chegou até nós, o texto do *Castelo* não permite vislumbrar nenhuma saída para o dilema de K. Sabe-se, porém, por intermédio de Max Brod, que Kafka planejava concluir o romance com um momento de máximo paroxismo: a luta contra o poder burocrático levaria K. à completa exaustão e, moribundo, receberia enfim uma concessão do Castelo para estabelecer-se na aldeia. Delinear-se-ia assim, apesar dessa morte paradoxal, um final feliz para a história, o momento da redenção para o "Fausto do século XX"? Provavelmente não, considerando tal desfecho à luz das últimas palavras proferidas por K. em sua conversa com o prefeito da aldeia: "Não quero favores do castelo, mas aquilo que é o meu direito".[17]

---

[17] No original, "favores" corresponde a *Gnadengeschenke*, substantivo composto que traz em si o conceito de "graça" (*Gnade*) e significa, literalmente, "presentes da graça" — *Ich will keine Gnadengeschenke vom Schloß, sondern mein Recht*. Justamente esse conceito desempenha papel fundamental na última cena do *Fausto II* ("Furnas montanhosas"), marcada pela intervenção, não da justiça divina, mas da graça.

7.
"Continuação a seguir...":
Günter Grass e a arte da narrativa

"Pois enquanto contarmos histórias, viveremos. Enquanto nos ocorrer algo, com ou sem *pointe*, histórias de cães, histórias de enguias, histórias de espantalhos, histórias de ratazanas, histórias de enchentes, histórias de receitas culinárias, histórias de mentira e histórias de almanaque, enquanto histórias conseguirem nos entreter, nenhum inferno conseguirá proporcionar-nos entretenimento."

Günter Grass, *Anos de cão*[1]

Poucos livros tiveram impacto tão poderoso sobre o público leitor alemão como *O tambor de lata* (*Die Blechtrommel*), que marcou em 1959 a estreia do narrador Günter Grass, nascido em 1927 na antiga cidade-livre de Danzig (a atual Gdansk polonesa). A reação de leitores e críticos ao volumoso romance de 750 páginas foi antecipada com extraordinária clarividência por um resenhista de primeira hora, Hans Magnus Enzensberger, que abria o seu texto "Wilhelm Meister tocado no tambor" com as palavras: "Se ainda há críticos na Alemanha, *O tambor de lata*, primeiro romance de um homem chamado Günter Grass, irá provocar gritos de alegria e de indignação".[2] O jovem escritor teria conquistado com essa obra, assinalava ainda Enzensberger, "o direito de ser execrado como um escândalo satânico ou então enaltecido como escritor de primeira grandeza". Com as traduções (sobretudo

---

[1] Palavras de Eduard Amsel no penúltimo capítulo do livro III, intitulado "Materniaden" em alusão ao sobrenome de seu narrador Walter Matern.

[2] "Wilhelm Meister auf der Blechtrommel", in *Einzelheiten*, Frankfurt a.M., Suhrkamp, 1962. Reproduzido no volume *Attraktion und Ärgernis. Ein Kapitel deutscher Literaturkritik*, Franz Josef Görtz (org.), Darmstadt und Neuwied, Luchterhand, 1984, p. 62.

a francesa, *Le tambour*, e mais ainda a famosa tradução inglesa, *The Tin Drum*, assinada por Ralph Manheim) veio também a fama internacional, atando o nome de Günter Grass, de maneira que hoje podemos dizer definitiva, à história do seu primeiro herói romanesco, o tocador de tambor Oskar Matzerath que interrompe o crescimento aos três anos de idade para tornar-se o mais recalcitrante entre todos os descendentes do Wilhem Meister goethiano.

Não foi, todavia, em virtude de seu extraordinário romance de estreia que Grass, conforme o comunicado da academia sueca, ganhou o Prêmio Nobel de 1999, ao contrário do que acontecera exatos setenta anos antes com o seu conterrâneo Thomas Mann, que teve o mesmo prêmio atribuído graças ao seu grande romance de juventude *Buddenbrooks* (embora a sua produção literária já registrasse então até mesmo *A montanha mágica*). Foi o conjunto de sua obra que valeu a Grass o último Nobel do século XX, mais precisamente — segundo a justificativa oficial — as "fábulas de uma alegria macabra" com que procurou conferir voz aos marginalizados sociais, aos vencidos e esquecidos pela História.[3]

Se, de fato, o humor negro ou macabro, o cômico desesperado, a deformação grotesca são ingredientes fundamentais de sua arte narrativa, cumpre lembrar que Grass estreia na literatura, em 1956, com um livro de poemas, *As vantagens das galinhas de vento* (*Die Vorzüge der Windhühner*), em tradução literal.[4] Esquisitice do título à parte, prefigura-se nessas aves imaginárias (*Windhühner*) — alusão paronomástica a galgos, "cães de vento" (*Windhunde*), em alemão — a obsessão por animais que atravessa toda

---

[3] Na versão alemã do comunicado oficial, Günter Grass foi distinguido pelo Nobel "*weil er in munterschwarzen Fabeln das vergessene Gesicht der Geschichte gezeichnet hat*". A versão inglesa diz que suas "*frolicsome black fables portrait the forgotten face of history*".

[4] Quanto a este volume de estreia, valeria mencionar um depoimento do próprio Günter Grass, segundo o qual Gottfried Benn, ao ler os poemas, comentou com Karl Hartung (então professor na Academia de Artes de Düsseldorf, frequentada pelo jovem Grass) que via "constituir-se um narrador nesses textos líricos".

a obra de Grass, povoada de enguias, cães pastores negros, ratos e ratazanas, gralhas e toda a multidão de pássaros que acompanham Eduard Amsel no romance *Anos de cão*, caracóis, peixes e mesmo um linguado falante, cobras, sapos, rãs e outros bichos. — Enfim, uma rica zoologia literária que faz lembrar os animais de E. T. A. Hoffmann (o cão falante Berganza, o gato-escritor Murr, o macaco-epistológrafo Milos ou o Mestre Pulga de sua última narrativa fantástica) e de Kafka, desde o "monstruoso inseto" da *Metamorfose* ou o chimpanzé-autor do "Relato para uma academia" até a ratinha "Josefina, a cantora", a derradeira narrativa do mestre de Praga.

Ao lado de várias outras incursões pelo gênero lírico (só nos anos 90 vieram a lume mais dois livros de poesia), a trajetória literária de Grass registra ainda onze peças de teatro, sendo a mais conhecida *Os plebeus ensaiam o levante*, que discute o supostamente ambíguo posicionamento de Bertolt Brecht durante a sublevação popular de 17 de junho de 1953, ocorrida em Berlim Oriental, que o surpreende em meio aos ensaios de sua adaptação da peça *Coriolano*, dc Shakespeare.

Talento artístico multifacetado, Grass também goza de reconhecimento na gravura, na escultura e no desenho. Na verdade, foi somente neste âmbito que teve uma formação mais sistemática, como aluno de escultura e artes gráficas na Academia de Artes de Düsseldorf, entre os anos de 1949 e 1952. Mesmo sem arriscar qualquer comentário mais específico sobre esse lado da produção artística de Grass, valeria assinalar que a sua prosa ficcional deixa entrever de maneira sensível a perspectiva do escultor e do desenhista, o que pode ser observado à luz dos frequentes momentos descritivos nos romances (um expressivo exemplo nesse sentido mostra-se no capítulo "As costas de Herbert Truczinski", o antepenúltimo do primeiro livro do *Tambor*).

De qualquer modo, o entrelaçamento entre desenho e prosa parece adentrar uma nova fase com a publicação, em 1987, do volume *Zunge Zeigen* [Mostrar a língua], que documenta mediante essas duas linguagens uma estada de seis meses na cidade de Calcutá e cujo título alude a representações hindus da deusa Kali, em seu gesto característico de mostrar a língua para exprimir vergonha. Em *Totes Holz* [Madeira morta], de 1990, o escritor e desenhista confronta-se com o tema sombrio da devastação ecológica, em particular a destruição das florestas. E em *Meu século* (2000), conjunto de cem narrativas ilustradas a aquarela, Grass prismatiza e encena a sua visão do século XX, enfocando acontecimentos históricos (mas também eventos literários, esportivos, biográficos etc.), desde a Guerra dos Boxers, a sublevação nacionalista na China em 1900, até os derradeiros anos do século passado.

E há que se registrar ainda a autobiografia que o escritor já quase octogenário intitulou *Descascando a cebola*, metaforizando o delicado trabalho da memória ao deslindar e expor as várias camadas do passado. Anunciada para setembro de 2006, já algumas semanas antes essa autobiografia colocou o seu autor, mais uma vez, no foco da opinião pública na Alemanha, uma vez que traz a surpreendente revelação do seu envolvimento, no final da guerra, com as chamadas "Armas SS" (*Waffen-SS*), a temida e famigerada organização paramilitar da SS (*Schutzstaffel*, a guarda de elite do partido nacional-socialista criada em 1925).[5]

---

[5] *Beim Häuten der Zwiebel*, Göttingen, Steidl, 2006. Conforme a "confissão" tardia de Grass, aos quinze anos de idade ele alistou-se voluntariamente nas forças armadas alemãs, movido sobretudo pelo desejo de escapar à estreiteza familiar e pequeno-burguesa de Danzig; preterido então em virtude da idade, dois anos mais tarde, em fevereiro de 1945, recebeu a convocação para integrar as "Armas SS", organização criada formalmente em agosto de 1938 por um comunicado secreto do próprio Adolf Hitler. Segundo a reconstituição da autobiografia (no capítulo IV, "Como aprendi o medo"), o jovem soldado Grass não disparou um único tiro até ser ferido no dia 20 abril de 1945, coincidentemente o 56º aniversário de Hitler. Contudo, a vergonha pelo fato de ter pertencido, ainda que passivamente, a essa organização criminosa, responsável por inúmeros massacres entre a população civil e prisioneiros de guerra, fez Grass calar-se sobre o fato ao longo de toda a sua vida. A necessidade de trazê-lo à tona, confessá-lo publicamente, foi portanto uma das motivações para a redação da autobiografia.

Em relação a esse problemático capítulo na biografia de Grass pode-se pensar na cena que se desenrola no terceiro livro do *Tambor de lata* (capítulo "Madonna 49") entre Oskar Matzerath, trabalhando como modelo na Academia de Artes de Düsseldorf e obstinando-se em recalcar o seu passado de to-

Se o universo artístico de Grass, decorrido meio século desde a publicação de seu primeiro livro de poemas, ainda se expandia, por outro lado pode-se afirmar com segurança que o seu momento áureo ocorreu certamente entre 1959 e 1963, com a publicação dos romances *O tambor* e *Anos de cão* (1963), que compõem com a novela *Gato e rato* (1961) a chamada Trilogia de Danzig. Com essas três obras, Grass tocou em pontos nevrálgicos da sociedade alemã do pós-guerra, no âmbito de seu projeto narrativo de empenhar-se no esclarecimento radical do passado nacional--socialista e, ao mesmo tempo, desmascarar as tendências conservadoras (ou, antes, reacionárias) do governo de Konrad Adenauer, que se estendeu entre os anos de 1949 e 1963. O próprio romancista, ao realizar uma retrospectiva de sua atividade literária durante o processo da reunificação alemão, comentou nos seguintes termos a elaboração desse ciclo épico:

> "Nenhum escritor, afirmo eu, pode lançar-se por si só a um projeto épico sem ser instigado, provocado, sem ser induzido de fora a esse vazadouro de detritos [*Geröllhalde*]. [...] a provocação veio da então disseminada demonização da época do nacional-socialismo, praticada com chancela oficial — eu queria mostrar claramente o crime, trazê-lo à luz do dia —; e quem me induziu a continuar escrevendo, apesar dos retrocessos, foi um amigo difícil, quase que inacessível: Paul Celan, que compreendeu ainda antes de mim que a coisa não deveria parar no primeiro livro com as suas setecentas e trinta páginas em ritmo galopante, que se tinha de descascar, camada por camada, a cebola profana e que eu não deveria tirar férias de um tal empreendimento."[6]

---

cador de tambor, e o estudante apelidado Raskolnikoff: "'Pegue o tambor, Oskar, eu o desvendei!' Eu, trêmulo: 'Nunca mais. Isso passou!' Ele, sobriamente: 'Nada passou, tudo retorna, culpa, expiação, culpa novamente!'".
[6] *Schreiben nach Auschwitz*, Frankfurt a.M., Suhrkamp, 1990, p. 30.

Mas houve também motivações mais pessoais para o extraordinário esforço literário de que resultaram, em tão curto espaço de tempo, as mil e quinhentas páginas que compõem a Trilogia de Danzig. Em um texto de 1992 ("Discurso sobre a perda"), discorrendo sobre as implicações que a perda da cidade natal teve para a sua literatura, Grass arriscou a seguinte generalização:

> "A perda tornou-me eloquente. Somente aquilo que está inteiramente perdido provoca com paixão um infinito nomear, esta mania de chamar tantas vezes o objeto desaparecido pelo nome até que ele apareça. Perda como pressuposto para a literatura. Estou quase inclinado a apresentar essa experiência como tese."[7]

Se a rememoração literária da Danzig de sua infância — o pequeno mundo compartilhado por alemães e poloneses, judeus e cachúbios — teve prosseguimento com a novela *Gato e rato* e com o romance *Anos de cão*, foi inteiramente consequente que o "escândalo satânico", a "provocação" suscitados pelo *Tambor de lata* (em seu empenho de "mostrar claramente o crime, trazê-lo à luz do dia") marcaram igualmente a recepção dessas duas obras subsequentes. No caso da breve e trágica história em torno do ginasiano Joachim Mahlke (verdadeira obra-prima do gênero novelístico), a acusação central contra o autor, a qual chegou a enveredar por via judicial, dizia respeito à condecoração da Cruz de Ferro, um dos mais importantes símbolos militares do país — esboçado originalmente pelo arquiteto e pintor Karl Friedrich Schinkel (1781-1841) e instituído em 1813 para distinguir atos de bravura durante a resistência à ocupação napoleônica — que teria sido "conspurcado" por Grass.

O romance *Anos de cão*, que Grass considera a sua obra mais ambiciosa e complexa, foi igualmente a contrapelo da ideologia dominante na Alemanha de Adenauer, ferindo tabus e figuras alçadas em símbolo da resistência antifascista. Pode-se lembrar aqui, en-

[7] *Rede vom Verlust*, Göttingen, Steidl, 1992, p. 42.

tre as inúmeras histórias narradas pelo "coletivo de autores" (*Autorenkollektiv*) do romance, a tematização, nas chamadas "Cartas de amor" de Harry Liebenau, daquele que talvez seja o episódio mais cultuado pela República Federal da Alemanha, isto é, o atentado a Hitler ocorrido no dia 20 de julho de 1944.

Na ficção romanesca, este acontecimento que se desdobra na esfera do grande mundo do Führer, dos altos dignitários do Estado e dos conspiradores vem entrelaçado com o *piccolo mondo* em torno das personagens de Danzig, mais especificamente do bairro pequeno-burguês de Langfuhr. O ensejo concreto para tal imbricação reside no cão pastor Prinz, com que a cidade de Danzig, conforme a narração de Liebenau, presenteara o Führer e Chanceler do Reich Adolf Hitler por ocasião do seu quadragésimo quinto aniversário.

Tanto na esfera do pequeno mundo das personagens, que gravitam em torno da marcenaria do mestre Liebenau (pai de Harry), como na dimensão do grande mundo dos conspiradores em torno de Klaus von Stauffenberg, o narrador aponta para uma sequência de omissões, equívocos e fracassos políticos. Se no quadragésimo quinto aniversário de Hitler o narrador pôde falar da atmosfera de contagiante alegria que tomou conta da cidade de Danzig (como de todo o Grande Reich Alemão), dez anos depois, por ocasião do aniversário de 55 anos, encontra-se a seguinte passagem numa das "cartas de amor":

> "Era uma vez um mestre marceneiro, que destruiu com golpes circulares e treinados uma casa de cachorro, transformando-a em gravetos, simbolicamente.
> Era uma vez um conspirador, que colocou uma bomba em sua pasta, experimentalmente."[8]

Começa assim o tratamento ficcional do atentado de 20 de julho de 1944 e o motor dessa tematização é, mais uma vez, o cão

---

[8] Conforme a *Werkausgabe in zehn Bänden*, Volker Neuhaus (org.), vol. III, Darmstadt, Luchterhand, 1985, p. 538.

Prinz, mais precisamente a sua presença no quartel-general do Führer no fatídico dia. Se o narrador de Günter Grass observa nesse contexto que a "Providência" salvou tanto o Führer como o seu cão (que rastreia o tique-taque da bomba na pasta do conspirador e se retira em seguida para fazer suas necessidades fora — como, aliás, todo cão bem treinado, acrescenta Liebenau), ele encampa por um lado a argumentação com que o próprio Hitler sempre procurou cercar a sua figura com a aura da invulnerabilidade. No entanto, nas entrelinhas Grass parece sugerir ironicamente que o Führer deve a sobrevivência não à "Providência", mas à inépcia (e sede de glória) dos conspiradores. Pois retornando ao pequeno mundo das personagens do romance, o narrador apresenta uma série de fracassos políticos até chegar à história de Walter Matern, que consegue fugir para um campo de prisioneiros antifascistas, constituindo-se assim o gancho narrativo para conduzir a história do atentado ao seu fracassado desfecho:

> "Mas o conspirador, que encerrara havia meses os seus ensaios com as bombas e a pasta, não conseguiu alcançar um campo de prisioneiros para antifascistas. Também seu atentado fracassou, porque ele não era um terrorista profissional e, como amador, não se entregou por inteiro à tarefa, mas se safou antes que a bomba dissesse claramente sim!, querendo se poupar para grandes tarefas após o atentado bem-sucedido."[9]

A minuciosa ficcionalização desse acontecimento histórico tira-lhe todo traço de um heroico ato de resistência, cumprido no espírito de autossacrifício, e o faz avultar antes como fracasso pouco glorioso, em meio a semelhantes fracassos na esfera das pessoas miúdas. Mas por que, pode-se perguntar aqui, Grass envolve esse episódio na estrutura do conto de fadas, com a fórmula do "era uma vez"?

---

[9] Ed. cit., p. 541.

Esse recurso narrativo já havia sido empregado com extraordinária eficácia no capítulo "Fé Esperança Amor", que fecha o primeiro livro do *Tambor* com a narração da chamada "Noite dos Cristais", o *pogrom* ocorrido no dia nove de novembro de 1938 em todo o Reich alemão. O seu efeito é o mesmo nos dois romances: mediante essa narrativa própria do "maravilhoso", Grass coloca esses acontecimentos sob o signo do "irreal" para, de modo tão mais intenso, torná-los "reais". Em outras palavras, o que deveria ser um conto de fadas macabro — um *Greuelmärchen*, para usar essa expressão característica da justiça nacional-socialista — foi realidade nua e crua: a criação de uma atmosfera irreal faz com que essa realidade apareça de maneira tanto mais nítida.

Em romances posteriores, mais especificamente em *O linguado* e *A ratazana*, Grass voltou a lançar mão da estrutura do conto de fadas; se, contudo, superou ou mesmo atingiu o nível literário que distingue a Trilogia de Danzig, eis uma questão que se coloca a todo intérprete que se debruça sobre sua obra. De qualquer modo, isso evidencia que desde a conclusão do ciclo épico ambientado em Danzig, cada novo livro do autor é confrontado inevitavelmente com as expectativas de um público que espera uma obra semelhante, quando não um segundo *Tambor*. Desde então, confessou o próprio Grass em certa ocasião, escrever se lhe tornou bem mais difícil. No entanto, não se pode dizer de modo algum que o seu fôlego épico tenha diminuído, pois nos anos seguintes veio o romance *Anestesia local* (1969), vieram os livros *Do diário de um caracol* (1972) e *Partos cerebrais* (1981) — mesclas de ficção, ensaio e relato autobiográfico —, depois as narrativas *O encontro em Telgte* (1979) e *Maus presságios* (1993) e, em 2002, a novela *Passo de caranguejo*.

Mas vieram, sobretudo, os grandes marcos que o romancista Grass imprimiu a cada uma das décadas seguintes: na de setenta, *O linguado* (1977), livro estruturado em nove capítulos que acompanham mês a mês a gestação de uma criança, esboçam um largo panorama épico da alimentação e da fome ao longo dos séculos e, ao mesmo tempo, fazem da região da desembocadura do rio Vístula (mais uma vez a terra natal do escritor) o foco concentrado da história universal, desde o período neolítico até as greves nos estaleiros Lênin, de Gdansk.

O livro mais ambicioso publicado por Grass nos anos 80 é o romance *A ratazana* (1986), que busca alinhar-se na tradição satírica e iluminista de um Voltaire ou de um Swift, compondo em várias dimensões ficcionais um panorama multifacetado da situação mundial contemporânea, um ousado confronto narrativo com as questões da ameaça nuclear, catástrofes ecológicas, falsificações políticas, experimentos genéticos etc. Em larga medida, o enredo da *Ratazana* movimenta-se num plano onírico, no qual se articulam, por exemplo, dois discursos satíricos proferidos pelo eu narrador. O primeiro, no final do quinto capítulo, tem lugar em Estocolmo, diante da Real Academia Sueca, e consiste na *laudatio* que acompanha a outorga do Prêmio Nobel à espécie dos ratos, tão meritória quanto os esforços dos professores Watson e Crick, distinguidos pela descoberta "fáustica" da estrutura do DNA ("Sim, sim, o fáustico no ser humano possibilitou isso e outras coisas ainda"). O discurso é longo, estende o seu alcance satírico à própria instituição do Nobel, e se abre com as seguintes palavras:

"Digníssima Academia! Pudesse eu, começando em solo sueco, saudar na primeira frase a você, como rato em si, embora você não pareça ter comparecido, para só então apresentar as saudações ao Rei da Suécia, aqui presente. Chegaria tão logo ao assunto: enfim, Majestade! Não é sem tempo que são reconhecidos méritos e contribuições para com a medicina, e particularmente no campo da pesquisa genética — e da manipulação genética de tão duradouro êxito —, que, sem a ratazana, seriam impensáveis."

O segundo discurso, no início do sétimo capítulo, é proferido diante do Congresso Federal alemão e oferece-nos outro expressivo exemplo do enfrentamento épico do escritor Günter Grass com a situação política contemporânea. Ao longo de cinco páginas faz-se a apologia da bomba de nêutrons que, à exceção dos homens e de todos os demais seres vivos, não causam destruição alguma ao serem detonadas; antes, porém, enfoca-se a corrupção, e as cenas descritas não constituem certamente apanágio da sociedade alemã: "Mal comecei meu discurso, salta aos olhos que um bando de portadores de dinheiro, carteiros uniformizados, entrega cédulas a vários deputados e, repetidamente, leva importâncias à bancada dos ministros, sendo que antes de cada reembolso os polegares são umedecidos".

O marco épico de Günter Grass nos anos 90 é *Um campo vasto* (1995), ampla crônica picaresca da reunificação alemã. Trata-se também de um romance político de rara ousadia, organizado em 37 capítulos que se distribuem ao longo de cinco livros, compondo *tableaux* sobre os quais Grass projeta e prismatiza uma visão extremamente crítica dos acontecimentos cujo emblema é a queda do Muro de Berlim no dia 9 de novembro de 1989.[10] Para isso, Grass elabora uma perspectiva narrativa tão ampla quanto complexa, paralelizando fatos políticos, sociais e econômicos em torno da reunificação sob Helmut Kohl com a unificação dos estados alemães nos anos 70 do século XIX, sob a égide prussiana de Otto von Bismarck — mas às vezes recuando até o revolucionário ano de 1848, quando Marx e Engels lançam ao mundo o "Manifesto que arrebatara povos inteiros".

Com estes dois últimos romances, tão entranhados na história contemporânea, Grass deu resolutamente as costas àquela antiga lei do gênero épico, ilustrada já pela *Ilíada*, que recomenda situar as narrativas no passado — e quanto mais remotas e pretéritas elas sejam, tanto melhor para o narrador, esse "evocador sussurrante do imperfeito", conforme a célebre formulação do autor

[10] O 9 de novembro representa um dia fatídico na história alemã: além da queda do Muro, a data assinala a ocorrência da chamada "Noite dos Cristais", o mais terrível *pogrom* contra os judeus, em 1938; a tentativa de golpe de Hitler em 1923 (*Hitlerputsch*); a eclosão da revolução socialista liderada por Rosa Luxemburgo em 1918; e, ainda, o fuzilamento do deputado democrata radical Robert Blum, perpetrado em Viena no ano de 1848, selando a derrota do movimento revolucionário.

da *Montanha mágica*. Parece importar antes a Grass, discípulo assumido do Sísifo camusiano, o direito do escritor de imiscuir-se nas questões mais candentes de seu tempo, de sempre atuar na condição de contemporâneo participante e incômodo.

É verdade que sua segunda novela, *Passo de caranguejo*, rememora um trágico acontecimento encerrado no passado: o afundamento do navio Wilhelm Gustloff por um submarino soviético sob o comando de Alexander Marinesko, no dia 30 de janeiro de 1945, que causou a morte de cerca de 10 mil civis.[11] No entanto, o fato histórico é trazido, em uma de suas dimensões narrativas, para a realidade contemporânea da virada do século e do milênio, mediante discussões travadas na Internet, mais precisamente na *homepage* mantida pelo filho do narrador. Este, Paul Pokriefke, por sua vez não é outro senão o filho de Tulla Pokriefke, várias vezes mencionada na novela *Gato e rato* e personagem central nas "Cartas de amor" de *Anos de cão*.[12] Como Oskar Matzerath, que quase trinta anos após a publicação do *Tambor*, fez valer na *Ratazana* o direito de dar continuação à sua existência literária, também Tulla impôs seu retorno na novela *Passo de caranguejo* — e isso a despeito da versão apresentada pelo redivivo e agora sexagenário Oskar:

> "'Correto', diz ele, 'a pequena Pokriefke, uma molequinha muito especial, era chamada de Tulla [...] Ela cheirava a cola de marceneiro e por volta do final da guerra era cobradora de bonde. Correto! A linha cinco. Vinha de Heeresanger, subia até a Weidengasse e depois voltava. Dizia-se que ela saiu de Danzig com o 'Gustloff'

---

[11] Sobre a novela, ver o ensaio de Helmut Galle, "Zur Erinnerung an deutsche Opfer: Geschichte, Zeugnis und Fiktion in Grass' Novelle *Im Krebsgang*", in *Pandaemonium Germanicum*, n° 9, São Paulo, 2005, pp. 115-54.

[12] Sobre essa importante personagem feminina no mundo ficcional de Grass ver o ensaio de Volker Neuhaus "Belle Tulla sans merci", in *Die "Danziger Trilogie" von Günter Grass*, Volker Neuhaus e Daniela Hermes (orgs.), Frankfurt a.M., Luchterhand, 1991, pp. 181-99.

e pereceu. Tulla Pokriefke, um terror que até hoje me é presente'."[13]

Se apesar desse depoimento do seu conterrâneo de Danzig, Tulla pôde ressurgir quase sessenta anos após a tragédia do Gustloff, isto se deve certamente à Xerazade que anima o universo ficcional de Günter Grass. "Pois enquanto contarmos histórias, viveremos", diz Goldmäulchen — aliás Eduard Amsel, um dos narradores de *Anos de cão* — na penúltima "*Materniade*" do terceiro livro. E, não por acaso, o discurso de agradecimento de Grass ao Prêmio Nobel traz o título "Continuação a seguir...". Trata-se de uma referência direta à promessa que os grandes narradores do século XIX — Balzac em Paris e Dickens em Londres, Tolstói na Rússia tanto quanto Fontane na Prússia — colocavam ao término de cada capítulo que publicavam nos folhetins. Contudo, Grass vê nessa promessa um princípio universal da literatura, desde as suas raízes orais não apenas na Grécia e na Palestina, mas também na China, Pérsia, Índia ou na América do Sul.[14] "Continuação a se-

[13] *A ratazana*, p. 98.

[14] O discurso de agradecimento de Grass foi publicado, ao lado do discurso por ocasião da outorga do Prêmio Príncipe das Astúrias (Oviedo, 22 de outubro de 1999) no volume *Fortsetzung folgt... und Literatur und Geschichte*, Göttingen, Steidl, 1999. Ainda que longo, o trecho a seguir merece citação, uma vez que concerne à relação de Grass com a arte da narrativa:
"O que era narrado quando ainda não havia ninguém que soubesse escrever ou anotar? Desde o início, desde Caim e Abel, muito se falou de assassinato e homicídio. Vingança, sobretudo vingança de sangue, oferecia assunto. E desde cedo genocídio esteve sempre presente. Mas também se podia relatar sobre inundações e períodos de seca, sobre anos de vacas magras e gordas. Não se recuava diante de nenhuma listagem circunstanciada de posse de gado e gente. Nenhuma narrativa devia, se quisesse soar como fidedigna, renunciar a longas listas de gerações — quem veio depois de quem, quem antes de quem. Igualmente versadas em gerações, armavam-se histórias de heróis. Até mesmo as histórias de triângulos, até hoje apreciadas, mas também monstruosidades, em que seres, misturas de homem e animal, dominavam labirintos ou espreitavam entre caniços às margens, tudo isso terá sido então material para narrativas. Para não falar de lendas de deuses e ídolos assim como aventurosas viagens de navios, que iam sendo transmitidas narrativamente, lapidadas, complemen-

guir..." encarna também, na visão do grande narrador de Danzig, a capacidade de resistência da literatura e, por conseguinte, a esperança de que sobreviva mesmo num futuro em que a fome e a miséria recrudesçam como a mais perversa das guerras:

"Este tema [a fome] continua vivo para nós. À riqueza que vai se acumulando, a miséria responde com intensas taxas de crescimento. Por mais que o Ocidente ou o Norte rico venha a blindar-se na obsessão por segurança e queira afirmar-se como fortaleza perante o Sul da pobreza: mesmo assim, as torrentes de migrantes o alcançarão, à afluência dos que passam fome nenhum ferrolho poderá resistir.

Sobre isso se contarão histórias no futuro. Afinal, o romance de todos nós deve ter continuidade. E mesmo se um dia não for mais possível ou permitido escrever e imprimir, se não se puder recorrer a livros como meio de sobrevivência, haverá mesmo assim narradores que, voltando a tecer os fios das velhas histórias, chegarão com seu hálito aos nossos ouvidos: num tom elevado e baixo, resfolegando e sob retardamento, às vezes perto do riso, às vezes perto do choro."[15]

tadas, variadas, transformadas em seu contrário, até que finalmente foram redigidas por um narrador, que terá se chamado Homero, ou por um coletivo de narradores, no que diz respeito à Bíblia. Desde então existe a literatura. Na China, Pérsia, Índia, nas montanhas peruanas e em outros lugares, em toda parte em que a escrita surgiu foram narradores que conquistaram nome, individualmente ou num coletivo, enquanto literatos, ou permaneceram anônimos" (*op. cit.*, pp. 12-4).

[15] *Fortsetzung folgt... und Literatur und Geschichte*, cit., pp. 49-50.

IV
Finale goethiano

8.
A confissão amorosa do jovem Goethe

"Apenas em virtude dos desesperançados nos é concedida a esperança."

Walter Benjamin, "As afinidades eletivas de Goethe"

Na segunda parte de sua autobiografia *Poesia e verdade*, ao reconstituir a fase de vida em que principiava a manifestar-se a tendência de transformar em imagem poética as alegrias e os tormentos, todos os sentimentos, enfim, que o acometiam e o lançavam "sempre de um extremo ao outro", Goethe caracteriza as suas produções literárias que começavam então a avolumar-se com a célebre expressão "fragmentos de uma grande confissão" (*Bruchstücke einer grossen Konfession*).[1] Essa perspectiva autobiográfica convida-nos a enxergar em seu primeiro romance, *Os sofrimentos do jovem Werther*, o mais ardente e doloroso fragmento confessional da vida amorosa de Goethe, obra vazada numa linguagem de tal intensidade lírica que faz dela uma das mais significativas histórias de amor da literatura universal.

Segundo a reconstituição de *Poesia e verdade*, o pequeno romance teria sido escrito em apenas quatro semanas, sem o apoio de qualquer plano ou esquema de conjunto, de maneira "bastante

---

[1] A expressão encontra-se no sétimo livro de sua autobiografia *Aus meinem Leben — Dichtung und Wahrheit* [*Da minha vida — Poesia e verdade*]: "*Alles, was daher von mir bekannt geworden, sind nur Bruchstücke einer grossen Konfession, welche vollständig zu machen dieses Büchlein ein gewagter Versuch ist*" ["Tudo o que, desde então, trouxe a público, são apenas fragmentos de uma grande confissão, a qual este livrinho é uma ousada tentativa de complementar"]. Conforme a edição de Hamburgo organizada por Erich Trunz, *Hamburger Ausgabe in 14 Bänden*, vol. 9, p. 283. As demais citações de Goethe referem-se igualmente a essa edição.

inconsciente, à maneira de um sonâmbulo".[2] Sua publicação em 1774 valeu ao jovem autor do movimento posteriormente chamado "Tempestade e Ímpeto"[3] o que "talvez tenha sido", nas palavras de Walter Benjamin em seu estudo sobre Goethe, "o maior sucesso literário de todos os tempos, a obra em que Goethe consumou o tipo da autoria genial".[4]

Além da "febre wertheriana" que logo se alastrou entre os jovens leitores, o impacto do romance no âmbito dos Estados alemães se traduziu ainda num elevado número de imitações, adaptações, paródias, continuações, também de ataques e apologias que se seguiram de imediato à sua publicação.[5] Sem precedentes foi também a sua difusão nos vários países europeus: já em 1776 aparece a primeira tradução francesa e em 1779 o romance é publicado em língua inglesa; dois anos depois ele surge na Itália e na Rús-

---

[2] *Op. cit.*, p. 589. A filologia goethiana situa, porém, a gênese da obra entre primeiro de fevereiro e final de abril de 1774. Publicado anonimamente em setembro de 1774, *Os sofrimentos do jovem Werther* teve, somente no ano seguinte, dez edições.

[3] A designação *Sturm und Drang* remonta a uma peça de F. M. Klinger (1752-1831) publicada originalmente em 1776 com o título *Der Wirrwarr (A confusão)* e depois rebatizada como *Tempestade e ímpeto*, expressão que veio a caracterizar a época da literatura alemã que se estende entre 1767 (com a publicação dos *Fragmentos* de Herder) e o ano de 1785, comumente considerado o início do Classicismo.

[4] Esse estudo de Walter Benjamin foi redigido, entre 1926 e 28, como verbete para a Grande Enciclopédia Soviética. Traduzido por Irene Aron e Sidney Camargo e publicado originalmente em *Documentos de cultura, documentos de barbárie* (seleção e apresentação Willi Bolle, São Paulo, Editora Cultrix/Edusp, 1986), conheceu nova edição em *Ensaios reunidos: escritos sobre Goethe* (São Paulo, Editora 34/Duas Cidades, 2009).

[5] Referência ainda hoje fundamental para a compreensão da recepção contemporânea do romance goethiano é o estudo de Klaus Scherpe *Werther und Wertherwirkung* [Werther e efeito Werther]. Publicado em meados de 1969, esse estudo de Scherpe articula de maneira explícita a abordagem histórica com uma tendência atualizante e antiautoritária que reflete continuamente, da perspectiva do movimento estudantil (um *Sturm und Drang* de esquerda), sobre o contexto político de 1968.

sia, e nesse ritmo o *Werther* foi se afirmando como um dos livros alemães mais traduzidos em todo o mundo, provavelmente atrás apenas dos contos maravilhosos dos irmãos Grimm.

Rastrear a influência que o *Werther* exerceu e ainda vem exercendo sobre escritores de diferentes países também ajudaria a precisar o seu significado no contexto da literatura mundial. Lembre-se inicialmente o italiano Ugo Foscolo (1778-1827), que em seu romance epistolar *Ultime lettere di Jacopo Ortis* (1802), transpõe motivos centrais do *Werther* para o contexto histórico da República de Veneza durante o período napoleônico.[6] Referências e alusões ao romance de Goethe encontram-se também em obras de máxima relevância na literatura ocidental, como por exemplo *L'éducation sentimentale*, de Flaubert: logo no segundo capítulo da primeira parte ficamos sabendo do entusiasmo do jovem Frédéric Moreau pela paixão wertheriana e nas páginas derradeiras do romance, quando o desiludido herói flaubertiano quer expressar à senhora Arnoux, agora consideravelmente envelhecida, a dimensão do seu amor, alude ele à cena em que a personagem de Goethe avista Lotte pela primeira vez e apaixona-se de imediato: "Compreendo os Werther, aos quais não aborrece o pão com manteiga de Carlota".[7]

[6] Problematizando e questionando um suposto caráter revolucionário da obra juvenil de Goethe, observa Scherpe: "O que o Werther não foi e não pôde ser, fica claro se olharmos para as *Ultime lettere di Jacopo Ortis* de Ugo Foscolo, que estabelecem um vínculo direto com o romance de Goethe. Como ardente patriota, Jacopo Ortis sofre com a subjugação de sua pátria. A sua amada é a vítima infeliz de um casamento de conveniência. O idílio campestre oferece-lhe refúgio perante a perseguição política. Os camponeses aparecem como autênticos proletários, que 'provam a amargura do seu pão banhado em suor e lágrimas'. Não é Homero ou Ossian que acompanha o herói em seus passeios, mas sim o 'divino Plutarco'" (*Werther und Wertherwirkung*, Wiesbaden, Akademische Verlagsgesellschaft Athenaion, 3ª ed., 1980, pp. 89-90).

[7] "*Je comprends les Werther que ne dégoûtent pas les tartines de Charlotte.*" A citação se encontra no capítulo 6 da terceira parte do romance (Paris, Flammarion, 2001, p. 544). A citação acima foi feita segundo a tradução de Adolfo Casais Monteiro (São Paulo, Difusão Europeia do Livro, 1959, vol. 2, p. 235).

Na literatura alemã são incontáveis as obras em que se poderiam apontar vestígios deixados pelo clássico goethiano. O romance *Lotte em Weimar*, publicado por Thomas Mann em 1939, tem como pano de fundo a dimensão biográfica transfigurada por Goethe nos *Sofrimentos do jovem Werther*. Lembremos também, como exemplo mais recente de intertextualidade com esse marco do pré-romantismo alemão, o ousado experimento narrativo realizado por Ulrich Plenzdorf em seu romance *Os novos sofrimentos do jovem W.* (1973): aqui são as estruturas de uma sociedade socialista, a da antiga República Democrática Alemã, que, mescladas com a temática amorosa, levam o jovem Edgar Wibeau, novo avatar do herói goethiano, a um suicídio disfarçado em acidente.

Resguardada a posição *sui generis* dessa pequena obra que desencadeou uma onda de suicídios pela Europa, não é raro observar, na história da literatura, uma relação entre fenômenos desse tipo, isto é, obras que abalam e modificam o horizonte de expectativa de sua época, e a intensidade com que se dá a elaboração de elementos biográficos. No caso do jovem Goethe, os motivos fundamentais do seu romance de estreia advieram, sobretudo, de duas vivências do ano de 1772, durante o estágio de cinco meses, enquanto jurista recém-formado, na Suprema Corte Imperial da pequena cidade de Wetzlar: a paixão por Charlotte Buff, já noiva de seu colega e amigo Johann Christian Kestner, e ainda — segundo *Poesia e verdade*, o acontecimento que deflagra o processo criativo — o suicídio de um jovem jurista de seu círculo de relações (Carl Wilhelm Jerusalem), motivado também, entre outras causas, por uma desilusão amorosa com uma mulher casada.[8]

É evidente, contudo, que o elevado nível estético — ou a "genialidade", para usar um termo tão corrente na época[9] — do ro-

---

[8] Augusto Meyer, em seu ensaio "A chave e a máscara", discorre sobre implicações advindas da transfiguração literária desse episódio na biografia de Goethe, in *A chave e a máscara*, Rio de Janeiro, Edições O Cruzeiro, 1964.

[9] Na historiografia literária alemã o período do *Sturm und Drang* recebe também a designação de *Geniezeit* ou *Genieperiode*, "período ou época do gênio".

mance goethiano se deve menos ao seu substrato autobiográfico do que aos procedimentos narrativos que plasmaram em arte as vivências e sofrimentos do jovem autor. Goethe encontrou no romance epistolar — seguindo sobretudo os impulsos que vinham da Inglaterra, com Samuel Richardson (*Pamela, or Virtue Rewarded*, 1740; *Clarissa, or The History of a Young Lady*, 1748) e da França, com Jean-Jacques Rousseau (*Julie ou La nouvelle Héloïse*, 1761) — a forma apropriada para exprimir, de maneira a mais direta e espontânea possível, a exacerbada sensibilidade de sua personagem.[10]

A história, com efeito, nos é contada a partir das cartas, dispostas em dois livros, que o herói envia, na grande maioria, ao seu amigo Wilhelm — a exceção são três cartas escritas em 1772, duas dirigidas a Lotte (a de 20 de janeiro e a longa carta de despedida, concluída em 23 de dezembro) e uma a Albert (20 de fevereiro).

Compreendendo o período de 4 de maio a 10 de setembro de 1771, as cartas do primeiro livro narram sua chegada a uma pequena cidade alemã (sugere-se vagamente que o motivo da viagem se deve a assuntos de herança), algumas impressões da sociedade local e da natureza circundante, pela qual o jovem desenvolve de imediato uma forte empatia: "A solidão, nesta paisagem paradisíaca, é um bálsamo precioso para o meu coração, e esta estação da juventude aquece-me plenamente o coração que tantas vezes se arrepia. Cada árvore, cada sebe é um ramalhete de flores, e a gen-

---

[10] Estudo clássico sobre o assunto é o livro de Erich Schmidt *Richardson, Rousseau und Goethe*, publicado em 1875. Contudo, já numa das primeiras resenhas sobre o romance de Goethe, publicada em 1775 pelo importante teórico Friedrich von Blankenburg, o significado da forma epistolar foi ressaltado com as seguintes palavras:
"Poderia o poeta colocar em cena de melhor maneira o homem que não era e nem deveria ser outra coisa senão sentimento, poderia ele apresentá-lo de maneira mais plástica a nós, do que permitindo que esse homem deixasse o seu coração falar e transbordar? E a quem dirigir suas palavras, com quem comunicar-se senão com seu amigo? Por isso, a escolha da vestimenta epistolar parece-nos tão apropriada ao herói que consideramos esse romance como um dos primeiros a que essa vestimenta cai de forma perfeita."

te gostaria de se transformar num besourinho para esvoaçar neste oceano de odores e dele tirar todo alimento".[11] Cerca de seis semanas depois, uma longa carta datada de 16 de junho conta ao amigo o fatídico encontro com Lotte: amor à primeira vista que vai intensificando-se com a enlevada convivência diária que se estende até a chegada, nos últimos dias de julho, de Albert, o noivo de Lotte. Após o transcurso de mais seis semanas, o primeiro livro é fechado então por uma carta datada de 10 de setembro, em que Werther conta as misteriosas circunstâncias — verdadeira atmosfera de sortilégio — em que se despede secretamente de Lotte, para empreender uma fuga em busca de lenitivo para os sofrimentos amorosos: carta impregnada de sugestões da despedida e apresentando ainda, como antecipação simbólica do final da história, o motivo da morte e de um possível reencontro numa outra vida.

As cartas do segundo livro — compreendendo o período de 20 de outubro de 1771 a 23 de dezembro de 1772 (considerando as cartas inseridas pelo "editor") — ao mesmo tempo que se tornam mais espaçadas e difusas, acentuam consideravelmente o travo da crítica social. Relatam-se de início os dissabores profissionais como secretário de um embaixador; em seguida, algumas outras tentativas igualmente frustrantes de afirmação existencial, entre elas a expulsão de uma reunião de nobres, após o que Werther se refugia na Natureza para contemplar o pôr do sol e ler "o meu Homero" — mais precisamente, o canto XIV da *Odisseia*, com as grandiosas cenas da hospitalidade exercida pelo "divino porcariço" Eumeu (carta de 15 de março de 1772).[12] Transcorrido exa-

---

[11] Observe-se já neste trecho da carta de abertura a dupla ocorrência da palavra "coração", que ocupa posição central no romance wertheriano — só no primeiro parágrafo da carta ela é pronunciada três vezes. Para o segundo herói burguês de Goethe, o Wilhelm Meister dos *Anos de aprendizado*, a palavra fulcral não será mais "coração", mas sim *Bildung*, "formação".

[12] Enxergando em Werther uma concentração intensificada dos traços que constituem o caráter "sentimental", Friedrich Schiller observa em relação a essa passagem: "O sentimento de que se fala aqui não é, portanto, aquele que os antigos tinham; é, antes, igual ao que *temos pelos antigos*. Eles sentiam na-

tamente um ano do primeiro encontro com Lotte, Werther escreve, após melancólica visita à sua cidade natal (um filho pródigo sem um pai que o acolha), a mais breve de suas cartas, ilustração lapidar da condição problemática e do desterro transcendental que mais tarde Georg Lukács, em sua *Teoria do romance*, diagnosticaria no herói romanesco: "Sim, sou um simples viajante, um andarilho que percorre a Terra! E vocês, são mais do que isso?". No outono deste ano, Werther, que afirma terem também as folhas de sua vida já amarelecido e caído, está novamente junto à mulher amada, após uma ausência de dez meses. Agora, porém, Lotte e Albert estão casados, e a partir desse momento as cartas irão refletir a exacerbação vertiginosa e doentia da paixão, num processo que o vai sujeitando, com inexorável lógica, à ideia de suicídio.

Contudo, a execução estilizada deste, na noite de 23 de dezembro de 1772, assim como os derradeiros acontecimentos de sua vida (como o encontro definitivo com Lotte e as arrebatadas cenas que se seguem à leitura de traduções suas de cantos de Ossian), são relatados à parte, mediante a inserção do editor fictício da história. Com essa intervenção simulando objetividade e distanciamento, Goethe atende à exigência de conferir verossimilhança e plasticidade a fatos que o herói já não estava mais em condições de relatar e, ao mesmo tempo, estabelece expressivo contraste estilístico com a voz dominante, vazada por imagens de pungente lirismo, impregnada de anacolutos, elipses, hipérbatos, mas modulada também em linguagem ardente e ritmada, verdadeiros poemas em prosa em que o epistológrafo verte os arroubos de seu coração.

Este breve delineamento do enredo romanesco, contudo, pouco diz da força narrativa que imanta todas as partes do texto goethiano, causando no leitor um impacto que se poderia atestar a

turalmente; nós outros sentimos o natural. Foi, sem dúvida, um sentimento de todo diferente o que encheu a alma de Homero quando fez o divino guardador de porcos hospedar Ulisses, e o que emocionou a alma do jovem Werther ao ler esse canto após uma reunião social enfadonha. Nosso sentimento pela natureza assemelha-se à sensação do doente em relação à saúde". In Friedrich Schiller, *Poesia ingênua e sentimental*, tradução de Márcio Suzuki, São Paulo, Iluminuras, 1991, p. 56.

raras obras da literatura universal, como *A morte de Ivan Ilitch*, de Tolstói, ou ainda *A metamorfose*, de Kafka, para citar dois exemplos. E sabemos também que são justamente textos como estes, envolvendo tão completamente o leitor com o poder de suas imagens, com a negação radical de toda postura estética e contemplativa, que tornam a leitura crítica tanto mais difícil. Mas, por isso mesmo, que o leitor do *Werther* mantenha-se atento quanto ao pretenso "sonambulismo" de que fala o autor de *Poesia e verdade*. Por detrás da aparente desordem com que as cartas se apresentam parece atuar, na verdade, a mais elevada maestria artística. Isso pode ser observado através do fato, já sugerido, de pontos de inflexão na história ocorrerem em intervalos de seis semanas. Fases de esperança, como o luminoso alvorecer de sua paixão na primavera de 1771, e de sofrimento desesperado (a tristeza sombria e inelutável do outono de 72, o último desespero no alto inverno subsequente), mostram-se integradas, como se percebe, ao ritmo das estações. Por conseguinte, a carta de 21 de junho de 1771 — início do verão no hemisfério norte — abre-se com as seguintes palavras: "Estou vivendo dias tão felizes como aqueles que Deus reserva aos seus santos; e, aconteça o que acontecer, nunca poderei dizer que não desfrutei as alegrias, as mais puras alegrias da vida". Por outro lado, a 26 de novembro de 1772, portanto a menos de um mês do suicídio, as poucas linhas que Werther envia ao seu amigo Wilhelm refletem um estado de espírito afim à natureza sombria: "Algumas vezes digo a mim mesmo: o teu destino é único. Considera os outros felizes, pois ninguém mais foi tão atormentado como tu. Depois, leio um poeta de tempos antigos, e é como se olhasse dentro do meu próprio coração. O quanto tenho de suportar! Ah!, terá havido antes pessoas tão miseráveis quanto eu?".

Também o exame dos *leitmotive* modulados por Goethe ajuda a revelar a capacidade artística que se esconde atrás do alegado "sonambulismo: assim é que, logo na sétima carta, datada de 22 de maio (portanto antes mesmo da aparição de Lotte), já se preludia o motivo do suicídio, ao falar Werther do "doce sentimento de liberdade" que o homem acalenta em seu peito e da possibilidade de "abandonar este cárcere quando quiser". Retornando regularmente com o desdobramento da história, a obsessão pelo suicídio, intimamente acoplada ao motivo da "doença para a morte" (*Krankheit zum Tode*), vai adensando-se ao longo dos meses até converter-se por fim em ato concreto.[13] Papel igualmente relevante na economia do romance desempenham as alusões e referências literárias: Homero e Klopstock (1724-1803) no radiante início da paixão (que se pense apenas na carta de 16 de junho, que traz a exclamação de Lotte, tão simples quanto eloquente, diante de uma natureza renovada pela tempestade: "Klopstock!"); e, nos momentos finais do romance, os sombrios e funéreos cantos de Ossian, assim como o drama trágico *Emilia Galotti*, de Lessing (1729-1781), encontrado aberto ao lado do Werther agonizante.[14]

[13] A ideia do suicídio, que Werther defende como "direito natural" do homem, domina sobretudo a longa carta de 12 de agosto de 1771, detalhada reconstituição de seu embate com as posições racionalistas e "sensatas" de Albert. Além disso, o motivo do suicídio retorna em várias cartas do ano seguinte: "Dá vontade de cravar um punhal no coração" (15 de março); "tenho vontade de rasgar o peito e arrebentar a cabeça" (27 de outubro); a grandiosa "prece" sobre a morte voluntária (30 de novembro); o desejo de aniquilamento na "voragem" das águas gélidas (12 de dezembro); por fim, a carta de despedida a Lotte, escrita entre 21 e 23 de dezembro.

[14] Essas quatro referências literárias mereceriam um breve comentário.
Homero: a felicidade serena que a leitura da *Odisseia* proporciona a Werther encontra a seguinte formulação na carta de 21 de junho de 1771: "Não há nada que insufle em meu íntimo um sentimento tão calmo e verdadeiro como os traços da vida patriarcal que, graças a Deus, posso incorporar sem afetação ao meu estilo de vida".
Klopstock: a exclamação de Lotte, que comove tão profundamente o jovem Werther, é uma alusão à ode "A celebração da primavera", escrita em 1759. Klopstock, considerado então o maior poeta vivo da literatura alemã, exprime nesse poema, em linguagem solene e grandiosa, os sentimentos que a tempestade desperta na alma daquele que a contempla. O poeta refere-se primeiro à Terra como um astro no universo ilimitado e, na sequência, vai descendo, do infinito e do mais elevado, até as coisas ínfimas (como um verme que nasce na primavera), para mostrar a presença de Deus em tudo. No final do poema, contempla uma tempestade formidável, a que se segue a visão de um arco-íris (imagens de uma natureza refrescada e renovada).
Ossian: os cantos do suposto bardo cego do século III — reconhecidos

A essa mesma estrutura antitética que rege tanto a *mise-en-scène* das estações do ano como a densa rede de alusões literárias e bíblicas, subordinam-se ainda as histórias que a rigor não possuem influência direta sobre a trajetória de Werther, mas que, vistas no conjunto do romance, desempenham um papel "retardador" — procedimento genuinamente épico, tal como estudado e explicitado por Goethe e Schiller em cartas trocadas em abril de 1797. Ao mesmo tempo, porém, essas histórias apontam antecipatoriamente para a tragédia final do herói, como se verifica no episódio do camponês enamorado, que Goethe interpolou no romance apenas em 1787, ao prepará-lo para a versão definitiva. Ao travar o primeiro contato com o camponês, Werther é tomado por uma vivência do sublime que, na carta de 30 de maio de 1771, afirma ser irredutível às palavras ou a qualquer outra forma de expressão, como pintura ou desenho: "Testemunhei hoje uma cena que, fielmente descrita, daria o mais belo idílio do mundo; mas, para que poesia, cena e idílio? Será necessário cair sempre em artifícios quando tomamos parte em um fenômeno da natureza?". Todavia, o que se abre enquanto "idílio" converte-se num sofrimento intrincado, para cuja descrição Werther irá confessar mais uma vez a insuficiência das palavras — "sim, devo mesmo dizer que narrei sem força, sem força e de maneira tosca, uma vez que recorri às nossas expressões tradicionais de moralidade". Isto é contado na carta de 4 de setembro de 1772, e se aqui ele ainda consegue observar que

em 1805 como falsificação literária realizada pelo poeta escocês James Macpherson (1736-1796), que os apresentara como tradução sua de antigos manuscritos celtas — vão dominando a sensibilidade de Werther no mesmo ritmo em que sua catástrofe vai se acelerando. "Ossian expulsou Homero de meu coração": com a explicitação desse passo fatal (que Goethe evidentemente não compartilhou com o seu trágico herói) abre-se a carta de 12 de outubro de 1772.

Lessing: a referência final à tragédia *Emilia Galotti* cumpre importante função simbólica no romance, uma vez que a morte voluntária se impõe como derradeira salvação ética para a heroína italiana de Lessing: para livrar-se de uma união com o tirânico príncipe de Guastalla, ela exorta o próprio pai a apunhalá-la. Deixando a tragédia *Emilia Galotti* aberta sobre sua escrivaninha, Werther procura respaldo para o seu ato na autoridade do grande dramaturgo da *Aufklärung* alemã.

está buscando narrar as suas impressões e vivências, o desfecho sangrento do episódio do camponês apaixonado só poderá ser relatado mediante a perspectiva objetiva do "editor".

Mal se passam algumas semanas após as suas últimas palavras sobre o infeliz camponês, e se descortina ao leitor o episódio em torno do desvairado que, em pleno inverno, procura flores para a amada inacessível, que não é outra senão a mesma Lotte que vai se tornando cada vez mais desejada e impossível ao próprio Werther. Elucidada em seguida pela mãe do rapaz, essa pungente história espelha com especial intensidade o destino do herói, apontando ao mesmo tempo para a incongruência insuperável entre consciência e felicidade: "Deus do céu! é este então o destino que traçastes para os homens, que eles só podem ser felizes antes de adquirir a razão ou depois de a perder novamente?".

Em morte termina outra história que se introduz na primavera de 1771, envolta em atmosfera de plena felicidade. As cartas de 26 e 27 de maio, que narram o encontro enlevado com o pequeno Hans nos braços do irmãozinho mais velho (uma cena cujo caráter sublime Werther tenta em vão captar num desenho), têm o seu contraponto fatal no ano seguinte, logo após o retorno do herói às proximidades de Lotte: "Ah, meu senhor! O meu Hans morreu!", são as palavras com que a mãe saúda e prostra o jovem que buscava experimentar novamente, na convivência com as crianças, algo de uma felicidade que vai se tornando cada vez menos possível.

Igualmente inseridos na amplitude da oscilação pendular que modula as histórias acima referidas, ainda outros motivos e temas trabalhados por Goethe no romance irão se fechar no momento antitético que reforça no herói a determinação de suicidar-se. O motivo religioso, por exemplo, que no início se apresenta envolto em grandioso panteísmo, apoiando-se também nas palavras mais serenas do "Mestre", como diz Werther na carta em que exprime o seu amor pelas crianças (29 de julho de 1771), encontra no escrito de 15 de novembro de 1772 a suprema expressão de desamparo e desespero — carta em que o herói não se recusa em fazer suas as palavras proferidas por Cristo na cruz:

"Não é esta então a voz da criatura oprimida em si mesma, carente de si mesma, em queda desamparada e vertiginosa, bradando das profundezas de suas forças que procuram reerguer-se em vão: 'Meu Deus! Meu Deus!, por que me abandonaste?' E deveria eu envergonhar-me destas palavras, deveria eu temer um momento do qual não pôde esquivar-se nem mesmo Aquele que desfralda os céus como um manto?"

Imagens grandiosas do desespero religioso, que trazem à memória a famosa caracterização que fez Marx da religião como "o suspiro da criatura oprimida", "sentimento de um mundo sem coração", "espírito de relações sem espírito".[15] Mas, se para Werther tampouco a religião pode oferecer consolo duradouro (ou o entorpecimento do "ópio", como conclui Marx), onde refugiar-se quando o pêndulo que rege todas as relações humanas atinge a cada vez o momento antitético e adverso? Refúgio possível seria aquele que desponta já na primeira carta como fonte de uma experiência inefável da transcendência: a natureza, na qual Werther procura dissolver a própria identidade numa espécie de *unio mystica*. É o caminho que ele ainda consegue percorrer na fase inicial da paixão amorosa, em busca de lenitivo para os sofrimentos que começam a aflorar e por vezes lhe saltam à garganta como um "assassino traiçoeiro" (*Meuchelmörder*), conforme se lê na carta de 30 de agosto de 1771:

"Em outros momentos, quando a melancolia não me subjuga inteiramente e Lotte me permite o miserável consolo de desabafar a minha angústia chorando em

---

[15] "A religião é o suspiro da criatura oprimida, o sentimento de um mundo sem coração, assim como é o espírito de relações sem espírito. Ela é o ópio do povo." Esta célebre formulação do jovem Marx encontra-se na "Introdução" à sua *Crítica da Filosofia do Direito de Hegel* (*Zur Kritik der Hegelschen Rechtsphilosophie*). Conforme a edição das obras completas de Marx e Engels: *Werke*, vol. 1, Berlim, Dietz, 1956, p. 378.

suas mãos, então tenho de partir, de buscar espaços livres, perambulando a esmo pelos campos. Escalar uma montanha íngreme torna-se então a minha alegria, abrir passagem por entre um bosque espesso, em meio a arbustos que me esfolam, espinhos que me dilaceram. Sinto-me então um pouco melhor."

Passagens como esta fundamentam a referência a Werther, no já mencionado ensaio de Walter Benjamin, como o "o amante infeliz que encontra, no seu desespero, caminhos de volta à natureza, caminhos que nenhum amante voltara a procurar desde a *Nouvelle Héloïse* de Rousseau". Benjamin lembra aqui um romance epistolar que figurava no horizonte do jovem Goethe, mas outras cartas em que Werther caracteriza os espaços de suas caminhadas solitárias, sobretudo a natureza em torno do lugarejo com o simbólico nome de Wahlheim ("lar eletivo"), permitem uma associação com passagens que Rousseau escreveria somente nos anos de 1776 a 78, em especial a magnífica descrição do seu refúgio na ilha de Saint-Pierre, no lago de Bienne, na quinta caminhada dos *Devaneios do caminhante solitário*.[16]

Como Rousseau, Werther também busca na natureza a vivência do *sentiment de l'existence* que a sociedade e as relações humanas negam-lhe continuamente. Assim, sua reação espontânea ao ser hostilizado pelos nobres e expulso da reunião na casa do

---

[16] Vale apontar aqui para um paralelo entre o velho Rousseau e o jovem Goethe no emprego do adjetivo "romântico". É no contexto dessa quinta caminhada, redigida na primeira metade de 1777, que o termo aparece pela primeira vez em Rousseau. Na tradução de Fúlvia Moretto: "As margens do lago de Bienne são mais selvagens e românticas do que as do lago de Genebra, porque nelas os rochedos e os bosques cercam a água mais de perto; mas elas não são menos agradáveis". In *Os devaneios do caminhante solitário*, Brasília, Editora UnB, 1995.
No romance de Goethe, há duas ocorrências do adjetivo *romantisch*, muito raro até então na língua alemã. Na carta que fecha o primeiro livro, ele é empregado também para descrever um dos refúgios prediletos de Werther, cercado por grandes castanheiras e com vista para um "vale aprazível" e um "rio sereno": "ele é, sem dúvida, um dos mais românticos que já vi".

conde (na carta já mencionada de 15 de março de 1772), é retirar-se, na companhia única de Homero, para a solidão de uma colina — um padrão de comportamento que poderia ser ilustrado com considerações feitas por Rousseau em sua nona caminhada (março de 1778), quando fala das "coisas aflitivas" de que se vê rodeado logo que põe os pés na rua e se torna vulnerável aos olhares humanos: "apresso-me, a grandes passos, em alcançar o campo; logo que vejo a verdura, começo a respirar. Deve causar espanto se amo a solidão? Vejo apenas animosidade no rosto dos homens e a natureza me é sempre risonha".

Mas, submetida igualmente à oscilação pendular que atua como lei universal nesse mundo configurado por Goethe em seu romance epistolar, a face "risonha" da natureza constitui apenas o polo primaveril de um ritmo cósmico que não tarda a apresentar-se a Werther como *locus terribilis*. E, na verdade, antes mesmo da chegada do inverno — *topos* da destruição e morte — a natureza revela-se ao herói como "túmulo eternamente aberto", um "monstro que devora e rumina eternamente", conforme expressões da carta de 18 de agosto de 1771, a qual se abre com um questionamento crucial para a visão da natureza, da vida social e da condição humana tematizadas no romance: "Será que aquilo que representa a felicidade do homem tem necessariamente de transformar-se na fonte de sua miséria?". Uma pergunta, portanto, de fundamental importância para a percepção wertheriana de um mundo em que as oposições e contradições jamais confluem para o momento superior da síntese, mas se congelam sempre em negatividade e como "fonte de miséria" — pergunta que, nessa mesma carta, irá ecoar na indagação, de fundo lírico, acerca da transitoriedade geral de todas coisas, especialmente dos momentos de felicidade: "Podes tu dizer: 'Isto é!', uma vez que tudo passa rapidamente?".

Dolorosamente efêmera é a felicidade vivenciada junto às magníficas nogueiras sombreando o presbitério que Werther visita pela primeira vez no dia primeiro de julho de 1771, na companhia de Lotte — uma história que, introduzida na fase da enlevada convivência com a mulher amada, particulariza o relacionamento do herói com a natureza. O seu entusiasmo torna-se ainda mais vivo após a narração, feita pelo pastor, da história das árvores, entrelaçada com a de sua própria vida:

> "'A mais velha' disse ele, 'não sabemos quem plantou, alguns dizem dizem que foi esse, outros dizem que foi aquele pastor; a mais nova porém, ali atrás, tem a mesma idade de minha esposa, cinquenta anos em outubro. O pai dela a plantou de manhã e à tarde ela veio ao mundo. O seu pai foi o meu antecessor nessa função e eu não poderia dizer o quanto amava esta árvore; e a mim certamente ela não é menos cara'."

Constrangido a vivenciar pouco depois a destruição, pela mão do homem, de um de seus refúgios mais amados, como poderia Werther, o solitário *promeneur* alemão, falar em face "risonha" da Natureza? O momento antitético na história das "minhas nogueiras", narrado no tom da mais profunda indignação na carta de 15 de setembro de 1772, avulta como símbolo da derrocada existencial do herói:

> "É de enfurecer, Wilhelm, que haja pessoas desprovidas de todo sentido e sensibilidade pelas poucas coisas que ainda possuem algum valor sobre a terra. Conheces as nogueiras sob as quais me sentei com Lotte na casa do honrado pastor de St.., as magníficas nogueiras que, Deus sabe o quanto, sempre me encheram a alma com o mais alto enlevo. Eu te digo, [...] foram abatidas, abatidas! É de enlouquecer, poderia assassinar o canalha que desferiu a primeira machadada. Eu, que me esvairia em tristeza se tivesse um par de árvores como essas em meu quintal e uma delas morresse de velhice, agora sou obrigado a assistir a isso!"

Transcorridos pouco mais de três meses, e Werther estará pondo termo à própria vida, mas não sem deixar antes um bilhete ao pai de Lotte pedindo para ser enterrado junto a duas tílias situadas num canto ermo do cemitério. Atendendo-se a este pedido, o sepultamento é realizado a altas horas da noite e às ocultas, como convém a um suicida: "O ancião seguiu o corpo junto com os filhos, Albert não teve forças para isso. Temia-se pela vida de Lotte. Trabalhadores transportaram o corpo de Werther. Nenhum sacerdote o acompanhou".

Por quanto tempo as árvores ainda darão sombra à última morada do herói, eis uma pergunta que agora já extrapola o "Finis" colocado por Goethe abaixo destas últimas linhas. E, se ao leitor de romance, segundo as célebres formulações de Walter Benjamin, não está dado especular sobre a continuação da história, com tanto mais força impõe-se aqui essa velha determinação do gênero, uma vez que Werther ascende morto ao "céu das personagens romanescas" — liberto de um mundo que nunca lhe permitiu aplacar sua sede de absoluto e talvez cumprindo a seu modo a exortação que se lê na última estrofe do poema goethiano "Anelo": "'Morre e transmuda-te': enquanto/ Não cumpres esse destino,/ És sobre a terra sombria/ Qual sombrio peregrino".[17]

* * *

Se a publicação dos *Sofrimentos do jovem Werther* teve um impacto sem precedentes sobre o público contemporâneo, ao próprio autor sobreveio, segundo o relato autobiográfico de *Poesia e verdade*, o sentimento de absolvição que costuma seguir-se a uma "confissão geral":

"[...] pois através dessa composição, mais do que qualquer outra, eu me salvei de um elemento tempestuoso para o qual havia sido arrastado, de maneira a mais violenta, por culpa própria e alheia, por circunstân-

---

[17] *Selige Sehnsucht* ("Venturosa nostalgia") intitula-se esse poema de Goethe, de 1814, inspirado num gazal do poeta persa Hafiz. Manuel Bandeira, que também escreveu um "Gazal em louvor de Hafiz", traduziu-o belamente como "Anelo".

cias casuais e buscadas, por premeditação e precipitação, teimosia e pusilanimidade. Sentia-me novamente, como após uma confissão geral, alegre e livre, com direito a uma nova vida. O velho remédio caseiro me foi desta vez de excelente valia. Contudo, assim como me sentia aliviado e desanuviado por ter transformado a realidade em poesia, os meus amigos se transtornavam na crença de que se devia transformar a poesia em realidade, imitar um tal romance e, no extremo, matar-se com um tiro; e aquilo que no início se dava entre poucas pessoas, logo passou a acontecer no grande público, e esse livrinho, que tanto me ajudara, começou a ser difamado como altamente nocivo."[18]

Trinta e cinco anos após a publicação dos *Sofrimentos do jovem Werther*, voltando à temática amorosa no romance *As afinidades eletivas* — "uma profunda ferida da paixão, que se peja da cura pela cicatrização, um coração que teme restabelecer-se" —, Goethe observou não haver neste livro nenhuma linha que ele próprio não houvesse vivenciado, mas também nenhuma vírgula exatamente como foi vivenciada. Uma obra de beleza madura e enigmática, um "mistério evidente" em que o poeta, conforme se lê em sua correspondência com o amigo Carl Friedrich Zelter, buscou realizar "da maneira mais pura possível a verdadeira e íntima catarse". No entanto, foi à transfiguração narrativa de seus sofrimentos de juventude que o nome de Goethe se ligou de maneira indelével, e isso muito a seu contragosto, uma vez que, superada a fase Tempestade e Ímpeto, evitou aproximar-se, por todo o resto de sua longa viva, dos abismos que o seu arrebatado herói descortinou na condição humana. Nem sempre, porém, pôde Goethe esquivar-se das perguntas sobre o *Werther* e seus fundamentos biográficos. Não o pôde, por exemplo, no célebre encontro, em 2 de outubro de 1808, com Napoleão Bonaparte, que havia lido o romance sete

---

[18] *Op. cit.*, vol. 9, p. 588.

vezes e fez assim agudas observações críticas sobre a mescla de motivos do orgulho ferido com motivos da paixão amorosa: "Isso não é natural e enfraquece no leitor a ideia do poderoso impacto que o amor tem sobre Werther. Por que o senhor fez isso?".

Treze dias após o encontro com o *Empereur*, Goethe recebeu a visita do famoso ator francês Talma, acompanhado da esposa.[19] De imediato, a conversa foi dirigida para o *Werther* e vieram as inevitáveis perguntas acerca do que era verdadeiro e do que era "inventado" no romance. A resposta do autor, longe de ser direta e inequívoca, delineia simbolicamente a sua visão das complexas relações entre vida e literatura: "Esta pergunta já me foi feita diversas vezes; e eu costumo responder que são duas pessoas em uma, sendo que uma delas naufraga e a outra continua vivendo para escrever a história da outra, como se diz no livro de Jó: Senhor, todas as tuas ovelhas e servos foram massacrados, só eu pude escapar para trazer-te a notícia". A conversa se desenvolvia até então em francês, mas em seguida Goethe acrescentou em alemão: "Entretanto, uma coisa dessas a gente não escreve sem esfolar a pele".

---

[19] A reconstituição dessa conversa com Talma se deve a Caroline Sartorius, hospedada então, com o marido Georg Sartorius (um historiador de Göttingen), na casa de Goethe. Quanto ao encontro com Napoleão, há um relato do próprio Goethe (redigido, porém, somente em 1824) e outro do chanceler Friedrich von Müller, amigo do poeta.

Nota sobre os textos

Dos oito textos reunidos neste volume, os dois primeiros, respectivamente sobre *Grande sertão: veredas* e *O verde Henrique*, são inéditos. Os outros seis já conheceram publicação, mas figuram aqui com algumas modificações.

O ensaio "'Um ABC do terror': representações literárias da escola", que fecha esse primeiro segmento dedicado ainda ao motivo do "pacto demoníaco" e à tradição do "romance de formação" (*Bildungsroman*), foi publicado originalmente na revista *Estudos Avançados*, n° 31, set.-dez. 1997, editada pelo Instituto de Estudos Avançados da Universidade de São Paulo.

Também na revista *Estudos Avançados* apareceram os dois ensaios que integram a seção lírica: "'Água mole em pedra dura': sobre um motivo taoista na lírica de Brecht" (n° 39, maio-ago. 2000) e "Os espantalhos desamparados de Manuel Bandeira" (n° 44, jan.-abr. 2002).

Os dois textos subsequentes, sobre Kafka e Günter Grass, foram publicados na revista da área de alemão do Departamento de Letras Modernas da FFLCH-USP, *Pandaemonium Germanicum*: "Mistério e resistência na literatura de Kafka" (n° 5, 2001) e "'Continuação a seguir...': Günter Grass e a arte da narrativa" (n° 10, 2006).

O oitavo e último texto desta coletânea, "A confissão amorosa do jovem Goethe", foi publicado no volume *Olhares sobre o romance*, organizado por Maria Augusta Fonseca (São Paulo, Nankin Editorial, 2005).

Em novembro de 2008, este conjunto de textos foi apresentado à Faculdade de Filosofia, Letras e Ciências Humanas da Universidade de São Paulo como tese de livre-docência, com a banca constituída pelos professores Davi Arrigucci Jr., Franklin Leopoldo e Silva, Paulo Bezerra, Jeanne Marie Gagnebin e Suzi Frankl Sperber. Pela generosidade e percuciência de suas leituras, o autor gostaria de dirigir-lhes afetuoso agradecimento.

Sobre o autor

Marcus Vinicius Mazzari nasceu no dia 28 de julho de 1958 na cidade de São Carlos, SP. Fez o estudo primário e secundário em Marília, e ingressou no curso de Letras da Universidade de São Paulo em 1977. Concluiu o mestrado em literatura alemã no início de 1989 com uma dissertação sobre a representação da História no romance *O tambor de lata*, de Günter Grass. Entre outubro de 1989 e junho de 1994 realizou o curso de doutorado na Universidade Livre de Berlim (*Freie Universität Berlin*), redigindo e apresentando a tese *Die Danziger Trilogie von Günter Grass: Erzählen gegen die Dämonisierung deutscher Geschichte* [A Trilogia de Danzig de Günter Grass: narrativas contra a demonização da história alemã]. Em 1997 concluiu o pós-doutorado no Departamento de Teoria Literária e Literatura Comparada da USP, com um estudo sobre os romances *O Ateneu*, de Raul Pompéia, e *Die Verwirrungen des Zöglings Törless* [As atribulações do pupilo Törless], de Robert Musil.

Desde julho de 2006 é professor de Teoria Literária e Literatura Comparada na Universidade de São Paulo, tendo realizado concurso de livre-docência em novembro de 2008. Traduziu para o português, entre outros, textos de Adelbert von Chamisso, Bertolt Brecht, J. W. Goethe, Günter Grass, Heinrich Heine, Karl Marx, Thomas Mann e Walter Benjamin. Entre suas publicações estão *Romance de formação em perspectiva histórica* (Ateliê, 1999) e a co-organização do volume *Fausto e a América Latina* (Humanitas, 2010). Elaborou comentários, notas, apresentações e posfácios para a obra-prima de Goethe: *Fausto: uma tragédia — Primeira parte* (tradução de Jenny Klabin Segall, ilustrações de Eugène Delacroix, Editora 34, 2004; nova edição revista e ampliada, 2010) e *Fausto: uma tragédia — Segunda parte* (tradução de Jenny Klabin Segall, ilustrações de Max Beckmann, Editora 34, 2007).

É um dos fundadores e diretor-presidente da Associação Goethe do Brasil, criada em março de 2009.

Este livro foi composto em Sabon
pela Bracher & Malta, com CTP e
impressão da Prol Editora Gráfica
em papel Pólen Soft 80 g/m² da Cia.
Suzano de Papel e Celulose para a
Editora 34, em outubro de 2010.